新课堂教学的理论研究与实践探索丛书

丛书主编：刘连基　徐建敏

和谐高效思维对话

HEXIE GAOXIAO SIWEI DUIHUA

——新课堂教学的实践探索

XINKETANG JIAOXUE DE SHIJIAN TANSUO

徐国钊　主编

小学数学

教育科学出版社

·北　京·

责任编辑　黄海鹰
责任校对　刘永玲
责任印制　曲凤玲

图书在版编目（CIP）数据

新课堂教学的实践探索．小学数学/徐国钊主编．—北京：教育科学出版社，2009.7
（新课堂教学的理论研究与实践探索丛书．和谐高效思维对话/刘连基，徐建敏主编）
ISBN 978-7-5041-4726-4

Ⅰ．新…　Ⅱ．徐…　Ⅲ．数学课—课堂教学—教学研究—小学　Ⅳ．G622.421

中国版本图书馆 CIP 数据核字（2009）第 085789 号

出版发行	教育科学出版社		
社　址	北京·朝阳区安慧北里安园甲 9 号	市场部电话	010-64989009
邮　编	100101	编辑部电话	010-64989443
传　真	010-64891796	网　址	http://www.esph.com.cn
经　销	各地新华书店		
印　刷	莱芜市东方彩印有限公司	版　次	2009 年 7 月第 1 版
开　本	787 毫米×980 毫米　1/16	印　次	2009 年 7 月第 1 次印刷
印　张	18.75	印　数	1-6 000 册
字　数	317 千	定　价	34.00 元

新课堂教学的理论研究与实践探索丛书

编委会

序

30年教育教学改革发展的历程波澜壮阔，一套汇集了最新、最优秀基础教育教学成果的丛书悄然诞生。

20世纪70年代末，教育战线经过了拨乱反正。1984年，烟台市被国务院和国家教委确定为全国教育改革实验区和教育综合改革试点城市。烟台市的教育事业从此驶入了改革发展的快车道，教学改革呈现出百花齐放、百家争鸣的繁荣局面，总结出了许多闻名省内外的教学改革经验。1986年缘起于福山区的大面积提高教学质量的单元达标教学改革经验，1988年肇始于龙口市实验小学的小学语文“双轨”教学改革经验，1996年发源于招远、莱州和牟平的学科异步教学改革经验，1998年开始的“两主”教学改革经验等，都为烟台市的教学改革注入了新的生机与活力。纵观这个时期的教学改革，呈现出两个鲜明的特征：一是改革依靠行政力量强力推进，呈现出突出的外延式发展特征；二是改革注重学习借鉴和移植改造，改革成果更多地体现在单一学科和几个学科领域内，具有单项突破、散点式发展的特征。

进入21世纪以来，随着基础教育课程改革的推进和深入，尤其是2004年烟台市基础教育改革从以外延发展为主到以内涵发展为主的战略决策的实施，烟台市的教学改革全面进入了内涵发展、整体推进、自主创新的崭新历史时期，突出标志就是从2007年开始的“和谐高效思维对话”型课堂建设。烟台市广大教科研人员和学校教师在准确把握国内外教学改革动向、认真总结区域教学改革经验教训、深入调查现实教学改革种种问题的基础上，创造性地提出“和谐高效思维对话”型新课堂建设思想和教学改革总体思路。

“和谐高效思维对话”型课堂，是在教学过程诸要素配置和谐的基础上，依托教师、学生、课程间具有思维含量的对话来实现教学高效的理想课堂形态。“和谐高效思维对话”型课堂不是某种特定的教学模式，也不是具体的教学策略，而是一种教学思想，是课堂教学力求实现的理想目标。“和谐高效思维对话”型课堂的提出，不仅是对教学本质的深度把握，也是对以往教学实践经验的高度提升，更是对课堂建设走向的理性思考；不仅意味着一种基于实践的课堂教学新范型的确立，还标志着一种高品位的课堂教学文化变革方向的确立。理论上立意高远，实践上明确可行，体现了教学改革的必然趋向。

近三年来，烟台市基础教育以“和谐高效思维对话”型课堂建设为重点推进教学改革，深入实施素质教育，形成了一系列优秀的教学成果。为进一步总结经验、明确方向，市教育局决定编写新课堂教学的理论研究与实践探索丛书。丛书从研究背景、基本内涵、教学模式、教学策略和教学评价等几个方面构建起了区域课堂教学的理论框架，同时基于课堂教学的实践性特征，通过大量的教学案例、教学设计、教学片段等为全市教师的课堂教学提供实践参照。因此，这套丛书的出版，标志着区域特色教学理论和实践体系建设工程已经启动并取得初步成果。

值此丛书出版之际，市教育局的同志约我为丛书作序，我感到由衷的高兴，也感到责任重大。这套丛书凝聚了全市广大教育工作者的辛劳和智慧，对于我们建设教育强市、加快推进素质教育发展、办人民满意教育具有重要的意义。同时，我们也必须清醒地认识到，“和谐高效思维对话”型课堂是一种新的教学思想，是教学改革的理想目标。要实现这样一个高远的理想目标，把这一教学思想切实转化为教师自觉的课堂教学行为，并把实践的经验与成果整合提升为一种理论体系、转化成一套教学常规，是一项宏大而艰难的系统工程。我们应对课堂建设工作的艰巨性、复杂性和长期性有充分的思想准备和工作准备，更要对这项充满希望的改革保持必胜的信心。我们要充分依靠广大教科研人员和校长、教师的集体智慧，扎实推进课堂建设的各项工作，为全面提高烟台市的教学水平和教育质量做出新的探索，为全省乃至全国教育教学改革和发展创造出更多新鲜经验。

我们期待着更丰硕、更辉煌的教育教学改革成果在烟台大地上诞生！

烟台市副市长　张广波

2009 年 6 月

前言

课堂教学是实施素质教育的主渠道，谁抓住了课堂，谁就抓住了教学工作的关键。传统的课堂教学过于强调教师的主导作用而忽视学生的主体作用，过于强调基础知识、基本技能的教学而轻视对学生情感态度与价值观的培养，过于强调接受学习而忽视学生的主动参与和探究性学习。随着基础教育课程改革的不断深入，教师的教学方式和学生的学习方式正在发生着积极的变化，课堂开始活泼了，教学形式丰富多彩了，教学手段逐步现代化了。但是，在具体的课堂教学实践中，在某些地方、某些学校出现了从一个极端走向另一个极端的趋势。课堂教学过于重视教学形式而轻视教学本质，由过去的“满堂灌”变成现在的“满堂问”，由过去的一支粉笔、一本书变成现在对多媒体教学方式的滥用，由过去的以教师为中心到现在出现忽视教师作用的现象。通过对当前课堂教学现状的分析和对传统教学观的反思与批判，我们认为，目前课堂教学存在的问题主要体现在以下两个方面。一是教学过程中教师、学生、教学内容、教学方法、教学手段等诸要素配置不合理、关系不和谐，要么缺少或者弱化了某些方面的因素，要么某些方面超越了现实需要而做得过分了；二是教学要素之间缺少有思维含量的交流和对话，学生没有形成积极的思维品质。在学习和借鉴斯滕伯格思维教学理论、布鲁姆掌握学习理论和建构主义理论以及叶澜教授“新基础教育”课堂教学改革理论，总结近几年来各市、县、区课堂教学改革实践经验的基础上，我们提出建设“和谐高效思维对话”型课堂的构想。

全面推进“和谐高效思维对话”型课堂建设工作，切实提高课堂教学的质量和效益，被烟台市教育局确定为当前和今后一个时期全市教育教学工作的重点内容。为把这项工作落到实处，烟台市教科院组织市、县两级教科研人员和具有丰富实践经验、较高研究素养的教师，从理论和实践两个层面对“和谐高效思维对话”型课堂进行了深入系统的研究，编写了新课堂教学的理论研究与实践探索丛书。本丛书涵盖中小学主要学科，是最近三年来全市教学研究人员、学科教师在“和谐高效思维对话”新课堂建设活动中的实践探索。本丛书在内容上根据学科特点各有侧重，有针对学科课堂教学方面的回顾与反思，有针对学科课堂教学理论的解读与指导，有关于学科课堂教学模式的介绍与创新，但更多的是有一定借鉴意义的教学设计和教学案例。这些教学设计和教学案例都是烟台市的广大教师在课堂上面对学生的所思、所想、所说、所做、所为。我们把这些内容呈现给大家，希望全市各级教研人员、全体教师一起来学习和借鉴，在继承的前提下发展，在改革的基础上创新，不断从理论和实践两个层面丰富和发展“和谐高效思维对话”新课堂教学的内涵，构建具有烟台特色、在全国有较高水平的新课堂教学形态。同时，我们也希望通过“和谐高效思维对话”新课堂建设活动，推出一批在全省乃至全国有影响的名师、名校，并以此为支点，整体提升烟台的基础教育水平，为课程改革和教学研究做出贡献。

本书由徐国钊主编，王洪滨、翟李红、孙传华、王炳刚、骆本强、董战荣、卢琴、徐树东、郭志勇、刘太令、王志全、于玲、杨兆香、毛新敏、高艳丽、战丽娜等参加了本书的编写工作。

编 者

目　录

第一章　小学数学教学设计的原则与策略

第一节　《数学课程标准》的特点及教学目标分析

课程标准是国家对基础教育课程的基本规范和要求。要正确理解和把握课程标准的精神，就要认识其特点，把握教学目标。本节将对课程标准的主要特点及教学目标进行分析，以提高教师对《数学课程标准》（以下简称《标准》）的基本认识。

一、《数学课程标准》的主要特点分析

（一）努力将素质教育的理念切实体现于课程标准的各个部分

数学学科如何实施素质教育，《标准》作了认真的探索。结合我国学者多年来在素质教育方面的研究成果，根据义务教育阶段数学课程的实际情况，《标准》把知识性目标和发展性目标有机结合起来，从四个方面落实了数学学科素质教育的目标（见下图）。

课程标准→
- 知识与技能
- 数学思考
- 解决问题
- 情感与态度

（二）突破学科中心，关注学生发展

《标准》关注学生的兴趣与经验，精选学生终身学习必备的基础知识和技能，努力改变课程内容繁、难、偏、旧的现状，密切教科书与学生生活及现代社会、科技发展的联系，打破单纯强调数学学科自身的系统性、逻辑性的局限，尽可能体现义务教育阶段数学课程应首先服务于学生发展的功能。

（三）着力改善学生的学习方式

《标准》希望实现学习方式的如下转变：数学学习的主要方式由单纯的记忆、模仿和训练转变为自主探索、合作交流与实践创新；数学课堂由单纯传播知识的殿堂转变为学生主动从事数学活动、构建自己有效的数学理解的场所；数学教师由单纯的知识传递者转变为学生学习数学的组织者、引导者和合作者。

《标准》不仅设立了“了解（认识）、理解、掌握、灵活运用”等知识与技能学习的结果性目标，更强调“经历（感受）、体验（体会）、探索”等体现数学活动水平的过程性目标，意在加强过程性、体验性的数学学习，使学生参与观察、实验、猜测、验证、推理与交流等多样化的数学活动。《标准》还强调将现代信息技术作为学习数学、解决问题的强有力的工具，并在改善学生学习方式上发挥独特的作用。

（四）在课程内容选择与组织上的新特点

数学学习的内容应当是现实的、有趣的、富有挑战性的，这些内容应当成为学生主动地从事观察、实验、猜测、推理与交流等数学活动的主要素材。学生在数学活动中经验的获得，也是数学学习中的重要目标。

与现行教材中主要采取的“定义、公理—定理、公式—例题”的形式不同，《标准》提倡以“问题情境—建立模型—解释、应用与拓展（反思）”的基本模式展开，让学生经历“数学化”与“再创造”的过程，形成自己对数学概念的理解，并在这一过程中体会和学习数学的思想方法。

《标准》继承了我国数学教育的传统，重视学生对必要的基础知识和基本技能的熟练掌握。但考虑到时代的进步、数学的发展及义务教育的性质，《标准》较大幅度地降低了对繁杂的数字运算、代数式运算、几何证明的要求，淡化了某些非数学本质的术语和概念（如乘数与被乘数）。与此同时，新的课程还增加了统计与概率、空间与图形等密切联系学生现实生活、反映社会发展需要的新内容，并增设了“实践与综合运用”内容，以促使学生体会各部分内容之间的联系，发展其综合运用知识解决问题的能力。

（五）体现评价促进学生发展的教育功能，“评价建议”有更强的操作性

《标准》力图结合数学学科的特点提出有效的评价策略和具体的评价手段，引导学校的日常评价活动更多地指向学生的学习过程，从而促进学生各方面能力的和谐发展。课程标准建议采取多种方法评价，如成长记录与分析、测验与考试、口试、活动报告、课后访谈、课堂观察、作业（长周期作业、短周期作业）、集体评议等方法。

（六）为课程实施提供了广阔空间

《标准》重视对某一个学段学生应达到的基本标准的刻画，同时对实施过程提出了建设性的意见；对实现目标的手段与过程，特别是知识的前后顺序，不做硬性规定。这是课程标准和教学大纲的一个重要区别，从而为教材的多样性和教师教学的创造性提供了广阔的空间，为体现并满足学生发展的差异性创造了比较好的环境。

《标准》从实践活动材料、音像资料与信息技术、相关学科资源、课外活动小组、图书馆、新闻媒体、社会及公共科技活动场所、智力资源等多个方面提示了数学课程资源的开发，为数学课程空间的拓展指明了方向。

二、《数学课程标准》的总体目标分析

全日制义务教育数学课程目标是根据我国《基础教育课程改革纲要（试行）》的精神，并结合数学教育的特点制订的。它明确提出了义务教育阶段数学课程的总体目标，即通过义务教育阶段的数学学习，学生能够：

1. 获得适应未来社会生活和进一步发展所必需的重要的数学知识（包括数学事实、数学活动经验）以及基本的数学思想方法和必要的应用技能。

2. 初步学会运用数学的思维方式去观察、分析现实社会，去解决日常生活中和其他学科学习中的问题，增强应用数学的意识。

3. 体会数学与自然及人类社会的密切联系，了解数学的价值，增进对数学的理解和学好数学的信心。

4. 具有初步的创新精神和实践能力，在情感态度和一般能力方面都能得到充分发展。

由上述数学课程的总体目标可以看出，新课程体系已对传统的课程体系进行了革新，由过去的以学科为中心逐渐转变到以学生为中心的轨道上来，新的课程目标以学生的身心发展规律为基础，改善学生的学习方式，关注学生对数学的情感和态度，以促进人的终身发展为目标。这个总体目标规定了整个义务教育阶段学生数学学习应达到的标准，至少表达了如下四层意思。

1. 学生通过义务教育分阶段数学的学习，应掌握必要的数学知识、技能以及基本的数学思想方法。其中，数学知识不仅仅是指数学书本知识，还应包括数学事实和数学活动经验；技能主要是指应用技能，数学思想是对数学事实、概念、理论和方法的本质认识。数学方法是实施有关数学思想的技术手段，它们是数学知识的核心，通常分为三个层次，即数学思想（如函数思想、分类思想、数形结合思想等）、逻辑方法（如归纳法、演绎法、类比法等）、具体的数学方法（如配方法、换元法等）。

2. 增强学生的数学应用意识。随着数学的发展，数学的应用范围也越来越广泛，因此世界各国的数学教育也越来越强调对数学的应用，这是当前国际数学教育的动向。各国都在数学课程中增加了现代数学中具有广泛应用性的内容，注重从生活实际和学生知识背景中提出问题，结合生活中的具体实例来培养学生运用数学的意识和能力，使学生能主动用数学的知识和思想方法寻求解决问题的途径。

3. 体会数学的地位和作用。恩格斯说："数学是研究现实世界的数量关系和空间形式的科学。"但是，随着20世纪以来数学的飞速发展，特别是计算机的普及和运用，数学的本质和应用都发生了巨大的变化。数学越来越多地被应用于环境科学、自然资源模拟、经济学、社会学和心理学等学科，数学的发展使人们对数学的认识也不断深化，现代的观念大大超越了原始的意义。数学规定和构造现实世界的各种可能形式，计算技术以及用广泛统一的概念处理现实世界的各种数学模式，已成为当前数学发展的两个决定性特点。要认识到数学是一门科学，是一门技术，也是一种文化。因此，义务教育阶段数学的学习要使学生增进对数学的理解，树立学好数学的信心。

4. 关注学生的情感和态度，培养学生的创新精神和实践能力。人的发展是多方面的，至少可由三个方面来表达。第一是关于知识的问题，从不知到有知，从知之不多到知之较多，是人才发展的基本标志；第二是能力的发展；第三是人的情感、态度和价值观的发展。长期以来，教师的职责是尽可能多地传授知识，"师者，所以传道、授业、解惑也"。但随着工业化社会的出现，人们意识到只有知识是不够的，开始更多地关注到个人能力的发展。到了20世纪末，国际教育界普遍看到了人的知识和技能固然重要，但更重要的是人的情感、态度和价值观。一个学生只有具备良好的情感和态度，才能在创新精神和实践能力等方面得到充分的发展。

三、《数学课程标准》的学段目标分析

对于学段目标，《标准》主要从知识与技能、数学思考、解决问题、情感与态度四个方面对不同的学段提出了不同的要求。

（一）还"目标"以本真，促进人的发展

数学教育应"包括两个不同的侧面，即数学教育的'数学方面'和数学教育的'教育方面'"。数学教育的"教育方面"体现了教育目标的本质属性，但数学教育的"数学方面"也是学生适应未来社会生活、获得进一步发展的"必需"。"这两者的辩证统一就构成了数学教育的基本矛盾。能否搞好这两个方面的均衡，正是搞好数学教育的关键所在。"

《标准》改变了传统大纲中把人的发展目标"标签化"的做法，明确规定了"具有初步的创新精神和实践能力，在情感态度和一般能力方面都能得到充分发展"的课程目标。这是数学课程目标自身"返璞归真"的必然要求。人的"一般能力"有着丰富的内涵。《标准》中除了被单独列出的"创新精神和实践能力"、"情感与态度"之外，还包括学会学习的能力、扩充并整合知识的能力、沟通与交流的能力、思考和推理的能力、与他人合作的能力以及对个人与社会的责任意识等。《标准》所规定的数学课程总体目标，还"目标"以本真，即一切为了"促进学生全面、持续、和谐的发展"，并努力追求学科目标与发展性目标的统一与均衡。此举令人耳目一新。

（二）给"目标"以支点，承载社会的理想

制订数学课程目标的科学依据主要包括以下三个方面，一是对未来社会发展趋势的科学预测，二是对学生学习规律的科学认识，三是对数学学科价值的科学开发。其中，对未来社会发展趋势的预测是数学课程目标的基础与核心，它决定了数学课程目标的方向和性质；它既有客观的、严谨的科学性质，又有猜想的、臆测的理想化色彩。因此，数学课程目标既反映社会发展的历史必然，也反映社会对自身发展的主观理想。因此，人们为未来的一代制订了近乎完美的数学学习目标。它包括获取必需的基础知识，培养必需的数学技能；包括培养数学的理解能力、表达能力、交流能力、合作能力、分析能力、判断能力、决策能力；包括培养将具体问题抽象化、逻辑化、符号化的数学思维能力，从数学的角度提出问题、分析问题、解决问题的应用数学的能力，以及追求效率、追求最优化的优秀的数学品质和创新精神与实践能力等一般发展能力；等等。

《标准》为数学课程目标体系成功地设置了一个支点。它将所有数学课程目标的达成，集中于"现实的、有意义的、富有挑战性的"数学活动之中，彻底更正了先将课程目标整体肢解、拆分得七零八落后再进行脱离生活情境的专项训练的错误做法。活动是人与社会、人与自然发生交互作用的中介，是完成意义构建的前提；活动又是一个开放的系统，它足以支持不同的人在不同的方向上获得不同的发展；活动还是对现实情境的仿真，以自主探索、合作交流和动手实践的方式开展发现、探究，是培养学生适应社会和改造社会的综合能力的最佳方式。在数学活动中，学生的知识、技能，以及能力、情感，都将在主体与环境的碰撞和摩擦中经受检验，并得到完善和发展。因此，数学活动是支撑数学课程目标体系的最佳支点。

这里应区分数学活动与数学教学活动两个不同的概念。数学教学活动是教师精心策划的活动，它的价值取向、性质特点等都与教师个人有直接关系。它可能是启发式的，也可能是填鸭式的。在数学教学活动中，学生可能获得自主探索、合作交流、动手实践的机会，也可能只有“背起双手，认真听讲”的权利。但有一点可以肯定，即学生总是被动的。而在数学活动中，“教师是学生数学活动的组织者、引导者与合作者”，他已经从“知识权威”的神坛上走了下来，变成了参与数学活动的一分子。学生是数学活动的主体，他们是主动完成意义构建、创造性地解决实际问题并积极反思、修正自己行为的真正的人！“数学教学是数学活动的教学。”数学活动是数学课程目标体系的支点。有了这个支点，学生的主体地位才得以真正体现，数学课程目标的全面实施才有了可能。

（三）给“目标”以弹性，构建个性化的天地

《标准》将整个九年义务教育阶段划分为三个学段：一年级至三年级为第一学段，四年级至六年级为第二学段，七年级至九年级为第三学段。相应的，《标准》也将义务教育数学课程目标分三个学段并做了具体规定。需要注意的是：《标准》没有对每个学年、每个学期的数学课程目标做出规定性描述，而只是对每个学段的目标做出了相应的规定。首先，这种做法改变了以往那种指令性过强、统得过死的做法，使人们第一次在对教学内容的选择和安排上拥有了一定的自主权。其次，《标准》只列出全体学生经过相应学段的学习都能达到的基本要求，使数学教学获得了面向全体的理论前提，同时也使因材施教，或者说为“不同的人在数学上获得不同的发展”赢得了时间和空间。再次，学段目标只是“本学段结束时学生应达到的目标”，并“允许一部分学生经过一段时间的努力，随着知识与技能的积累而逐步达到”，体现了对差异性的尊重，更体现了对人自身的尊重，营造了个性化教育、个性化学习、个性化发展所必需的氛围和环境。

数学课程目标的弹性特征对学生又意味着什么呢？学生因此获得了个性发展的空间。因为目标中只有最基本的要求，大多数学生比较容易达到。于是，他们就有了富裕的精力和时间，也就有了根据自己的兴趣和爱好从不同的方向获得发展的可能。数学课程目标的弹性，其内涵是“下要保底，上不封顶”。不同的学生都可以从具有开放性的数学活动中获得不同程度的发展，每个学生的个性和特长都将获得充分发展、充分展现的机会。更重要的是，学生的个性受到了尊重，他们将在“心理安全”的前提下，被极大地激发出创新的欲望，并使创造得以淋漓尽致的发挥。

（四）让“目标”更丰满，塑造自强的新人

《标准》将总体目标具体阐述为互相联系的四个方面，即知识与技能、数学思考、解决问题和情感与态度。假如从测量学的角度考察，只有知识与技能目标可以直接测量，因为只有知识与技能的学习结果才有明显的行为变化特征，其他三个方面的学习结果都主要表现为心理方面的变化。这也是以上三个方面的目标在传统教学中得不到重视的主要原因之一。

但这并不是说其他三个方面的目标不重要。相反，它们在保障学生全面的、持续的、和谐的发展中的作用，远远超过了知识与技能。学会数学思考的方法，总结解决问题的策略，学会学习，形成正确的人生观、世界观、价值观，是人们适应社会和改造社会的决策性的、决定性的高级智慧，而知识与技能只是一般性的、基础性的工具。

为了保证达到这些目标，更为了培养在未来社会生活中拥有更强适应能力的一代新人，《标准》特别强调过程的体验和方法的应用，并专门设立了过程性目标。《标准》中不仅使用了“了解（认识）、理解、掌握、灵活运用”等刻画知识技能的目标动词，而且使用了“经历（感受）、体验（体会）、探索”等刻画数学活动水平的过程性目标动词，从而更好地体现了《标准》对学生在数学思考、解决问题以及情感与态度等方面的要求。

《标准》将这些目标动词的内涵分别界定如下。

<table>
<tr><td rowspan="4">知识技能目标</td><td>了解（认识）</td><td>能从具体事例中知道或能举例说明对象的有关特征（或意义）；能根据对象的特征，从具体情境中辨认出这一对象。</td></tr>
<tr><td>理解</td><td>能描述对象的特征和由来，能明确阐述此对象与相关对象之间的区别和联系。</td></tr>
<tr><td>掌握</td><td>能在理解的基础上，把对象运用到新的情境中。</td></tr>
<tr><td>灵活运用</td><td>能综合运用知识，灵活地、合理地选择与运用有关的方法完成特定的数学任务。</td></tr>
<tr><td rowspan="3">过程性目标</td><td>经历（感受）</td><td>在特定的数学活动中，获得一些初步的经验。</td></tr>
<tr><td>体验（体会）</td><td>参与特定的数学活动，在具体情境中初步认识对象的特征，获得一些经验。</td></tr>
<tr><td>探索</td><td>主动参与特定的数学活动。通过观察、实验、推理等活动发现对象的某些特征或与其他对象的区别和联系。</td></tr>
</table>

过程性目标设立的意义在于，它使人们从前总喜欢简化甚至省略的“活动过程”，也具有了严格的规范和要求，为过程、方法、情感、态度等方面

目标的落实建立了纲领性的依据。

在《标准》中，关于知识与技能目标的叙述格式为：经历……过程，掌握……（双基），解决……问题；关于数学思考目标的叙述格式为：经历……过程，建立……观念，发展……能力。这种基于数学活动的目标结构体系，突出了数学活动在实现数学课程目标过程中的规定性和基础性地位。同时，《标准》积极倡导经验的积累和参与，有利于学生自主性能力的形成。

解决问题的目标和情感与态度目标虽然属于长期目标，非一次、两次活动所能形成，但它们同样构建于数学活动之中。《标准》将它们和知识与技能目标并列，强调了落实这些目标的重要性。同时，经历这种综合能力发展和提高的过程，有利于塑造年轻一代自信、自强的品格。

课程总体目标总是要细化为学段目标、单元目标或课时目标后才能得以落实。因此，教师必须认真学习《标准》，领会精神，做到长计划、短安排、心中有数。不能片面强调个性发挥，影响目标的顺利完成。不要把多年的经验随便丢弃。有创造，必有继承，将以往的经验推敲推敲、改造改造，将会进入数学教学的另一片天地。

第二节　小学数学设计的原则与策略

一、小学数学设计的理念

课堂教学改革必然涉及教育观念和教学方式的变革。尤其是教育观念，它起着指导和统率的作用，有什么样的教育思想和观念，就有什么样的课堂教学和效果。因此，教师在设计教学方案时必须对以下三个问题做出回答：怎样的课是一节好课？数学教学的目的是什么？学生是怎样进行数学学习的？对这些问题的不同回答就反映了教师不同的数学教学的价值观、学生观和课堂教学的效率观。

（一）如何看待数学教学

“以学生发展为本”的课堂教学的根本任务就是要更多地侧重于促进学习者的发展，更多地关注学习者学习能力、习惯和态度的形成，关注学习者的主动求知与实践参与，关注学习者的价值观念与情感态度在学习活动中的作用。小学数学教学作为促进学生整体发展的一个组成部分，要求结合有关内容的教学，培养学生初步的观察、操作、猜测、分析、综合、抽象、概括的能力，使学生感受数学与现实生活的密切联系，培养学生的探索意识，使其初步学会运用所学的数学知识和方法解决一些简单的实际问题，在解决问题的过程中让学生学会合作、学会表达、学会交流。因为教师不应该也不可能将学生今后要学的数学知识全教给他们，而应该使学生学会学习。21 世纪这个科技竞争更加激烈的时代，对小学数学教育提出了新的、更高的要求，要求数学教学不仅要提高学生的基本数学素养，而且要培养学生的创新意识和实践能力。为此，数学教育的目标应该包括培养学生高层次的数学思考能力、创新精神和解决实际问题的能力。数学教育要关注学生的创新意识和创新能力的发展，使数学教育具有时代的特点，使学生的创新意识和“双基”训练达到科学的平衡。

（二）如何看待学生的数学学习

结构主义理论认为，学习不仅仅是由教师向学生传递知识的过程，而且是学生主动构建自己的知识体系的过程。学生并不是一无所知地走进教室的，在日常生活中，在以往的学习中，他们已经积累了丰富的经验，小到身边的衣食住行，大到宇宙、星体的运行，从自然现象到社会生活，他们都有自己的看法。而且，有些问题即使他们还没有接触过，没有现成的经验，但当问题呈现在他们面前时，他们往往可以基于相关的经验，依靠他们的认知能力，形成对问题的解释。所以，在课堂教学这个师生双边参与的动态变化的过程中，学生是学习的主人，是课堂上主动求知、主动探索的主体；教师是学习过程的组织者、引导者和合作者。教学不能无视学生的原有经验，即使是一年级的学生，他们在学习新知识之前，已有了一定的生活经验和实践积累。以此为依据的数学教学活动应该是：从学生已有的生活经验和知识背景出发，向他们提供充分的从事数学活动和交流的机会，帮助他们在自主探索的过程中真正理解和掌握基本的数学知识与技能、数学思想和方法，同时获得广泛的数学活动经验。

（三）如何看待课堂教学

教学是教师和学生之间的共同活动，但双方有着各自的责任和义务。学生在课堂上要学到知识，发展能力；教师要想方设法让学生在课堂上真正受益，学到本领，实现发展。好的教学过程的标志是能够促进学生有效学习的进行。也就是说，教师的教应该为学生的学服务，教师教的过程要顺应学生学的过程，教师教的效果要体现为学生学的效果。在有效的课堂教学中，学生的“双基”应该是扎实的，思维应该是活跃的，情感体验应该是积极的。这样的课堂无论对学生后继学习还是持续发展能力的培养都有积极的影响。

二、小学数学设计的原则

课堂教学设计是一项系统工程。备课，通俗地讲就是教师在上课前所做的一系列准备工作。从教学设计的角度来讲，就是教师依据数学学科和学生的特点，认真钻研教材、分析教学任务、分析教学对象，从而对教学材料进行再加工，设计出教学方案的过程。尽管这一系列活动的具体任务完成的方式各不相同，但都需要遵循以下原则。

（一）主体性原则

教学的任务是解决学生现有水平与教育要求之间的矛盾。教师在课堂教学中起到调节学生与教材之间关系的作用。教学设计的目的是为了支持学生的学习过程，营造良好的学习环境。实际上，学生知识的获得、能力的提高、行为习惯的养成，归根到底是他们学习的结果。

（二）目标性原则

教学目标在课堂教学中起定向作用。教学目标既是教学的出发点，也是衡量教学效果好坏的标准。教学设计，很重要的一点就是能帮助教师顺利地实现教学目标。

（三）针对性原则

课堂教学设计是针对具体教学目标和教学对象而精心制订的。教学对象千差万别，教学内容也各有千秋，教学设计需要体现这些差异性，需要具有针对性，才能收到事半功倍的良好教学效果。

（四）实践性原则

实践性原则也称为可操作性原则。教学目标解决的是教师要“教什么”的问题，教学设计要解决的则是“如何教”的问题。教学设计更具有策略意义，更具有规划、筹划的意味，必须具有可操作性和实用性。

（五）有效性原则

教学有法，但无定法，贵在得法，贵在有效。教学设计的最终目的是为了提高课堂教学效率。对教学策略的选定、教学媒体的选择、教学情境的创设以及课堂问题的设计等，都必须注重实效。

（六）整体性原则

整体性是系统论的一个基本观点。学校的教育系统是一个整体，一门学科的教学系统也是一个整体。因此，即使是只备一节课，也必须把这一节课放在整个学科教学的系统中加以全盘考虑。

三、小学数学设计的策略

教师在准备教学时，按教学设计的一般程序必须要解决下列问题：教学起点的分析，教学目标的确定与阐述，教学材料的处理与准备，教学行为、教学组织形式以及教学手段的选择，教学流程的确定以及教学方案的撰写等。

（一）深入了解学生，找准教学的起点

要让学生通过一节课的学习有所收获，首先就要了解学生的原有知识经验基础，也就是确定教学的起点。什么是起点能力？学习者对从事特定的学科内容或任务的学习，已经具备的有关知识与技能的基础，以及对有关学习的认识水平和态度等，就称为起点行为或起点能力，它是影响学生学习新知的最重要的因素。传统的教学强调“教师要有一桶水，才能给学生一杯水”。这是对教师具备文化知识的要求，也是对他们钻研教材的程度的要求。值得注意的是，信息时代，学生获取知识的渠道变宽了，学生对某些方面信息的掌握可能比教师更快、更多。他们的学习准备状态有时远远超出教师的想象，许多课本上尚未涉及的知识，学生已经知道得清清楚楚了。从这个意义上讲，教师与学生接受信息的速度、容量是平等的，也是互补的，教师事先所设定的教学起点不一定是真正合理的起点。教师要顺着学生的思路设计教学过程，就必须设定教学的合理起点。

如何才能了解学生的情况呢？教师不妨先回答下列问题：学生是否已经具备了进行新的学习所必须掌握的知识和技能？学生是否已经掌握或部分掌握了教学目标中要求学会的知识和技能？有多少人掌握了？掌握的程度怎样？哪些知识学生自己能够学会，没有掌握的是哪些部分？哪些方面还需要教师的点拨和引导？

上述问题可以在课前了解。如一位教师在设计“两位数减一位数的退位减法”时，事先对学生进行了调查。结果发现，学生不仅已经熟练地掌握了“整十数加一位数的口算和 20 以内的退位减法”，而且大多数学生对将要学的“两位数减一位数的退位减法”已经有了相当的了解。全班 40 名学生中，有 35 人已经能够正确算出“两位数减一位数的退位减法”的得数，并能口述算理，其余 5 人能算出得数，但速度较慢，算理表达不清。如果把教学的起点定在“整十数加一位数的口算和 20 以内的退位减法”，显然不符合学生的实际状况。为此，这位教师把教学起点调整为“写一个两位数减一位数的

减法并且算出得数”，反馈时选择一部分算式呈现在黑板上，让学生对这些算式加以分类，然后引导学生自己得出退位减法的口算方法。这样的设计，可以展示教学过程中学生从不知到知、从知之不多到知之较多的过程。

也可以利用上课的导入环节进行了解。如一位教师在设计“分数的意义”这部分内容时，了解到学生已初步认识了分数，但不清楚学生对分数的意义有没有更深入的了解，于是这位教师在一开始上课时就在黑板上写了$\frac{1}{4}$，让学生说说对$\frac{1}{4}$这个数字已经知道了什么。在学生充分发表意见的基础上，教师让他们在下面4幅图上分别表示出$\frac{1}{4}$。

这样，既尊重了学生已有的知识经验，又沟通了他们在新旧知识之间的联系，很好地把握了教学的起点，突出了教学的重点。教师只有准确地了解学生的学习现状，才能确定哪些知识应重点进行辅导，哪些可以略讲甚至不讲，从而提高课堂教学的效率。

（二）客观分析教材，优化教学内容

教材是落实课程标准、实现教学计划的重要载体，也是教师进行课堂教学的主要依据。但教材内容仅是教学内容的一个组成部分，而不是全部。况且，教材的改革是一个长期的、不断完善的过程。例如：教材内容是一个静止的知识库，与学生接受知识的动态过程不可能完全吻合；教材局限于篇幅，不可能把所有的教学内容都写得十分详尽，也不可能把一些定理、法则、公式、规律的发现探索过程叙述得清清楚楚；教材编写有相对稳定性，不可能及时地把一些反映时代和学科前沿的内容收集进去……所以，教师必须客观地认识教材，从学生的实际出发，对教材内容有所选择，科学地对教学法进行加工。

要真正地用好教材。教师在分析教材时，不妨先对下列问题做出回答：①教材内容是不是实现课时教学目标所必需的？还需要补充什么？有哪些内容与教学目标无关？哪些内容要渗透数学思想方法？②教学从哪里开始？教材中所呈现的排列顺序能否直接作为教学顺序？③从教学目标来看，本节课教学重点、难点是什么？从学生的实际情况看，本节课教学的重点、难点又是什么？只有在回答了上述问题之后，教师才能采用有效的策略，诸如调整教学顺序、提供现实背景、挖掘数学思想方法、改变呈现方式、设计或引进开放题、让学生参与教学材料的提供，甚至重组教材内容，等等，使教材内容成为更易于课堂教学表达、有利于学生自主探索的教学材料，从而达到优化教学内容的目的。

仍以上述“两位数减一位数的退位减法”为例。一般教材分三个层次对这部分内容进行编排。一是准备题，如13－5＝（　）、40－8＝（　）等；二是例题，如32－8＝（　），加之小棒图和思考过程；三是巩固练习。教师根据自己所调查到的学生情况，认为教学的重点和学生学习的难点是理解“退一作十”，所以在复习铺垫或后面的专项训练中需要补充诸如45＝30＋（　）的习题。如果发现学生对所要学的知识和技能的掌握已不成问题，就应该设计一些开放题，在渗透数学思想方法的同时，发展学生的思维。在课堂的最后环节可以设计这样一些习题：45－（　）＝（　）、（　）－6＝（　）、（　）－（　）＝（　），要求在（　）里填上适当的数，使这些算式成为当天学过的习题。这样的练习，一方面对原有教材内容做了补充，渗透了极限、函数等内容，另一方面也极大地满足了学生的学习需要。

（三）注意目标的可检测性，制订明确、具体的课时教学目标

教学目标是教学设计中必须考虑的要素。它是教学的出发点，也是教学的归宿。教师要在认真分析学生和客观分析教材的基础上，制订具体的教学目标，具体规定学生在一节课结束时的学业行为。制订教学目标，要注意以下三个问题。

首先，必须体现学科教学的整体目标。数学学科教学的总体目标必须通过具体的每一节课来实现。教师在对课时教学目标的制订和把握上必须着眼于学生可持续发展能力的培养，跳出认知技能的框框，注重目标的整体性和全面性，这也是每节课必须注意的问题。

其次，是对课时教学目标的阐述必须明确而具体，具有可检测性。教学目标的叙写，在于强调教学活动导致学生产生具体的行为改变，要说明学生在教学后能学会什么，其行为改变必须是可以检测的。如果说发展性领域的目标是隐性目标，学生很难在一节课内发生明显的变化，不便于检测的话，那么认知性领域的目标应该是显性的，学生通过一节课的学习应该有明显的变化，是可以检测的。

再次，要编制能反映目标完成与否的测试材料。具体明确的目标往往需

要通过一些测试材料来反映。一些课堂中的练习实际上也在一定程度上起到了检测的作用。

（四）选择有利于改变学生学习方式的课堂教学组织形式，注重小组合作学习

当教学目标确立之后，为达到目标，教师就需要选择教学策略、设计教学过程了。其中涉及的因素很多，小到课堂教学用语，大到教学组织形式。针对班级授课制的客观条件，教师必须考虑两点：一是如何帮助学生改变原有的单纯接受式的学习方式，着眼于学生可持续发展能力的获得；二是如何给每个学生提供均等的学习和发展的机会，更好地面向全体学生。这里涉及的因素很多，最关键的是课堂教学的组织形式。就目前的课堂教学而言，就需要改变长期延续的大课堂教学的课堂教学组织形式，把小组合作学习引进课堂，积极探索把班级、小组、个人多种学习方式相结合的组织形式。国内外的研究和实践，也都验证了小组合作学习作为课堂教学常规组织形式在提高学习效果方面的有效性，小组合作学习已经成为提高教学效率的新策略。

小组合作学习将班级授课制条件下个体间的学习竞争关系改变为“组内合作”、“组际竞争”的关系，将传统教学与师生之间单向或双向交流改变为师生之间、生生之间的多向交流，不仅提高了学生学习的主动性和对学习的自我控制能力，提高了教学效率，也促进了学生之间良好的人际合作关系，促进了学生心理品质的发展和社会技能的进步。采用小组合作学习时，教师必须认真回答下列问题：①为什么这节课要进行小组合作学习？不用可以吗？③如果要用，什么时候进行？问题怎么提？大概需要多长时间？可能会出现哪些情况？教师该如何点拨、引导？④如何把全班教学、小组教学、个人自学三种具体的教学形式结合起来，做到优势互补？小学数学学习中，哪些内容适合进行班级集体教学，哪些内容适合小组合作学习，哪些内容适合个人自学？教师要根据学生的情况和学习内容本身的特点进行选择，从而避免一些形式主义的做法，提高小组学习的效率。

（五）设计板块式的教学方案，探索合理有效的教学顺序

上课按照什么样的步骤来进行，这是教学过程设计和教案撰写中必然要做出回答的问题。从20世纪50年代开始，我国的教育深受凯洛夫《教育学》的影响。他把教育的目标定为“传授人类千百年来实践所形成的稳固的知识”，教学过程便是“组织教学—导入新课—讲授新课—巩固练习—布置作业”五个环节。经过半个多世纪的演变，五个环节稍有变化，但总体精神

没有改动。一般都遵循了这样一条途径：检查复习—揭示课题—新授—巩固—小结—布置作业。不可否认，这一教学结构是多年教学经验的总结。教师应该从中吸取精华，赋予它与时俱进的内涵。要使教学的方案具有效率意义，教师就必须在全面深入研究学生和钻研教材的基础上，设计“板块式”的教学方案，探索合理有效的教学顺序。

顾名思义，“板块”是可以移动的，板块式的教学方案在实际的课堂教学进程中是可以调整的。这里不妨再以“两位数减一位数的退位减法”为例，把单一化的教学方案（见图1－1）与板块式的教学方案（见图1－2）所构成的教学流程作对比分析。

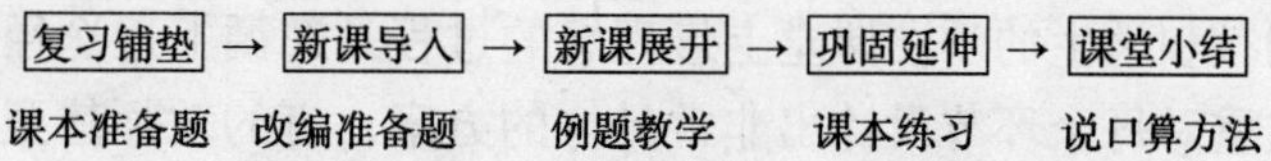

图1－1　单一化的教学方案的教学流程

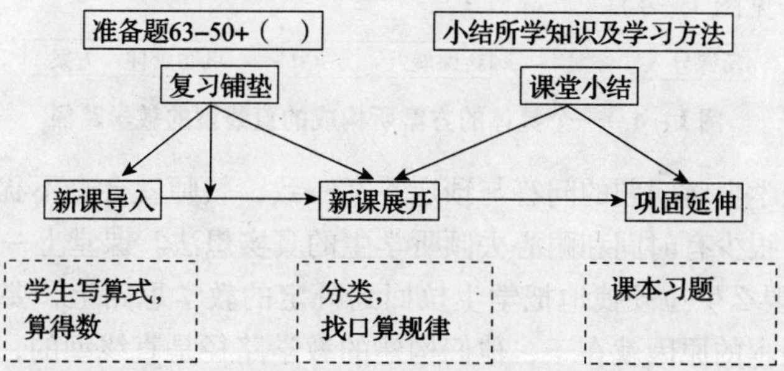

图1－2　板块式的教学方案的教学流程

图1－1所遵循的教学流程和教材上教学材料的呈现顺序基本一致。图1－2同样把课堂教学过程分解为上述五个主要环节，但构成的教学流程具有更大的弹性。如果说“新课导入”、“新课展开”、“巩固延伸”没有多大的移动余地的话，那么“复习铺垫”和“课堂小结”移动的余地就相对较大。复习铺垫从教学的内容上来看，更多的是与新授知识密切相关的基础知识。这里的流程图说明了两层含义：一是这一环节并不是非要不可，可视学生的情况取舍；二是这一环节并不一定是放在新课导入以前，也可以放在导入以后，甚至放在新课展开以后。这里决定教学环节次序变化的因素就是课堂上的学生行为。

（六）充分估计教学过程的复杂性，构建非直线型的教学路径

课堂教学应该是一个动态的复杂的过程，因为作为教学对象的学生是一

个个活生生的个体，课堂上随时都有可能发生“意外事件”。许多教师在撰写教学设计时非常注意借鉴别人的经验，广泛地收集材料，在筛选材料的基础上形成教学方案（见图1－3）。

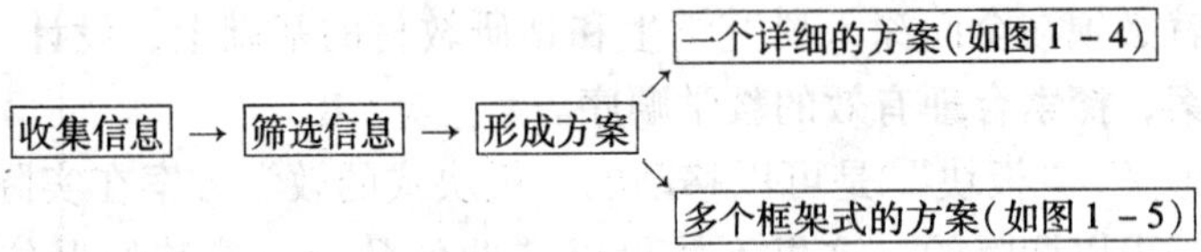

图1－3　教学方案的构建过程

一般教师和优秀教师的区别就在于，前者把上课看做是执行教学设计的过程，教师的教和学生的学在课堂上最理想的过程是遵循上述途径完成教学设计，非常注重对每个环节设计出非常具体的方案，有的教师甚至把整个教学过程中教师怎么问、学生怎么答都写得清清楚楚，最后形成一个非常详细的教学方案（见图1－4）。

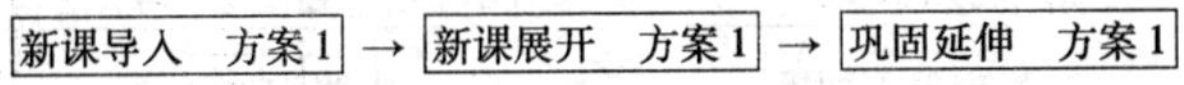

图1－4　一个具体的方案所构成的直线型的教学路径

如果课堂上学生对问题的问答与预定答案一致，教师就会毫不犹豫地进入下一个环节，很少有时间和耐心去倾听学生的真实想法。课堂上一旦“节外生枝”，教师要么生拉硬拽地把学生拉回到既定的教学思路上，要么显得束手无策。其根本的原因就在于，他们构建的教学路径是直线型的，没有可供选择的第二套方案。而一些优秀教师在收集材料后，往往是在把握环节目标的前提下，对每个环节设计多个具体方案，力求构建出非直线型的教学路径，以便对付教学过程中各种各样的意外事件。在不断积累的过程中，他们的设计形成了一个方案库。他们的教学之所以成功，关键的原因是他们充分估计了教学过程的复杂性，所构建的教学路径不是直线型的，并为此准备了多种备用的方案（见图1－5）。

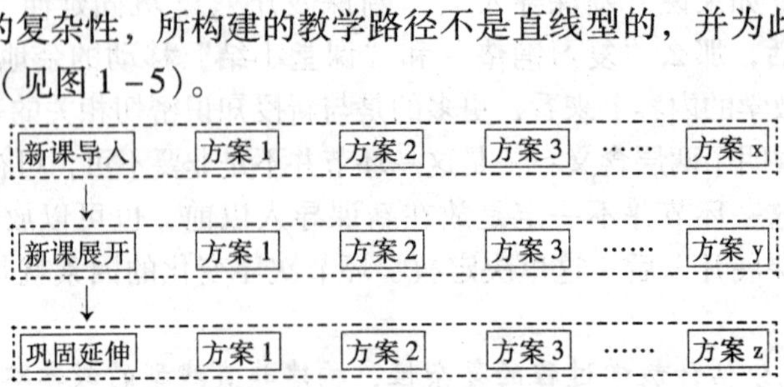

图1－5　多个框架式的方案所构成的非直线型的教学途径

很明显，图 1－4 由于每个环节只有一个方案，这样所能提供的教学路径就只有一条，在课堂上不管发生怎样的情况，都只能按照既定方案执行。而图 1－5 由于每个环节都有若干个方案，所能提供的教学路径是多方位的。即使教师在备课时确定了一条理想化的思路，可一旦在课堂上遇到“意外情况”，也备有可供选择的教学路径。这里有几点需要说明：一是图 1－5 中的 x、y、z 并没有规定需要多少个方案，但至少是 2 个；二是并没有强调几个环节的教学方案的数量需要等额匹配；三是在同一个环节的方案与方案之间并不要求是并列关系，允许交叉，可能对一个方案的某一细小环节的改变，就成了另一个方案。如对于教师的提问，学生就有可能出现三种情况：一种是教师的提问与教学设计思路吻合的，学生能直接回答；一种是学生不能直接回答，需要教师点拨引导的；一种是学生的回答超越了问题本身。优秀的教师对自己提出的问题会有充分的估计，并有配套的调控策略。

（七）改进教案撰写格式，促进教师专业成长

在关注学生可持续发展能力提高的同时，如何关注教师可持续教学能力的提高？脱产进修、学历提高、观摩教学、师徒结对等，对教师的专业成长来说，都不失为好方法。但是，这些仅仅是外部条件，况且许多教师并没有这样的机会。

我们认为，能够非脱产性地、批量化地提高教师的教学能力的途径之一就是提高教师自身的反思能力。其中的手段之一就是规范教师撰写教学设计（即备课）的程序，改变原有的只重教学流程的教案撰写形式，把课堂教学设计的原则和策略体现在课时教学计划（即教案）中。“以学论教”使教师更多地关注学生在课堂上的可能反应，并思考相应的对策，促使教师从以往“只见教材不见学生”的备课方式中转变出来，注重花时间去琢磨学生、琢磨活生生的课堂，注重提高自己的教学能力，而不是在课堂上简单地再现教材。传统的撰写教学设计的格式显然已不能满足“以学论教”评价模式对课堂教学的要求。教师应把学生的有关情况写进教案，包括对学生已有的知识经验的分析和课堂上学生在每个环节可能出现的情况。应留有空白并写上课后的体会，这样便于把课前分析和思考、课中实践和体验以及课后总结和补充融为一体。但撰写教学设计并不是写得越干净就说明教师越认真。一份好的教学设计应该能够反映出分析学生、分析教材、构建教学方案和拟订教学思路的全过程，以及课后反思。这样的教学设计既有助于促进学生的发展，也有助于教师自身的反思与提高。

教学设计的对象是学生。教学设计的成效如何，将取决于对学生情况的了解程度。如果从实验的角度来分析教学设计，那么课堂中的学生是实验对象，实验变量（自变量）——教学内容的组织、教学方案的选择、教学环节的调整等都必须随着学生的变化而变化，这样，因变量——学生的有关素质才能得到相应的提高。正因为这样，课堂教学设计的总体思路应该是从了解学生的情况出发，而不是从备教材出发，任何教学活动都要以满足学生的需要作为出发点和归宿。但这些并不意味着教师责任的减轻和教师作用的降低，相反，是对教师提出了更高的要求。如果忽视了对如何发挥教师主导作用的设计，学生的学习将会成为没有目标的盲目探索，讨论交流将成为不着边际的漫谈，重视过程将会事倍功半。因为，课堂教学是一个动态的、复杂的过程，学生毕竟只是成长中的个体，他们的学习离不开教师的点拨和引导。

第二章　各领域内容的教学分析及课堂教学设计研究

第一节　数与代数

数与代数部分是中小学数学课程中的经典内容，它在数学课程中占有相当重要的地位。在以往的教学中，我们更多地关注了数的运算，注重了计算技能的训练，而《标准》指出：要强调学生的数学活动，发展学生的数感、符号感以及应用意识与推理能力。遵循上述要求，青岛版教材强调通过情境创设使学生体验、感受和理解数及运算的意义，强调发展学生的数感、符号感，注重培养学生运用数与运算解决实际问题的意识和能力。要有效地利用教材使课堂教学达到和谐高效，必须做到以下几点。

一、理清知识结构的编排体系，为学生创设自主学习空间

青岛版教材从学生的认知特点出发，除了传承传统教材的一些精华外，还对知识结构进行了创新重组，对数与代数部分的知识进行了合理的分解与整合。

（一）结构分解，降低学习难度

如“数的整除”这部分内容涉及的概念较多，学生往往感觉比较抽象，理解难度大。青岛版教材改变了传统教材中知识集中学习的编排体系，将这部分知识加以分解：在三年级下册“农田里的数学——除数是两位数的除法”（见图2－1）单元中，让学生初步认识因数和倍数；在四年级下册“团体操表演——因数与倍数”（见图2－2）单元中，让学生进一步学习2、3、5的倍数特征，质数、合数和分解质因数的知识；在四年级下册“剪纸中的数学——分数加减法（一）”（见图2－3、图2－4）单元中，让学生重点学习这些知识与其他知识之间的内在联系，并降低了学习的难度。

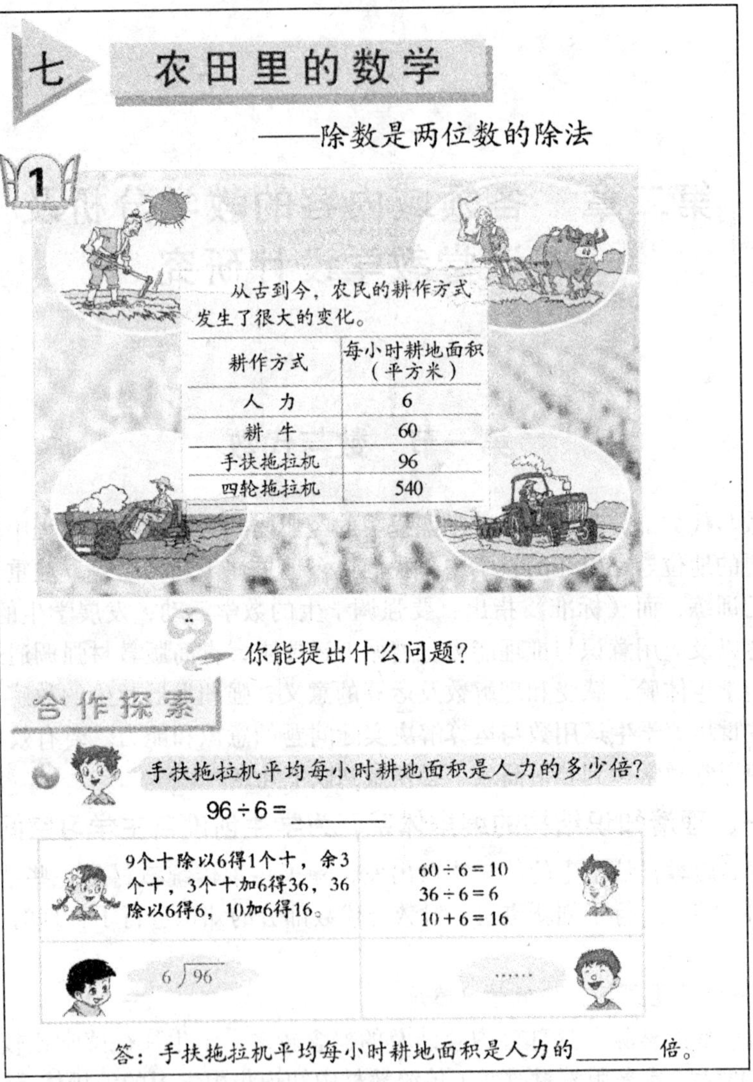

七 农田里的数学

——除数是两位数的除法

1

从古到今，农民的耕作方式发生了很大的变化。

耕作方式	每小时耕地面积（平方米）
人力	6
耕牛	60
手扶拖拉机	96
四轮拖拉机	540

你能提出什么问题？

合作探索

手扶拖拉机平均每小时耕地面积是人力的多少倍？

96 ÷ 6 = ________

9个十除以6得1个十，余3个十，3个十加6得36，36除以6得6，10加6得16。	60 ÷ 6 = 10 36 ÷ 6 = 6 10 + 6 = 16
6⟌96	……

答：手扶拖拉机平均每小时耕地面积是人力的________倍。

图2－1

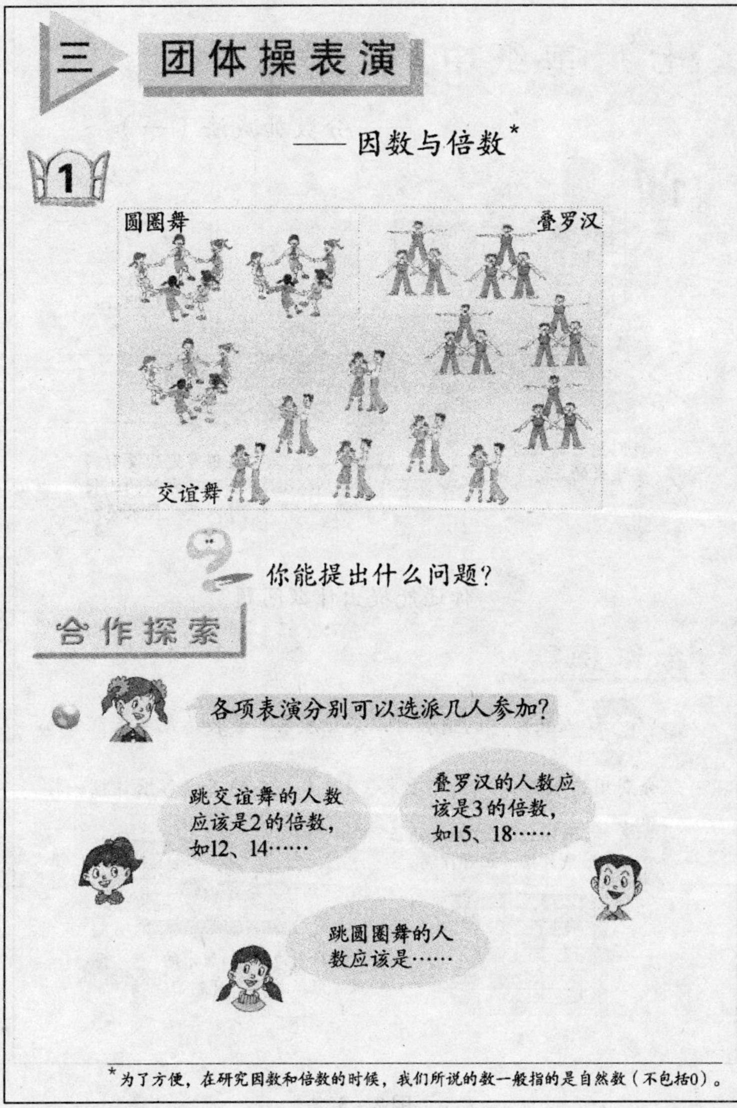

三　团体操表演

——因数与倍数*

1

圆圈舞

叠罗汉

交谊舞

你能提出什么问题？

合作探索

各项表演分别可以选派几人参加？

跳交谊舞的人数应该是2的倍数，如12、14……

叠罗汉的人数应该是3的倍数，如15、18……

跳圆圈舞的人数应该是……

*为了方便，在研究因数和倍数的时候，我们所说的数一般指的是自然数（不包括0）。

图2－2

七 剪纸中的数学

——分数加减法（一）

1

你还能提出什么问题？

合作探索

分别用边长是1厘米、2厘米、3厘米……的正方形纸片摆一摆。

图2-3

用边长1厘米、2厘米、3厘米、6厘米的正方形纸片摆，都正好摆满，没有剩余；用边长4厘米、5厘米……的正方形纸片摆，有剩余。

正方形的边长可以是1厘米、2厘米、3厘米、6厘米。最长是6厘米。

1、2、3、6与24和18有什么关系呢？

我发现它们既是24的因数，也是18的因数。

24的因数：1，2，3，4，6，8，12，24

18的因数：1，2，3，6，9，18

也可以用下图表示：

24的因数：4，8，12，24；公有：1，2，3，6；18的因数：9，18

24和18公有的因数

1、2、3、6既是24的因数，也是18的因数，它们是24和18的公因数。其中6是最大的，是24和18的最大公因数。

怎样找12和18的公因数和最大公因数？

12的因数：1，2，3，4，6，12。

18的因数：1，2，3，6，9，18。

12和18的公因数：1，2，3，6。

12和18的最大公因数：6。

图2－4

这样把难度较大、概念较多、内容较抽象的知识分解在不同的学段进行分散编排，使学习坡度放缓，充分考虑到学生在不同阶段的认知特点。这不但给教学提供了更大的拓展空间，也让学生在不知不觉中体会到知识的连贯性。教师在教学前要更好地了解学生对每册教材知识点的掌握程度，在设计教学方案时既要正确把握知识点的难易程度，又要考虑到知识点的前后联系。

（二）结构整合，增加探索空间

青岛版教材彻底改变了传统教材的“小步子”编排方式，构建了“板块”编排方式。即在一个单元里，减少例题，强化基本数学思想方法的作用，扩大教与学的空间。如一年级上册“20以内数的进位加法和退位减法”单元，传统教材把这部分知识分得很细：9＋几、十几减9、8＋几、十几减8、7＋几、十几减7……。而青岛版教材对这部分知识进行了整合，把20以内的进位加法放在了两个信息窗中，只安排了9＋6、6＋9、8＋7这3个算式；20以内的退位减法放在了3个信息窗中，只安排了15－9、15－8、14－5、11－3这4个算式。通过这几个算式让学生合作交流，探索学习基本的口算方法。其余的内容全部安排在绿点或“自主练习”中，由学生运用已掌握的基本口算方法自己完成。在教学时，教师要改变以往的教学方式，更多地放手给学生，让学生在理解算理的基础上自主探究千变万化的题目。这种结构整合的方法给学生提供了更大的思考空间。

二、把握知识的难易程度，巧用信息窗拓宽广度

青岛版教材避免了繁杂的计算和程式化的叙述“算理”，减少了单纯的技能性训练，降低了数与代数部分的学习难度。如小学阶段学习乘、除法的内容时，让学生能够笔算三位数乘两位数和三位数除以两位数就可以了。计算的方法也不是以法则的形式出现在教材中的，只是让学生能够理解算理就可以了。在信息窗素材的选取上，青岛版教材注重从学生的年龄特点和生活经验出发，选取丰富多彩的、贴近学生实际生活的素材，使教材中既有学生身边的真情实景，又有源自大自然和社会生活的相关内容，还有学生喜闻乐见的童话故事。这种做法的目的是有计划地引导学生认识生活，认识社会，体验数学学习的内容是现实的、有价值的和富有挑战性的。

例如，三年级下册第一单元“大数知多少——万以上数的认识”中4个信息窗分别为学生提供了“图书知多少”、“人口知多少”、“世界地理知识知多少”、“世界之最知多少”等国际国内的相关信息。四年级下册第五单元“校园科技周——分数的意义和性质”中3个信息窗则以学生熟悉的校园科技活动为素材。

以上信息窗，是分别选取了学生感兴趣的动物世界、人文地理、学校生活中的数学信息，让学生在获得数学知识的同时，增强对其他领域知识的了解。信息窗的设置让学生在学习数学知识的同时，多角度地了解了社会，在

提高学生学习兴趣的同时，拓宽了学生的知识面。

在教学时，教师对知识的难易程度要做到有效地把握，同时在教学设计时要充分地利用信息窗，创设教学情境，让学生在学到数学知识的同时，更多地了解社会、了解自然。

三、创设问题情境，在解决问题中引入计算方法的学习

《标准》中对数与代数领域有了新的要求：让学生经历将一些实际问题抽象为数与代数问题的过程，掌握数与代数的基础知识和基本技能，并能解决简单的问题。结合这一目标，青岛版教材注重创设问题情境，在教材中不出现单纯的计算内容，而是把数的运算内容与解决问题有机结合起来。

（一）创设具有趣味性的情境，激发学生的学习兴趣

数学教学，如果不能调动学生学习的积极性，学生的学就是重复式的机械练习，进而形成技能，这样就失去了数学课的真正作用，并且也失去了趣味性。现代的数学课应改变原来只重计算的缺陷，教师应重视学生的数学能力，同时更应该注重对学生进行思维训练，以及培养学生对数学的情感。因此，教师要尽可能地创设良好的情境，想尽一切办法激发学生的学习兴趣。这样就可以充分调动学生学习的积极性，让学生在轻松愉快的教学气氛中，既有效地获得知识，又陶冶了情操。情境的创设也并非胡乱编一个就行的，教师应该根据教学目标和教学内容、联系学生的生活实际和已有的经验进行巧妙设置。

青岛版教材根据不同阶段学生的心理特点，创设出适合学生的问题情境。例如，考虑到低年级的学生对于童话故事比较热衷，从一年级上册刚学“10以内数的计算”开始，就创设了“走进花果山”这一系列“情境”。学生在饶有兴趣的童话故事中自然而然地产生了一个问题：“一共有几只小猴子?”然后教师可以启发学生解决问题，学生在探索答案的过程中体会到加法的意义，探索出和是2～6的加法的计算方法。这样的情境创设对于低年级的学生来说，吸引力非常大，能有效地激发他们的学习欲望，引起他们的学习兴趣。

（二）创设具有现实性的情境，体验数学与生活的联系

根据学生的年龄特点和生活经验，青岛版教材还注意选取能够反映学生实际生活的、贴近社会生活的内容为素材，有计划地引导学生在解决问题的过程中了解生活、认识社会。

如一年级上册“小小运动会”一课（见图2－5至图2－10）就是选取了学生熟悉的校园生活，用运动会“报名”、“领饮料”、“射门大赛”、“赛

跑分组”、“投沙包比赛”、“领奖”等素材，让学生在解决“需要写多少个号码”、“两组一共要多少瓶饮料”、“踢进9个，几个没进”、“第一组8人，第二组几人”、“谁赢了”等一系列实际问题的过程中，探究20以内数的进位加法和退位减法的计算方法。

图2－5

2
……?
一组要6瓶，
二组要5瓶
一组要8瓶，
二组要7瓶
两组一共要多少瓶？
你还能提出什么问题?
你说我讲
两组一共要多少瓶？
8 + 7 = □（瓶）
8 + 7 = 15
2 5
10
8 + 7 = 15
5 3
10
……

图2－6

你还能提出什么问题？

你说我讲

有几个没进呢？

15-9 = □（个）

图 2 - 7

4
……?
第一组8人。
第二组几人?
15个人分成2组。
你还能提出什么问题?
你说我讲
第二组几人?
15−8 = □（人）
8+7=15
15−8=7
……
如果第一组7人，第二组几人?
□○□=□（人）
问题口袋

图2－8

5
我投了12个……
我投了14个，5个没中。
停！2分钟时间到。
……？
我投了11个……
谁赢了？
你还能提出什么问题？
你说我讲
谁赢了？
算一算每人投中几个，就知道了。

图2－9

图 2－10

在解决问题的过程中，学生通过亲身的体验、不断的探索，学会的不仅仅是数的运算方法、运算法则等基础知识，更重要的是他们在这个过程中能够体验到学习数学的快乐，提高了应用意识。

四、重视口算，强化估算，鼓励学生使用计算器

《标准》要求在计算时加强口算、估算练习，鼓励学生使用计算器。青

岛版教材为了使学生便于理解知识间的内在联系，根据学生的认知特点，从学生的学习需要出发，在教材中凡是涉及到计算的内容时，一般都将口算、估算和笔算有机地结合在一起，以便于学生了解计算的多种策略。让学生认识到解决计算的问题可以用计算的方法，也可以用估算和口算的方法。教师教学时，要理解教材的这种编写意图，把估算作为一种计算策略，让学生在运用的过程中，逐步养成估算的习惯，不断提高估算的意识。在遇到较大数值的计算时，要引导学生使用好计算器，充分利用计算器来解决较复杂的计算问题。

五、倡导算法多样化，重视学生个性发展

青岛版教材的编写思路旨在积极倡导新型的教与学的方式，大胆鼓励学生自己提出问题（或自己设计研究方案）、自主探索，为学生个性发展提供了较大的空间，尤为突出的是在计算方法上提倡算法多样化。

（一）低年级学段，以说为主

青岛版教材从学生不同的年龄特点出发，在不同阶段都设置了相应的环节。如在一年级教材中安排了“你说我讲”环节。以一年级下册“100以内数的加减法（一）”（见图2－11）为例，教材创设了一系列情境，引导学生提出问题后，通过“你说我讲”这个环节，让学生充分交流26＋3的多种计算方法，让不同的计算方法在课堂上有了精彩的展示。在二年级的教材中又

图2－11

编排了“你问我说”这个环节，引导学生在独立探索的基础上开展合作交流活动，展示自己的潜能，体现计算方法多样化和个性化学习。以“万以内数

的加减法（一）”（见图2－12）为例，在学生根据情境图提出问题：蜜蜂中“保育员和清洁工一共有多少只？”之后，引导学生列出算式：57＋29＝；接下来的“你问我说”环节，就为学生提供了一个自我展示的舞台，让每个学生都有发表想法的机会，通过学生不同的发言来体现计算方法的多样化。

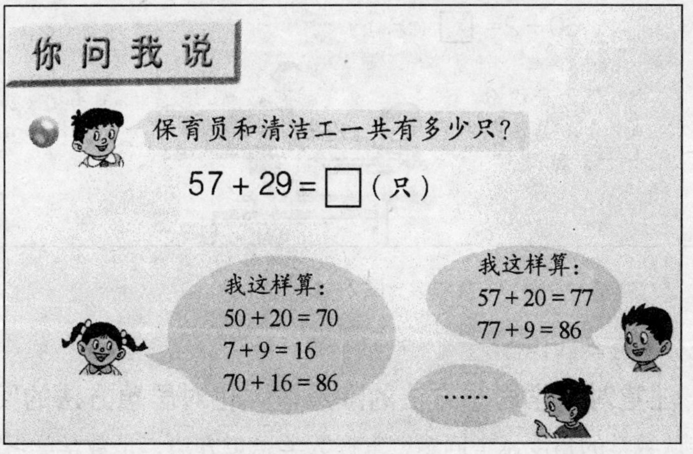

图2－12

（二）中、高年级学段，注重自主探究

从三年级开始，在教材中安排了“合作探索”环节，目的是引导学生逐步学会在动手实践、自主探索、合作交流的活动中学习新知识。以三年级上册“两、三位数除以一位数（一）”信息窗2（见图2－13）“笔算除法”为例，解决第一个红点问题：“64米红布能做多少只鹰风筝？”当学生列出算式后，教材没有立刻给出用笔算的方法，而是在“合作探索”环节，先让学生独立探索计算方法，并且提供了可以利用学具摆一摆、也可以用口算或估算的方法，从不同的角度引导学生讨论交流。在学生解决问题的多种方法中，由学生自己得出还可以用竖式的方法，这样不仅让学生感受到知识的生成过程，同时也能通过交流感受到算法的多样化。

不管是“你说我讲”、“你问我说”板块，还是“合作探索”板块，青岛版教材都赋予其两层任务。第一个层次，引导学生在独立探索的基础上开展合作交流活动，展示自己的潜能，体现计算方法多样化和个性化学习。第二个层次，引导学生运用初步学到的知识和方法，通过联想、推断等探索活动，独立地解决综合情境图中自己感兴趣的问题，将新知识纳入自己的认知

图2－13

结构，充分掌握新知识。

六、注重对数学思想方法的渗透，强化对思想方法的回顾整理

学会从数学的角度思考问题，掌握数学思想方法，是数学学习的目标之一。青岛版教材根据学生的认知水平和学习能力，在数与代数部分更加重视了对数学思想方法的渗透，注意培养学生的数学思考能力。

（一）在教学过程中渗透思想与方法

青岛版教材体现出独有的让学生经历“猜测—验证—结论—运用”的探索思路，重视引导学生经历知识的形成过程，体验解决问题的策略和方法。

如五年级上册“分数乘法”单元的内容，教材注重引导学生用直观图示来帮助理解一个数乘分数的意义及计算方法，向学生渗透“数形结合”的思想。再如，四年级上册“加法运算律”部分知识的编排，在学习了加法运算律之后，教材迅速提出一个拓展性的问题：“加法有运算律，减法有没有运算规律呢?”让学生通过解决实际问题来发现减法运算律，调动学生利用已有结论展开类推，这有利于他们知识和能力的升华。

（二）注重对数学思想与方法的回顾整理

青岛版教材在五年级下册“总复习”部分专门设置一个板块“策略与方法”（见图2－14），来回顾整理小学阶段学生接触过的数学思想与方法。

平日教学时，教师也应该阶段性地引导学生对知识进行全面的整理，对学习数学的一些策略与方法进行回顾、加以整理，使之形成学生基本的思考方法和解决问题的策略。如在引导学生复习分数的加减法和分数的乘除法的

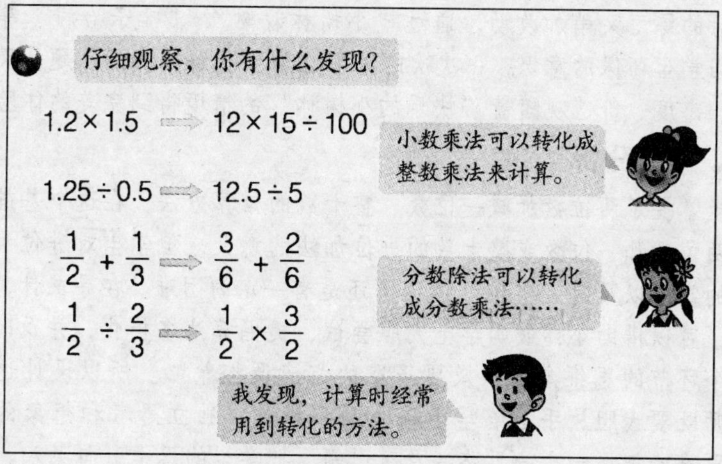

图 2－14

过程中，让学生体会转化的思想方法；引导学生在复习分数乘法的计算方法的过程中体会数形结合的思想……

总之，青岛版教材在数与代数的编排上进行了大胆的尝试。在教学中，教师要充分利用这个可以自由发挥的平台，进行大胆的创新教学，使数学课堂和谐高效。

附：“数与代数”领域“和谐高效思维对话”型课堂教学设计

设计一：

两位数加一位数的进位口算加法

芝罘区惠安小学　衣海莹

一、教学内容

《义务教育课程标准实验教科书·数学》（青岛版）一年级下册第26页。

二、教材分析

教材以“绿色行动、保护环境”为主线，从学生熟悉的亲身经历过的环保活动来展开进位加法的口算教学。在学习口算的方法时，鼓励学生独立思考，大胆尝试，寻求算法的多样化。教材的教学顺序无需改动。为进一步渗透保护环境的意识，在课前引入添加“美丽校园我最爱”，干净美丽的校园和到处都是垃圾的小树林形成强烈的对比，激发学生保护环境的意识和行动；课后的练习又稍加改动，通过“小树林栽树”、“叶子治病”等环节进一步增强学生环保的意识，一次次的练习让学生既解决实际问题，又使他们的情感、态度、价值观随着“快乐的小树林”的情境得到完美的体验。

三、学情分析

学生掌握了两位数加减一位数、整十数的口算方法，在这个基础上很容易理解两位数加一位数或整十数的进位加法的意义，但学生对进位加法的计算方法的掌握以及对“进位”的理解还是有一定的困难。在寻求计算方法的过程中，可以借助小棒鼓励学生大胆尝试，提倡算法多样化，并及时了解学生在这个环节的思维走向以及要采取的相应调控策略。所以设计这个环节时，教师既要大胆放手，给学生一个动手操作、独立思考和想象的思维空间，还要准确把握学生的思路，及时引领，把学生的思维引向深入。

四、教学目标分析

1. 用学生熟悉的生活情境，培养学生提问题的意识以及解决问题的能力。

2. 理解两位数加一位数进位加法的意义，掌握多种计算方法，并能进行合理优化。

3. 绿色行动，渗透环保思想。

五、教学要点分析

重点：理解进位加法的意义和算法多样化及算法优化。难点：进位的理解、计算方法的多样化，了解学生不同的思维。

六、教学准备

每人40根小棒，电脑课件，实物投影仪。

七、过程设计

（一）创设情境，导入新课

1. 你口算我裁判。

12 +4 =　　52 +6 =　　5 +13 =　　30 +9 =　　89 −9 =　　30 +15 =

75 +4 =　　42 +6 =　　36 +3 =　　55 +3 =　　43 +5 =　　56 +2 =

【设计意图：传统的口算就是简单的技能训练，时间长了学生会感觉口算是单一的、机械的、重复的、毫无兴趣的。我把口算的形式稍稍做了改动，“你口算我裁判”的环节使大家都来关注口算。短短5分钟的口算，把

学生的眼、耳、口、脑充分调动起来，使他们瞬时达到注意力高度集中，为教师教授新课做好准备。】

2. 师生谈话，激发兴趣。

出示上一节课“美丽校园我最爱”的场景，让学生感受到生活在这样的校园里是多么幸福快乐。可是，生活中我们经常会看见这样的场景（电脑显示小树林里到处是垃圾，有塑料袋、废弃的易拉罐等）。教师问：这样的环境大家喜欢吗？遇到这样的环境，我们应该怎么做呢？学生可能会回答“把垃圾清扫干净”，也可能会回答“在这里立一标牌，写上‘请不要到处扔垃圾’”。了解到每个学生都有很强的环保意识，教师进一步引导学生：要想有一个优美舒适的环境，最重要的是我们每一位同学都要保护我们的环境，不随意扔垃圾，见到纸片等垃圾自觉地捡起来，这样我们生活的环境才干净、整洁。

【设计意图：干净美丽的校园和到处都是垃圾的小树林形成鲜明的对比，激发学生强烈的环保意识——保护环境从我做起；几分钟的谈话交流，进一步沟通了师生情感，缩短了师生之间的距离，让学生带着愉悦的心情、浓厚的兴趣投入到学习中。】

（二）合作交流，探究新知

1. 电脑显示：小树林里来了一群小朋友，他们在干什么（捡垃圾）？小树林一会儿就变得干净整洁了，你们高兴吗？小树林也很高兴，听听小树林里的同学在说什么？出示信息：男孩说“我捡了25个垃圾袋”，女孩说“我捡了7个垃圾袋”；还有两个男孩，一个说“我捡了16节电池、8个易拉罐”，另一个男孩说“我捡了9节电池、22个易拉罐”……根据这些信息，同学们能提出什么数学问题呢？（有的学生可能会提“两个小朋友一共捡了多少个塑料袋”，还有的学生会提“那两个小朋友捡了多少节电池和易拉罐”、“男孩比女孩多捡了几个塑料袋”、“一个男孩比另一个男孩多捡了几个易拉罐和几节电池”）教师表扬学生提出的问题都很有价值，并提出：今天我们重点来研究把两部分合起来的数学问题。

【设计意图：评价学生提出的每一个问题都很有价值，借势引出今天这节课主要学习把两个数合起来的数学问题。】

2. 师：我们看一看他俩共捡了多少个塑料袋，哪个小朋友会列算式？25和7各表示什么意思？25 +7 表示什么意思？25和7合起来会是多少？请同学们用手中的小棒把25和7合起来，看看是多少？

先是个人独立思考，尝试用小棒把25和7合起来，然后小组讨论，交流各自不同的想法、摆法。

【设计意图：这里要留给学生足够的时间让他们独立思考，然后小组交流，教师要走进各小组中间，了解每个小组操作演示和语言描述的情况。针对不同的情况，迅速做出相应的调控策略，并为下一个环节师生有效交流做好准备。】

3. 请有不同摆法的学生上黑板来尝试摆一摆，说一说。

生1：把25分成20和5，这样把零散的5和7合并起来是12，20+12等于32。

教师强调这个学生的思路是把25分成整数20和5，这样把零散的5和7合并在一起就是12，20+12=32。注意引导学生观察原来的加数是20多，计算结果是30多。思考：为什么由20多变成30多？

生2：我就是在25这个大数的基础上，一直往下数7个，当数到30的时候声音要格外强调，注意由原来的20多变成30多。

生3：我是把7分成了5和2，5和25相加就是30，30加2就是32。思考：7可以分成5和2，也可以分成4和3、6和1，为什么单单选择分成5和2呢？

通过讨论让学生明白：因为前面的数是25，25和5合起来正好是30，30加2就是32。所以把7分成5和2。

【设计意图：在这个环节，教师可以给学生更大的自由发挥的空间，让学生的思维积极活跃起来，关注学生的思考和感悟，敏锐地觉察学生不同的思维方法并及时做出相应的反应。同时，教师要明确目标，把握方向，适时地引领和启发，把学生的思维引向深入，最终让学生发现，不管是哪一种算法，在计算的过程中都有满十要向前一位进一的规则。这就是我们这一节课要学习的内容：进位加法。】

4. 进位就是满十要向前一位进一，哪个小朋友可以用小棒表示出进位的过程呢？

【设计意图："进位"对于一年级的学生来说，是一个非常抽象的概念，让学生动动手；只要满十我们就可以把这10根捆成1捆，这样原来的2捆就变成了3捆，即20变成30，这就是进位。学生动手捆一捆，用直观形象的操作帮助学生进一步理解、感悟进位的含义。进一步调动学生的眼、手、脑等感官，帮助学生突破难点，理解进位的含义。】

（三）巩固练习，拓展延伸

1. 请同学们自己尝试解答两人共捡了多少个易拉罐好吗？

【设计意图：学生自己尝试解答绿点问题，并说出自己的计算方法。】

2. 卡片游戏。课本自主练习 2：同桌各抽 1 张卡片，组成一个加法算式进行口算练习。

【设计意图：课堂教学进行到这里，对于一年级的学生来说，身心都有些疲惫，这时可以换一种学习形式，给学生提供一个放松的空间。练习可以同桌合作，也可以小组合作进行。在轻松的氛围中，学生不仅巩固了两位数加一位数的口算方法，而且初步体验到“两个数相加，交换加数的位置和不变”的道理。】

3. 小树林里有 38 棵树，现在又栽了 5 棵，现在小树林里有多少棵？

【设计意图：给小树林栽树，求现在小树林里有几棵树，实际上就是把原来的树和栽的树合起来，所以也要用加法计算。】

（四）总结提升，深化主题

这节课同学们在知识上有什么收获？在给小树林捡垃圾的过程中，你又有什么收获？说说你的感受。

【设计意图：让学生感受到数学课不仅可以使自己在知识上有所收获，在其他方面也会有更多更重要的收获，让学生对自己在数学课堂的成长有一个正确的评价。】

八、板书设计

进位加法

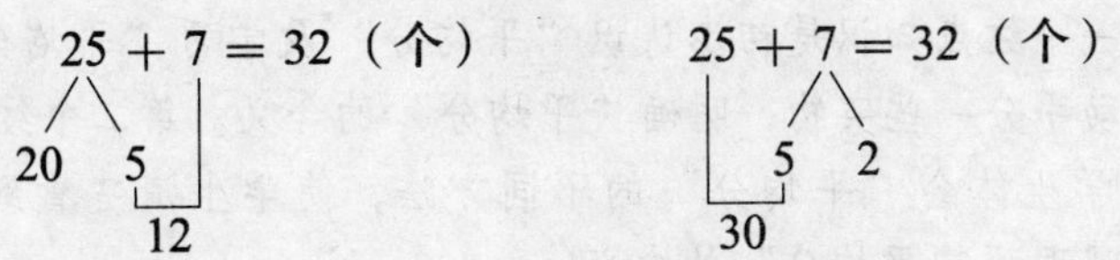

九、创新特色

提倡算法多样化可以纠正以往的“计算方法单一，过于注重计算技能”的倾向。对于一个计算问题，由于学生的认知水平和认知风格的不同，常常会出现不同的计算方法，这正是学生有不同个性的体现。在学习 25 + 7 时，教师放手让学生自己独立思考，学生总结出很多种算法，有的学生是在 25 的基础上继续数下去，有的学生先把个位上的数加起来再和 20 相加。在学生独立思考的基础上，让学生在小组内交流和争论，发表自己的观点，倾听其他同学的意见。这样可以充分调动学生已有的知识经验，发现、创造不同的算法。在发现、创造的过程中，学生在不同程度上都体验了成功的愉悦和满足，学习品质都得到了不同的发展。当然，鼓励算法多样化并不是说算法越多越好，在鼓励学生大胆尝试、寻找方法的同时，教师不要在这个环节“流连忘返”，甚至和学生一起“天马行空，漫无边际”。教师既要大胆放手，也要善于从学生的思维中捕捉到课堂上需要的真正的目标——不管是哪一种计算方法，都要经历满十就要进一，原来的2捆小棒就变成3捆，即原来的20多变成30多。教师只有心中有目标，做到收放自如，课堂教学才会真正地落实目标，促进学生个性发展。

设计二：

除法的初步认识

福山区高疃镇湘里完小　徐元文

一、教学内容

《义务教育课程标准实验教科书·数学》（青岛版）二年级上册第48页。

二、教材分析

表内除法是学习除法的基础，而“除法的初步认识”又是学生学习除法的开始。学生对除法意义的理解及对除法的兴趣将直接影响到后面的学习。教材在编排时从分东西这一情境引入，通过分东西使学生初步领会除法的实际意义。第一个红点知识是初步认识“平均分”及学习“平均分”的方法，通过让学生动手分一些实物，明确“平均分”的含义。第二个红点部分和第三个部分让学生体会“平均分”的不同方法，使学生清楚看到“平均分”的过程，直观理解“平均分”的含义。

三、教学目标分析

1. 知识与技能目标：在分一分的操作活动中，让学生获得分物体的经验，建立“平均分”的概念，经历不同分法的过程，培养学生的数感和动手操作能力。

2. 过程与方法目标：通过认真观察、动手操作、小组讨论等活动，引导学生学习有价值的数学，培养学生用数学知识解决实际问题的能力。

3. 情感、态度与价值观目标：让学生学会用数学的眼光观察周围的客观世界，让学生因为数学学习而感受到生活的丰富多彩，感受到数学学习的内在魅力。

四、教学要点分析

重点：通过动手分一分的操作实践活动，理解“平均分”的意义。难点：在实践过程中学会“平均分”。

五、教学准备

教具：多媒体课件、小方片。学具：学具盒。

六、过程设计

（一）创设情境，兴趣导入

师：太阳升起来了，美好的一天又开始了，森林里绿绿的草、红红的花都绽开了笑脸，美丽极了。看，在森林里，住着一群可爱的小动物。到了丰收的季节，果子都熟了。小动物们开始商量搞一次聚会。同学们从情境图中收集到哪些数学信息，从这些信息中你能提出哪些数学问题呢？引导学生提出“分”的问题。

【设计意图：好的开头是成功的一半，以故事引入能够激发学生的学习兴趣，能让他们积极主动地投入到学习中。】

（二）建立模型，学习新知

1. 认识“平均分”。

（1）问题：同学们要把10个竹笋分给两只大熊猫，可以怎样分？

（2）学生独立操作学具完成。小组交流。比一比，哪个小组想到的方法多？

（3）全班交流，展示学生操作的不同情况。

● ●●●●●●●●●　　　●● ●●●●●●●●

●●● ●●●●●●●　　　●●●● ●●●●●●

●●●●● ●●●●●

（4）教师小结：有这么多的方法，你能不能根据分的结果，把它们分分类？

（5）让学生根据分的结果进行分类，并说说自己是怎样想的。（一种是每份分得同样多，一种是每份分得不一样多。）

（6）根据“每份分得同样多”的情况，让学生说说每份是多少，有几份。

（7）突出“平均分”，每份分得同样多，叫平均分。（板书：平均分。逐步出示含义。）

2. 学习平均分的方法。

（1）创设情境：小动物们听说大家学会了平均分，纷纷跑来找大家帮忙。

（2）问题：每只小猴平均分到几个桃子？

A. 先让学生想一想，然后让学生动手用学具摆一摆，看看他们想得对不对。每人摆完后，让学生说一说是怎样想的。

B. 根据学生分的情况，小结：有的学生是一个一个地分，有的学生是几个几个地分。只要每份分得同样多，就是“平均分”。

（3）小组合作学习：每只小兔分 4 个萝卜，可以分给几只小兔？

【设计意图：在活动中以“操作验证—归纳方法”的模式教学，既调动了学生的积极性，激发了他们的兴趣，又培养了他们的思维能力。】

（三）解释应用，拓展提高

1. 师：小动物们在同学们的帮助下，都高兴地吃到了自己喜欢的水果！我们也很高兴，但这位小朋友却愁眉苦脸，他一定遇到了问题。（多媒体出示题目）每个盘子里放同样多的苹果，应该放几个？请你帮帮他！

（1）师：想一想，也可以动手摆一摆，然后在小组里说一说。你是用什么方法分的？每盘放几个？

（2）如果有 4 个盘子呢？（多媒体显示增加盘子数）

（3）这 12 个苹果你还能平均分成几份？每份几个？小组里说一说、分一分。

2. 同学们能设计一个 12 人的排队方案吗？动手试一试吧。

【设计意图：分层设计练习，重视了对学生进行思维的训练和能力的培养。开放性问题给了学生一个想象和发展的空间，不同的分法体现了学生不同的创造才能，体现了“人人都能学习数学，不同的人能学习不同的数学”的数学思想。】

（四）交流收获，课堂评价

师：同学们今天帮助小动物们做了很多好事情，小动物们非常感谢大家。那你们能告诉老师这节课你们的收获吗？学完这节课后，同学们会发现我们生活中有很多现象都是“平均分”的。希望同学们能做一个生活的有心人，把你发现是“平均分”的现象汇报给同学、老师和你的父母、朋友们。

七、板书设计

平均分

每份分得同样多，叫做平均分。

八、创新特色

本节课主要体现真实的、生成的数学学习过程。重点围绕分水果这条主线来构建对“平均分”的理解。在设计时，教师立足于学生已有的生活经验和数学知识，创设问题情境，激发学生的学习兴趣，同时关注学生动手操作，采取让每个学生动手“分一分”的方法，使他们充分经历“平均分”的过程，明确“平均分”的含义，初步形成“平均分”的表象。

九、专家评析

低年级学生的思维以具体形象思维为主，该教师从小学生的生活经验和已有的知识出发，充分利用旧知识迁移，以学生的自主探究为主线，面向全体学生，注重学生的学习方法和过程。以摆一摆、说一说、读一读、写一写等活动使学生的思维得到碰撞，主要体现以下三点。

(一) 创设情境，激发兴趣

学习的目的就是解决生活中的实际问题。教师创设了帮熊猫分竹笋、为小猴子分桃子、把萝卜分给小兔、把松果分给松鼠等情境，以充分调动学生的学习兴趣。

(二) 联系生活，实践运用

数学来源于生活，又运用于生活。教师从新课导入到最后练习设计，紧密联系学生的生活实际，让学生在生活中学习数学，觉得数学有用，从而提高学生运用数学解决问题的能力。

(三) 自主探究，合作交流

《标准》指出：“自主探究、合作交流是学生学习数学的重要方法。”教师引导学生从已有的知识出发，并通过摆一摆、说一说、读一读、写一写等活动，让学生经历知识的形成过程，逐步培养学生思考和探究的意识与能力，并使他们在交流、展示、评价中享受成功的喜悦。

设计三：

估　计

长岛县第一实验学校　吴春青

一、教学内容

《义务教育课程标准实验教科书·数学》（青岛版）二年级下册第15～17页。

二、学情分析

学生在学习本单元前三个信息窗的时候，对万以内数的意义、万以内数大小的比较已有了充分的认识，同时也掌握了求一个数的近似数的方法，但从未接触过估算。他们在学习的过程中，可能会出现只精算不估算或不知用什么方法估算的现象，也可能会出现因估算方法多样化导致的结果偏差较大等情况。教师在教学时要注意通过让学生进行操作以及观察突破重点和难点，初步培养学生的估计意识，感受估计的策略和方法。

三、教材分析

“估计”是在学生有了对万以内数的认识、读写及大小比较能力的基础上进行学习的。知识的呈现以单独一个信息窗表示，编排在学习万以内整十、整百、整千的精算学习之前，充分体现了课标教材对培养学生的估算意识、提高学生的估算能力的重视。此部分知识的学习，对于学生数感的培养、估算意识的形成以及精算能力的提高有着不可忽视的作用。

四、教学目标分析

1. 结合具体情境，使学生感受生活中的近似数，提出有关估计的数学问题，培养他们的估算意识。

2. 使学生能根据具体情况进行估计，感受估计的策略和方法，培养他们的数感。

3. 通过实践活动激发学生热爱数学的情感，让他们感受估计与日常生活的密切联系，体验学习成功的喜悦。

4. 让学生在小组学习中体验合作学习的乐趣，学会与人交流思维，分享成功的喜悦。

五、教学策略设计

本课要解决的主要问题是初步建立学生的估计意识，使他们能结合具体情境进行估计，同时感受估计的策略和方法，培养数感。为解决以上主要问题，本课采用的主要教学策略是以自主探索为载体，以体验为核心，以实践为主要手段，通过看一看、估一估、画一画、比一比等活动，使学生在自主体验中积累感性经验，形成清晰的估计意识，在实际操作中逐步感受估计的策略，从而形成一定的估计能力，培养数感。

六、教学准备

教师准备：教学课件，实物投影，给每个小组准备500克糖果。

学生准备：以小组为单位准备1 000克花生米，500克核桃。

七、过程设计

（一）走入生活，激发兴趣

师：同学们喜欢过元旦吗？过元旦时你们都干什么？

生：喜欢。过元旦时我们排练节目，开茶话会，可热闹了。

师：是呀，老师也喜欢过元旦。可去年过元旦时老师遇到麻烦了，你们愿意和老师一起想办法解决吗？

出示课件：若干袋橘子，若干箱苹果，若干袋糖。

师：过元旦时，学校给每个同学发1个橘子、1个苹果、4颗糖。老师去领二年级154个人的东西，该领多少才够呢？你们帮老师想想办法，怎么才能较快地领走足够分发给二年级同学的东西？

学生讨论后进行全班交流。

教师总结：对呀，在这种情况下老师不能一个一个去数，也不必拿得一个不差，只要大体估计一下，拿够我所需要的数目就行了。像这样，用一定的方法猜测出物品的大概数目，就是我们这节课要学习的内容——估计（板书课题：估计）。

【设计意图：数学来源于生活。在这里设计这样一个生活情境，既让学生体会到数学与生活的密切联系，又深刻地体会到估计的实际价值，理解估计的实际意义，激发学生探索知识的兴趣。】

（二）创设情境，提出问题

1. 教师引导谈话：请你们仔细观察信息窗中的情境图，猜一猜他们这是又到了哪里？看到了什么？

学生观察信息窗获取信息，进行交流：

他们来到农村小学，看到有许多同学正在做操。

学校的菜地里种了许多白菜，长得绿油油的，很茂盛。

学校的苗圃里有数不清的树苗……

看到这些情景，参观的同学会提出哪些问题呢？

2. 学生提问题。（学生提的问题可能是求具体数量的，需要教师适时地引导。）

教师引导：操场上做操的学生、菜地里绿油油的白菜、苗圃中数不清的树苗，我们不需要知道它们的具体数量，只要知道大体的数目就行了。那我们怎样才能很快地看出它们大约有多少呢？下面我们就一起来研究一下。

【设计意图：让学生观察信息窗，从中尽可能多地获取信息后进行交流。学生的观察能力、处理信息的能力、语言表达能力以及发现问题和提出问题的能力都会在此环节得到锻炼。同时，本环节教师还要在了解教材的基础上充分预计学情。学生是第一次接触估计，对估计的意义了解得比较模糊，需要教师进行正确的指导。】

（三）合作探究，解决问题

1. 独立尝试，探索方法。

投影出示第一个红点问题：大约有多少学生在做操？

教师引导：你们能很快地估计出操场上大约有多少学生在做操吗？你们是怎样估计的？

学生独立思考，尝试估计。

【设计意图：把问题交给学生，给学生留有充分的思考空间，让学生从自己独有的思考角度先来解决问题，给每个学生独立思考的机会，让他们经历独立思考的过程。】

2. 小组交流，互相学习。

组织学生以小组为单位进行交流，让他们说说是用什么方法进行估计的，说说自己的想法。教师巡视指导，搜集信息。

【设计意图：在学生独立思考的基础上进行小组交流，强化生生间思维的交流与碰撞。让学生用他们的视角交流对问题的看法，使小组的每一位成员都得到交流的机会。在小组交流中，进一步培养学生用心倾听、互相合作的意识。】

3. 全班交流，展示方法。

组织学生进行全班交流。

引导学生利用实物投影说出结果和所用的估计方法。

（1）猜一猜：直接猜测得到结果。

（2）数一数：一个一个地数，最后得到结果。

（3）算一算：先数出一行的人数，再看看有几行，最后算出总数。

（4）画一画：圈出10个或20个人，再估计共有多少个人。

……

引导学生对这些方法进行比较，说说你喜爱哪种方法，为什么？

【设计意图：让学生充分展示自己的估计方法，说出自己喜欢的估计方法。对于刚刚接触估计的学生来说，肯定会有学生不自觉地用到求精确数的方法来解决问题。对不同的方法，教师先不必做出评价。】

4. 尝试解题，优化方法。

出示绿点问题：大约有多少棵白菜？

教师引导：请你们用自己喜欢的方法快速估计出大约有多少颗白菜。

学生独立估计后全班交流。

教师引导学生说出估计的结果和所用的方法，并说出为什么用这种方法。

（1）算一算：先数出一块地的白菜数，推算出1畦白菜数，进而推算出8畦白菜大约有多少棵。

（2）画一画：先圈出10棵（或者20棵）白菜，再看8畦白菜中有几个10棵（或20棵）白菜，就可以估算出一共大约有多少棵白菜。

引导学生思考。师：这次为什么不用“猜一猜”或“数一数”的方法了？

通过讨论交流，使学生明确，对于数目较多或给出部分数的情况下用“猜一猜”或“数一数”的方法不适合。特别是“数一数”这种方法，在不需要计算精确值时用起来很费事。

【设计意图：在上一个教学环节中，学生总结了各种估计的方法，但有的方法不适合用于估计。要让学生体会到这一点，必须用实践来检验。所以本环节既是进一步对学生渗透估算的意识，使他们体会估计的必要性，又是对学生发现的各种方法的检验与优化。】

5. 应用方法，解决问题。

（1）以小组为单位，估计出500克核桃的个数、500克糖果的粒数和1 000克花生米的粒数。

学生拿出课前准备的物品，进行估计。在全班交流时，说明估计的结果和方法，并说说为什么用这种方法。

(2) 投影出示体育馆的座位图，让学生估计一下有多少个座位。

同桌互相说说估计的结果和方法。全班交流。

【设计意图：给学生提供他们喜欢的学习素材，使他们在实际操作的过程中进一步体会到估计的实际意义。同时，估计的数目由小到大，以培养学生的数感。在前面的教学环节中习惯用精算来解决问题的学生会意识到，在这样的问题面前精算是行不通的，也是没有意义的。这样学生会自觉优化估算方法。学生的估算意识和估算能力会进一步加强。】

（四）巩固练习，形成能力

1. 出示自主练习的第 1 题。

指名读题，让学生弄清题意后独立解答。集体交流时，请学生说说自己是用什么方法进行估计的。

2. 出示自主练习的第 2 题。

学生独立解答，集体交流。

3. 出示自主练习的第 4 题。

请学生在同桌间先交流一下各自用什么方法进行估计，并说一说这样估计的依据，再进行全班交流。

【设计意图：让学生通过练习进一步深化估计意识，形成能力。】

（五）课堂小结，内化提高

师生共同小结：这节课你学会了什么？生活中，哪些地方能用到你学会的这种方法？

【设计意图：引导学生对本课所学的知识进行梳理，深化把数学知识应用于生活的意识，培养学生自我反思、自我总结的能力。】

（六）拓展练习，联系生活

1. 任选一张报纸，说说你如何估计它的字数？

2. 和妈妈估计一下 5 000 克鸡蛋的个数（也可以是 5 000 克桔子、2 500 克苹果）。

【设计意图：新课标要求数学知识要应用于生活。对学生进行这样的训练，既给学生留出充分练习的空间，又体现了将数学知识应用于生活的精神，使学生的估计意识继续在生活中得到延伸。】

八、专家评析

本课在充分理解课标、联系生活、挖掘教材、考虑学情的前提下展开设计，在设计理念上尽可能地体现新课标的要求。具体有以下特色。

（一）密切数学与生活的联系

教师在设计课堂教学的切入点时，应充分考虑学生已有知识和生活经验，设计富有情趣的数学学习活动，让学生从喜闻乐见的生活情境中理解估计的意义，体会估计在生活中的重要作用、并从生活中发现问题、提出问题。在学生掌握了一定的估计策略后，又回到生活中解决实际问题，体现了数学来源于生活又应用于生活的理念。让学生在此过程中体验到从生活中发现数学、到生活中应用数学的成功和快乐。

（二）满足学生需要，不同学生得到不同发展

由于学生生活背景和思考角度不同，所使用的估计方法必然是多样的。在教学中，教师要尊重学生的个性特征，允许学生从不同的角度认识问题，鼓励学生发表与众不同的见解，让每个学生都能根据自己的认知水平和学习能力选择适合自己的认知方式和思维策略进行估计。这样的教学既满足了学生多样化的学习需要，又使不同层次的学生得到不同的发展。

（三）在比较中明晰概念

对比是思维的基础，是区分差异、纠正偏差的基本方法。在清晰概念、建立估计观念的过程中，对比起着十分重要的作用。本节教学中，教师先放手让学生用自己喜欢的方法估计，再对他们的方法进行调整、纠正，接着结合估计 1 000 克花生的粒数、体育馆的座位数以及其他身边的实际例子，使学生的估计意识从模糊到清晰，估计的方法从随意到讲究一定的策略。

（四）突出学生主体，关注学生学习的过程与方法

课堂始终以“做数学”作为师生互动的基础和纽带，使“做数学”成为课堂发展的原动力。教师尽可能地满足学生求知、参与、成功、交流和自尊的需要，积极引导学生参与每一个教学环节，尽量使学生切身感受到学习数学的快乐，品尝到成功的喜悦。

设计四：

两位、三位数除以一位数（二）

莱山区实验小学　牟丽丽

一、教学内容

《义务教育课程标准实验教科书·数学》（青岛版）三年级上册第 35 ~ 37 页。

二、教材分析

本课是在学生学习了简单的“两位、三位数除以一位数”的口算、估算及笔算的基础上进行教学的，是今后学习“两位、三位数除以两位数除法”及进一步应用除法解决问题的基础。因此，要引导学生在解决问题的过程中理解算理、掌握算法，为后续学习打好基础。

三、学情分析

学生已经掌握了“两位数除以一位数，商是两位数的除法”，并会简单的估算。让学生从情境中发现有价值的数学信息，提出有关的数学问题，在此基础上组织学生展开探索活动，让学生掌握“两位、三位数除以一位数除法”的计算方法。

四、教学目标分析

1. 在解决具体问题的过程中，让学生学习掌握稍复杂的“两位、三位数除以一位数除法”的计算方法；使他们知道混合运算的顺序，会计算含有除法的四则混合运算题。

2. 让学生经历探究“三位数除以一位数”的计算方法的过程，体验计算策略的多样性；学会用估算判断结果，体验估算在解决问题中的作用，养成估算的习惯。

3. 让学生在进行较复杂计算的过程中，培养认真的、扎实的学习习惯。

五、教学要点分析

教学重点和难点：让学生经历探究“三位数除以一位数”的计算方法的过程，体验计算策略的多样性；让学生学会用估算判断结果，体验估算在解决问题中的作用，养成估算的习惯。

六、教学准备

多媒体、课件。

七、过程设计

（一）结合情境，提出问题

1. 师生交流激发兴趣。

师：同学们，2008 年北京奥运会是一届非常成功的国际盛会，赢得了各国人民的盛赞。作为中国人，你们感到骄傲吗？（学生谈感想）9 月 23 日，我市也将要举行一次盛会，大家想不想去看？今天老师就带你们到第二届山东烟台国际葡萄酒节和第十届国际果蔬会去，好吗？（教师出示情境图。）

师：请同学们仔细观察画面，说说你们看到了什么、想到了什么？（学生自由交流。）

2. 师：你们能提出哪些问题？（找学生交流。）

（1）平均每个品种的苹果有多少箱？

（2）平均每天接待多少位客商？

（3）每个葡萄园去年平均产葡萄大约多少吨？

（4）一共运来几箱大枣？

【设计意图：充分利用中国成功举办奥运会来激发学生的民族自豪感，并引入到果蔬会。通过交流激发学生的求知欲望及学习兴趣。】

（二）合作探究，解决问题

师：我们先来看“平均每个品种的苹果有多少箱”这个问题。

师：那么怎样计算呢？请同学们先思考一下，然后在小组内交流自己的想法，看哪个小组研究得好。（教师巡视并参与小组活动。学生自己列出算式，尝试计算，小组交流算法。）

师：谁愿意站起来交流一下？

生1：我们组认为应该用184÷8。因为8个品种一共有184箱苹果，把这184箱苹果平均分成8份，就知道平均每个品种的苹果有多少箱了。

生2：我估计平均每个品种比20箱多一些，因为每个品种有20箱，8个品种就是20×8=160（箱）。实际是8个品种一共有184箱，所以商应该比20大一些。

师：运用估算我们知道了184÷8的商比20大一些，那么，平均每个品种的苹果到底有多少箱呢？

教师重点引导学生讨论：用百位上的1除以8，商不够1个百，怎么办？学生讨论交流，理解算理，解决问题。

教师先引导学生进行估算，判断商的大致范围，再放手让学生独立探索笔算的方法。

生1：我们组讨论的结果是平均每个品种的苹果有23箱。我们已经估算出了184÷8的商比20大一些，计算时可以先商20，20×8=160（箱），还有24箱，把这24箱再平均分成8份，每个品种分3箱，所以每个品种有：20+3=23（箱）。

生2：我们组用笔算（板演）。

最后学生总结：可以先看被除数前两位，用18个十除以8，商是两个十，在十位上商2；$2\times8=16$，$18-16=2$，两个十和四个一就是24，24除以8在个位上商3，最后结果为23。

师：解决“每个葡萄园去年平均产葡萄大约多少吨”这个问题。

学生尝试练习。展示一个学生的计算过程。

师：下面我们一起来看这位同学是如何计算的（学生口述计算过程）。

师：说得非常好。谁愿意和老师共同完成黑板上的竖式？

1. 先算几除以几？你能联系前面的估算结果说说你是怎样想的吗？

2. 商“7”写在哪一位上，为什么？

3. 强调：在计算的过程中，要把相同数位上的数对齐。

请学生互相说一说计算的过程。

因该题笔算时有余数，如果有学生估计结果约为80，也是可以的。

【设计意图：这里没有把算法直接告诉学生，而是先让学生自己尝试计算，充分相信学生的能力。先通过学生独立探索暴露问题，然后让他们合作交流解决问题，教师敢放能收，运用了新的教学理念，关注学生学习数学的过程，使整个过程充满了体验、经历、思考、观察、分析、推理等探索性和挑战性的活动。】

（三）巩固练习，拓展提高

1. 第一题：$237\div5$　$447\div7$　$258\div4$（出示幻灯片）。

在学生理解了算理的基础上，放手让学生自主完成（学生板演）。

学生独立完成后，全班交流时，教师要了解学生的做题情况，鼓励独立完成好的学生，重视对独立完成有困难学生的指导。

2. 第二题：注重让学生分析题中所包含的数量间的关系，明白求445千克鲜鱼能晒成多少千克鱼干，就是求445里有多少个5，用除法计算。

3. 第五题：是判断题，呈现的内容是笔算“三位数除以一位数，商是两位数除法”中常见的错误。练习时，教师在学生自主判断并改正的基础上，让学生交流问题出在哪里以及为什么错了，并进行分析。在学生改正之后，引导他们讨论“做除法时，应注意什么”。同时，教师要注意培养学生计算时认真细致和做完题验算的学习习惯。

【设计意图：通过练习，让学生在已有知识和经验的基础上，掌握系统的数学基础知识，经历讨论、尝试进行除法验算的过程。练习的教学设计由浅入深，难易适当，突出重点与关键，重视题型搭配。】

（四）课堂评价

师：同学们，谁愿意说说这节课的收获以及计算中注意的问题？

学生用自己的话进行总结，教师要关注学生的归纳水平，并有针对性地进行指导。

（五）创意作业

师：请同学们在陪妈妈到超市去购物时，收集信息，提出一个与本课知识有关的数学问题并解决。

【设计意图：让学生从情境中发现有价值的数学问题，在此基础上组织学生展开探索活动，学习知识，体会除法在生活中的应用。这种教学思路有利于培养学生的问题意识，提高他们解决实际问题的能力。】

八、板书设计

三位数除以一位数

每个品种的苹果平均有多少箱？每个葡萄园平均产葡萄大约多少吨？

$184 \div 8 =$　　　　$718 \div 9 =$

九、创新特色

本课改变了传统的计算教学方法，教师注重培养学生的问题意识，给学生许多提问题的机会，把课堂上更多的时间还给了学生，唤起了学生的思考欲望，大大激发了学生的学习积极性。在解决问题的过程中，教师注意引导学生充分利用已有的知识经验解决问题，探索“三位数除以一位数”的笔算方法。在探讨计算方法时，以学生原有的知识经验为基础，组织学生进行自主的探究性学习，大胆地让学生自己动脑、自己发现、自己描述，并通过交流相互补充，尊重了学生的个性，培养了学生学习数学的应用意识和探索意识。教师很好地发挥了组织者、引导者的作用。

十、专家评析

教师利用中国成功举办奥运会来激发学生的民族自豪感，并引入到果蔬会，通过交流激发学生的求知欲望及学习兴趣。

在进行 $184 \div 8$ 的教学中，教师没有把算法直接告诉学生，而是先让学生自己尝试计算，充分相信学生的能力，先通过学生独立探索暴露出问题，然后让他们合作交流解决问题，教师敢放能收，关注学生学习数学的过程，使这个过程中充满了体验、经历、思考、观察、分析、推理等探索性和挑战性的活动，从而充分体现了和谐课堂教学以生为本的理念。

在教学过程中，教师还充分利用各种有效手段，让学生根据教师所提供的各种信息自己设计问题、解决问题。在对计算方法的讨论中，教师充分听取学生的各种意见，从而调动了学生学习的积极性，使学生在学习的过程中兴趣盎然，发言热烈。一个又一个学习的重点与难点，在不知不觉中被学生解决了。

设计五：

对克、千克和吨的认识

开发区第一小学　张彤

一、教学内容

《义务教育课程标准实验教科书·数学》（青岛版）三年级上册第2页。

二、教材分析

“克、千克和吨”是在学生已对物品轻重有初步感知的基础上进行教学的。本课通过猜测、验证、推算等一系列活动，不仅要让学生知道克、千克和吨三个质量单位的名称及质量单位之间的进率，更重要的是让学生充分感知和体验1克、1千克和1吨实际有多重，形成正确的表象，建立克、千克和吨的概念，从而使学生对质量单位有比较全面的认识和理解。

三、学情分析

本节课是刚刚开始学习有关质量的知识，这部分内容对学生来说是第一次接触，它是今后解决有关质量问题的基础。有关质量的知识比较抽象，尤其是克和吨这两个质量单位，学生在生活中接触较少，缺少必要的生活经验，学习起来比较困难。因此，在设计本节课时，教师从学生的实际出发，引导学生在现实情境中充分利用已有的知识经验，通过估一估、称一称、掂一掂、说一说等一系列活动，充分感知、体验1克有多重，建立“克”的概念；通过称一称、掂一掂、估一估、找一找、拎一拎等一系列活动，充分感知、体验1千克有多重，使学生在初步建立“千克”概念的基础上，加深对“千克”的认识；通过推算，使学生感受到吨是个很大的质量单位，初步形成1吨的概念。随后引导学生寻找生活中用吨做单位的物品，使他们在相互交流的过程中加深对吨的认识。总之，让学生充分经历认识克、千克和吨的全过程，学生就比较容易掌握和形成正确的质量概念。

四、教学目标分析

1. 使学生认识质量单位克、千克、吨。知道1千克＝1 000克，1吨＝1 000千克，能进行质量单位间的换算。

2. 通过称一称、掂一掂、估一估、找一找、拎一拎等一系列活动，使学生感受1克、1千克有多重，让他们通过推算感受到吨是个很大的质量单位，建立1克、1千克和1吨的质量概念。

3. 培养学生初步的自主探索求知意识，提高他们的估算能力和动手操作能力。以多种形式的操作、感知等活动激发学生的学习兴趣，使他们体验到数学与实际生活的密切联系，感受到数学就在身边。

五、教学要点分析

教学重点和难点：让学生建立1克、1千克和1吨的质量概念，能进行质量单位间的换算，培养学生估量物体质量的能力。

六、准备设计

多媒体课件，天平、砝码，台秤、电子秤、人体秤，一枚2分硬币、一粒花生米、一块口香糖、一个乒乓球、一包虾条、一包牛肉干、一盒牙膏、两袋食盐、水果、奶、沙子、大米等。

七、过程设计

（一）创设情境，导入新课

1. 课前活动。师：课前老师让同学们去搜集有关物品质量的一些信息，同学们收集到了吗？谁愿意来交流一下你搜集到的信息？（学生展示交流自己课前搜集的有关物品质量的信息，教师根据小组交流的情况，搜集整理几条，结合信息窗中的内容适当进行板书。）

2. 发现问题。师：瞧，大家收集到了这么多信息，真棒！现在，我们一起来阅读一下黑板上的板书，看看你们能从中发现什么？你们能提出什么问题？（学生通过阅读、观察，会发现这几条信息都用到了克、千克或者是吨做计量单位，从而产生疑问，提出问题：1克有多重？1千克有多重？1吨有多重？）

3. 导入新课。师：同学们真了不起，提出了这么多有价值的数学问题，这节课我们就来认识质量单位克、千克和吨。

【设计意图：教师通过课前活动、师生谈话交流、创设情境，激发学生参与活动的积极性和主动性，鼓励学生踊跃发言，让学生说出自己收集到的

有关质量的信息，进而发现问题并提出问题，很自然地引入课题，使课堂教学从一开始就深深地吸引住学生，激发学生的学习热情。】

（二）实践体验，建立概念

1. 建立克的质量观念。

（1）估一估。

师：1克到底有多重呢？根据搜集到的信息，你们能不能估计一下？（学生根据自己的认识，结合身边常见的物品来估计。学生可能猜测1克大概和一粒花生米差不多重，或者猜测和一片口香糖差不多重，或者猜测和一个乒乓球差不多重……）

（2）称一称。

师：到底谁的估计更准确？让我们一起来用天平称一称，验证一下。下面老师介绍一下天平的使用方法。（学生小组合作，从提前准备好的学具袋中拿出花生米、口香糖、乒乓球以及一枚2分硬币，分别用天平称一称，得出结论。）哪个小组愿意交流一下你们小组验证的结果？（学生交流称量结果：一枚2分硬币重1克。）

（3）掂一掂。

师：把2分硬币放在手中掂一掂，感受一下1克有多重。小组同学互相说一说自己的感受。（小组成员轮流掂一掂，感知1克的重量。有的同学会发出感慨：1克原来这么轻呀！）

（4）说一说。

师：你们还在哪些地方见过“克”？（学生自主交流：在很多物品的包装袋上。同时拿起桌上的虾条、牛肉干、牙膏、食盐等，先掂一掂，估计一下，然后看包装袋上有关重量的标示验证一下。）

（5）教师小结。

师：平时我们常说的物品有多重，实际是指物品的质量是多少。表示较轻物品的质量时，常用“克”作单位，“克”用字母“g”表示（板书：较轻物品　克　g）。

【设计意图：注意结合生活中的具体情境：估计一粒花生米、一块口香糖及一个乒乓球质量的大小，让学生通过估一估、称一称、掂一掂、说一说等一系列活动，充分感知和体验1克有多重，使他们形成正确的表象，初步建立“克”的重量概念。】

2. 建立千克的重量概念。

(1) 称一称。

师：同学们，我们已经认识了“克”。下面我们来认识一下质量家族的另一位成员——千克。要知道物体有多重，可以怎么办？（用秤称一称）要想称比较重的物品，天平已经不能满足要求，秤家族还有更多的成员会来帮助我们，快来认识一下吧！（课件演示各种常见的秤）现在我们要用到台秤。在你们的桌上都放着规格一样的两袋盐，两袋盐有多重呢？(1 000克)

师：你们是怎么知道的？（袋上写着一袋盐重500克，两袋盐就重1 000克。）

师：我们用秤称一称，验证一下好吗？谁会用这种台秤，说说怎么读数？(指针指向几，就是几千克。)

请每个小组选两名同学拿着两袋盐到前面来称一称。

同学们称得很准确！我们在表示一些较重物品的质量时，常会用千克来做单位。1千克又叫1“公斤”。千克用字母“Kg”表示，1千克=1 000克。(板书：较重物品　千克　Kg　1千克=1 000克)

(2) 掂一掂。

师：请同学们把两袋盐放在手上掂一掂，感受一下1千克的质量。(学生小组内轮流掂一掂两袋盐的质量，并交流感受。)

(3) 估一估。

师：同学们都感受到了1千克的质量，现在我们进行一个小小的比赛。请同学们估计一下不同水果几个大约重1千克，看看哪个小组估计得最准确。(学生用袋装水果估计质量，并汇报结果。)

师：同学们估计得准确吗？现在你们就来称一称吧。(学生把小组估计的水果放在秤上称，并进行调整。)

(4) 找一找。

师：现在我们知道了1千克有多重，在你们准备的物品中有没有大约重1千克的东西？举起来给大家看看。(2袋挂面、4袋奶……)

(5) 拎一拎。

师：老师还有些东西（大米2千克，沙子3千克，油5千克），请同学们拎一拎，感受这些物品大约重几千克，再看看下面的标签。(学生分组拎物品，感受物品的质量。)

（6）说一说。

师：除了这些物品以外，生活中常用千克作单位表示质量的物品还有哪些？（青菜、面粉、人的体重……）

师：想称称自己的体重吗？好！到前面称称吧，一个人称，另一个人读数。

【设计意图：通过称一称、掂一掂、估一估、找一找、拎一拎、说一说等实践活动，让学生直观感受并建立1千克的重量概念，使学生通过动手实践、自主探索、合作交流，感受到数学学习的快乐，同时体验知识的形成过程，培养积极的情感和态度，进而形成正确的价值观。学生会很喜欢这些实践活动，他们想获胜的心理促使他们在活动时积极开动脑筋。整个活动在积极的、主动的状态下完成。交流时，教师要让学生感受到分享成功的快乐，让他们在轻松的、平等的氛围里畅所欲言，让学生在实践活动中学会“猜想—验证”这一科学的研究问题的方法。】

3. 建立吨的重量概念。

（1）谈话引入。

师：通过前面的学习，我们知道表示较轻物品的质量通常用克作单位，表示较重物品的质量通常用千克作单位。质量家族还有一位成员“吨”非常想和同学们“交朋友”，那我们就先听听“吨”的自我介绍，好不好？播放课件：小朋友们，你们好！我是质量单位“吨”，平时你们常用千克来计量物品的质量，在计量很重的物品或大宗物品的质量时，通常用“吨”作单位，这时我就派上大用场了。例如，这头大象重4吨，这节火车皮装煤55吨，这座桥的承重量是20吨。吨用字母“t”表示。（板书：很重、大宗物品 吨 t）

（2）提问。

师：1吨到底有多重呢？同学们估计一下。（学生自由发表意见。）

（3）引导。

师：假设三年级同学平均每人重25千克，40个同学的体重约是多少千克？（学生独立计算，然后汇报交流：是1 000千克。）

教师总结：像这样40个同学的体重约是1 000千克，1 000千克就是1吨。1吨=1 000千克。（板书：1吨=1 000千克）

（4）提问。

①每袋大米重10千克，那么多少袋大米重1吨？

②每袋水泥重50千克，那么多少袋水泥重1吨？

学生独立计算，然后汇报交流。

教师小结：40个同学的体重、100袋大米的质量和20袋水泥的质量大约都是1吨。

（5）推算。

根据刚才自己所称的体重，进行推算。（学生推算，然后汇报交流：我的体重是40千克，1吨就是25个我的重量……）

（6）举例。

让学生举出生活中用吨作单位的物品。

【设计意图：由于吨的概念比较抽象，学生建立起来比较困难，所以教学时教师利用自制课件播放“吨”的自我介绍，让学生知道计量很重的物品或大宗物品的质量通常用“吨”作单位。通过猜测、计算、推算等活动，学生感受到吨是个很大的质量单位，初步形成1吨的重量概念。随后教师引导学生寻找生活中用吨作单位的物品，使学生在相互交流的过程中加深对吨的认识。】

（三）巩固延伸

师：这节课，大家互动得非常积极。最后，让我们来做个有奖竞猜小游戏，每人有3次机会，只要你能猜对一件物品的质量，老师就把这件物品奖励给你，同学们想不想拿到奖？（教师拿出一件物品，学生自主竞猜，谁猜对了就把物品奖给谁。）

1.1个鸡蛋　　2.1袋奶粉　　3.2瓶矿泉水

4.1个足球　　5.1条蓝鲸　　6.6本故事书

【设计意图：教师通过组织练习，培养学生应用所学知识解决实际问题的能力，即培养学生估量物体质量的能力，使学生体验到数学来源于生活，增强学生学习数学的兴趣。】

（四）课堂评价

师：同学们，能说说这节课你有什么收获吗？你认为你以及你们的小组表现得怎样？

【设计意图：让学生学会公正地评价自己与他人，能够及时发现自己的优缺点。】

（五）总结延伸

师：这节课，我们通过实际操作，亲身感受并了解了克、千克和吨的实际质量。我们看到，数学知识就在我们身边。课后，请同学们用今天所学的知识去解决生活中更多的实际问题。

【设计意图：让学生知道数学知识源于生活，我们学习的数学是有用的数学，让学生切实感受数学与生活的密切联系。】

八、板书设计

克、千克和吨的认识

较轻物品的质量　克　g

较重物品的质量　千克　Kg　1 千克 =1 000 克

很重物品或大宗物品的质量　吨　t　1 吨 =1 000 千克

第二节　空间与图形

“空间与图形”知识是由原来的教学大纲中“几何初步知识”这部分内容调整来的，其变化体现了对学习内容的重新定位，即借助于学生原先储备的经验，使他们主动地关注、认识周围的图形世界，在大量的操作和思考活动中丰富表象，提升数学思考，发展空间观念；体现了对学习目标的理性重建，强化学生空间观念的建立与发展；体现了学习方式的变化，使学生通过观察、操作、推理等手段，认识图形，发展空间观念。要使课堂教学和谐高效，教师对“空间与图形”领域的教学需要思考以下几个方面。

一、梳理教材的脉络与结构

小学生空间观念的形成要经历一个长期的、反复的过程，因而课标十分注意把这些“空间与图形”知识有层次、有坡度地分配到各个学段中。编排时，既强调“空间与图形”知识本身内在的纵向联系，又关注数与形的横向沟通与联系，做到了相互为用。

（一）“图形的认识、测量”部分的教材脉络

根据几何学科中点、线、面、体系统，学习这部分内容时，应先学平面图形，再学立体图形。但要考虑到人们认识事物一般是从粗略的整体感知开始，然后才能对物体进行细致观察和局部研究。客观世界中最常见的是各种形状的物体，“面”是附着于“体”上的。学生首先看到的是一个个物体，在整体感知“体”的基础上，才能逐渐研究“面”，建立“形”的概念。所以，先认识“体”，后认识“形”，能降低认知难度，有利于学生学习。因

此，教材在编排这些内容时，没有受“空间与图形”内在逻辑结构的简单制约，而是采取了“体—形—体”的混合螺旋编排结构，即先让学生直观地认识立体图形，然后借助立体图形让他们初步认识平面图形；而在学生深入认识平面图形特征后，再在此基础上安排探索立体图形的特征及求积计算的内容。

细分到具体内容时，教材采取了先从对形体的直观认识开始，逐步抽象出形体的特征；在讲形体的特征时，又按照由简单到复杂的顺序，从线段、射线、直线、角到长方形、正方形、平行四边形、三角形和梯形，再到长方体、正方体；从直线围成的图形到圆、圆柱、圆锥等曲线围成的图形。至于每一类图形，教材又根据学生的思维水平和认知规律，通常按“直观认识”、“掌握特征”、“求积计算”三个层次循序渐进地展开教学。

（二）“图形与位置”的教材脉络

“图形与位置”的内容分布于两个学段。第一学段分别安排在：

1. 一年级上册的“图形与位置”，就是认识“前后、上下、左右”。教材在呈现这部分内容时，主要是结合生动有趣的情境或活动，让学生体会前、后、上、下、左、右的位置与顺序，会用前、后、上、下、左、右描述物体的相对位置，建立初步的空间概念。

2. 二年级上册的“方向与位置”，主要是借助现实的教学活动，培养学生辨认方向的意识，发展他们的空间观念；使学生通过给定的一个方向（东、南、西或北）能辨认其余方向，并能用这些词语描绘物体所在的方向；使学生知道地图上的方向，会看简单的路线图。

3. 二年级下册的“方向与路线”，就是在上册认识四个方向的基础上再多加四个方向，即让学生学会辨认八个方向（东、南、西、北、东南、西南、东北、西北）和认识简单的路线图。

第二学段主要体现在五年级上册的“确定位置”。分为两个情境活动进行教学，一是让学生学会在方格纸上用数对表示某一点的位置，二是让学生用方向和距离表示位置。其学习目标可以归纳为两个方面：其一，确定物体的相对位置；其二，辨认方向和使用路线图。

确定物体的相对位置包括物体相对于观察者的位置、物体与物体的相互位置以及物体在某一参照物下的位置。关于这方面内容，第一学段的重点是让学生在具体情境中学会观察，描述物体的相对位置；第二学段要求学生用数对表示位置或根据数对借助方格纸确定位置。这里值得强调的一点是，一年级学生在认识“左、右”这一知识点时，如下图：

（1）机器人的左边有几只动物？（2）小山羊左手拿包还是右手拿包？

对于上述问题，他们可能有两种答案，一种答案是以观察者为标准，机器人的左边有两只动物。另一种答案是以被观察者为标准，机器人的左边有三只动物。在这里，我们主要是以通过发展学生的方位知觉来帮助学生认知物体的相对位置并逐步形成空间概念。像问题（1），教师应该指导学生以“观察者”的角度来判断其左右；而像问题（2），教师应引导学生以“被观察者”的角度判断小山羊是左手拿包。

（三）“图形与变换”的教材脉络

无论是哪个学段，《标准》都不要求学生对三种变换做出一般化的描述，更不要求给出定义。从整体上看，整个小学阶段学生都只是初步认识图形的变换，教学目标可概括为：让学生积累感性认识，形成初步表象，其外显的表现就是“能识别”、“会画图”。因此，学生学习的主要方式是结合实例，通过观察与动手操作，如折纸、画图等活动来进行，而且还规定了画图的行为条件是“在方格纸上”。

仔细分析不难看出，这两个学段的学习目标呈现螺旋上升的递进。第一学段学生从感知实际生活中的图形变换现象开始，学习特殊方向的平移以及直观地认识轴对称图形。第二学段对学生认识平移、旋转、轴对称要求略有提高，主要是增加了90度角的旋转，让学生确定轴对称图形的对称轴，并能运用所学知识设计图案。同时还要求学生初步体会图形的相似。两个学段学习目标的递进又是细微的。以画轴对称图形为例，第一学段“画出简单的轴对称图形”与第二学段“画出一个图形的轴对称图形”有什么区别呢？可以理解为，前者要求画出的图形比较简单，后者可以是一个有所组合的图形。更进一步，就是让学生灵活地运用平移、对称和旋转等方法在方格纸上设计图案。实现这一目标需要学生综合运用有关知识，还需要学生具有一定的创造力和想象力。由于设计图案的过程是开放的，不同的学生可以有不同的设计、不同的表现。因此，这又是一个具有弹性的、能够体现学生学习与个性差异的学习目标。

二、把握教材的编写特色

青岛版教材在对空间与图形领域内容的安排上，巧妙地设计了一明一暗两条主线，这两条主线交相呼应，相得益彰，把相关内容有机地结合在了一起，把研究问题和解决问题的基本策略和方法进行了渗透，使学生在学习相关内容的同时，掌握了一些分析问题和解决问题的基本策略和方法。

教材中的所谓明线是指以“空间与图形”领域教学内容的逻辑关系为主线，根据学生的年龄特点有序地进行安排，内容难度整体上呈螺旋式上升，使学生对几何事实的认识有一个逐步深入的过程；教材中的所谓暗线是指以研究问题、解决问题的方法或数学思想方法为主线，贯串于相应的单元中，使学生在学习知识的同时，逐步掌握一些解决问题的基本策略和方法。

（一）平面图形特征的研究，知识联系和方法联系并重

研究图形的特征，教材中的明线是以相关内容以及它们之间的关系为主线，同时考虑到学生的生活经验和年龄特点，依次安排了对长方形和正方形特征的研究、对三角形特征的研究、对平行四边形特征的研究、对梯形特征的研究。教材中的暗线是以研究图形特征的方法，即从边和角两个方面来研究为主线，把相关的几个单元的内容从方法上有机地串联在一起，并且随着学生学习的深入和学生研究问题能力的提高，教材留给学生的空间也逐步加大，旨在使学生在经历知识学习的过程中，也掌握研究图形特征这一类问题的基本方法。

在研究长方形和正方形的特征时（“做鸟巢—图形与拼组”，见图 2－15），教材呈现的是学生分组研究的场面，通过对话“我用三角板量一量四个角”、“我用直尺量一量四条边”来渗透研究图形特征时，可以从边和角两个方面去研究；在研究三角形的特征时（“繁忙的工地—角与三角形的认识”，见图 2－16），教材以文字描述的方式作了提示：可以从边和角两个方面来研究，教师应在学生对已学知识和方法回顾的基础上，对学生研究问题的方向进行明确的引领，提高学生研究问题的有效性；在研究平行四边形的特征时（“水产养殖场—多边形的面积”，见图 2－17），教材呈现的是学生面对问题，直接提出“可以从边和角两个方面研究”，教师在教学时要启发学生根据已有的经验，通过个人思考和合作交流等方式明确研究问题的方法，检验学生对图形特征研究方法的掌握情况，同时培养学生遇到问题先思考解决问题的策略与方法再实施研究的意识和习惯；在研究梯形的特征时（“水产养殖场—多边形的面积”，见图 2－18），教材中没有提示性的语言，

而是直接出示了几个学生从两个方面研究的场面，教师可以采取先尝试后交流的教学方式，给足学生自主探究的时间和空间，在此基础上再进行引领或提升。

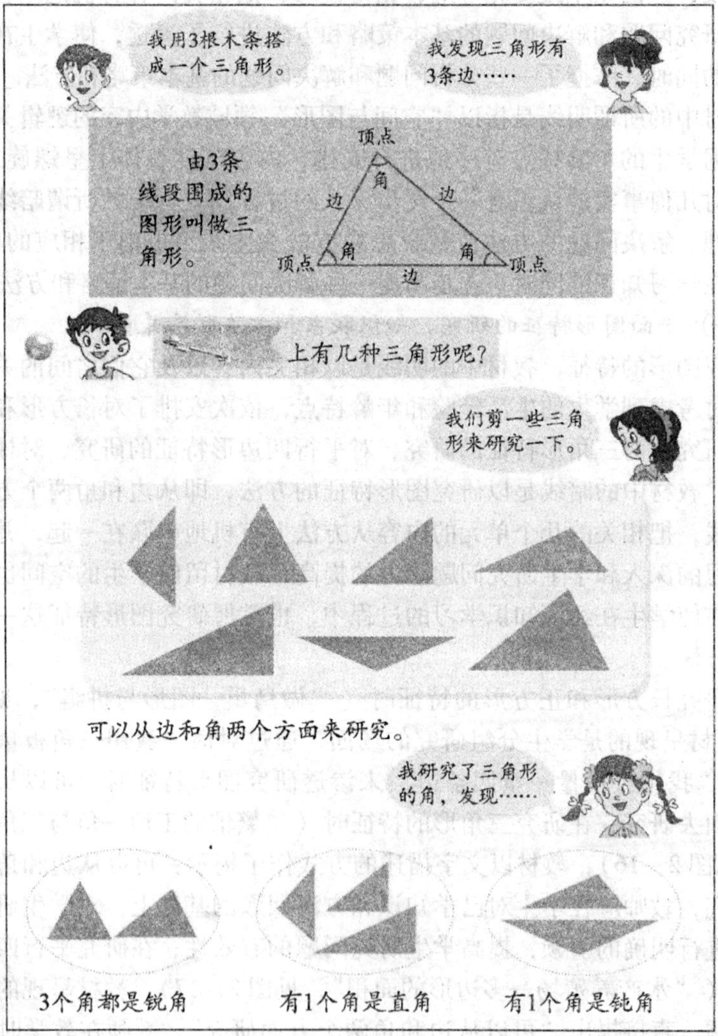

图 2－15

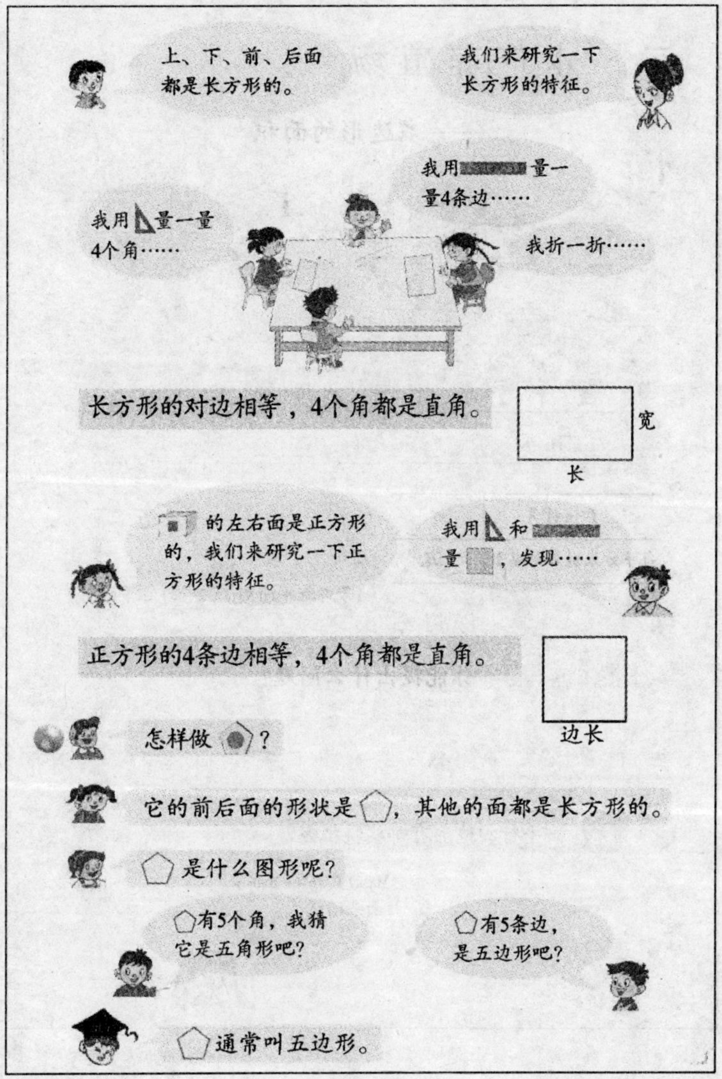
上、下、前、后面
都是长方形的。
我们来研究一下
长方形的特征。
我用　　量一
量4条边……
我用　量一量
4个角……
我折一折……
长方形的对边相等，4个角都是直角。
宽
长
的左右面是正方形
的，我们来研究一下正
方形的特征。
我用　和
量　，发现……
正方形的4条边相等，4个角都是直角。
边长
怎样做　？
它的前后面的形状是　，其他的面都是长方形的。
是什么图形呢？
有5个角，我猜
它是五角形吧？
有5条边，
是五边形吧？
通常叫五边形。

图2－16

二 水产养殖场

——多边形的面积

1

养殖种类	虾
每平方米放养虾苗数	30尾

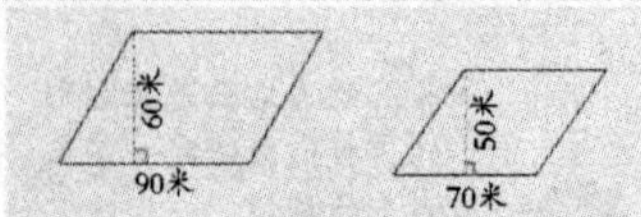

（1号虾池平面图）（2号虾池平面图）

你能提出什么问题？

合作探索

平行四边形有哪些特征呢？

可以从边和角两方面来研究。

（续图）

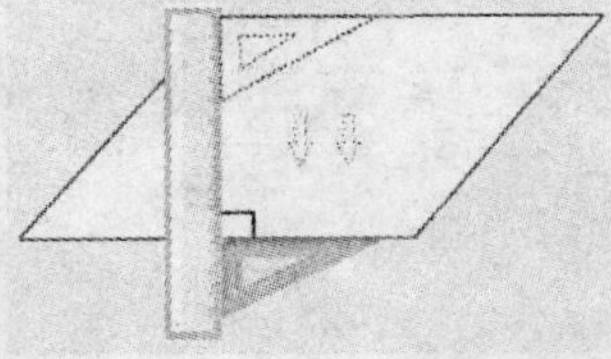

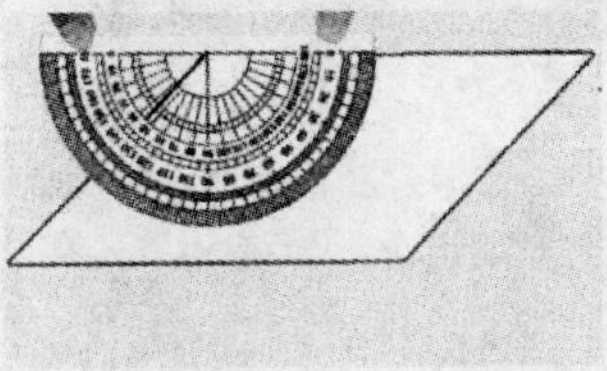

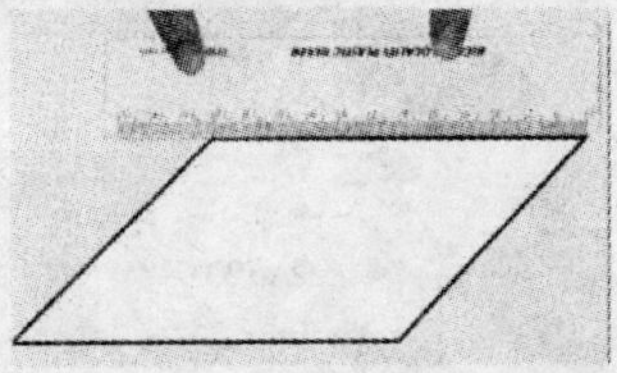

平行四边形的特征

边

角

两组对边分别平行的四边形叫做平行四边形。

1号虾池的面积是多少？

要求1号虾池的面积，就要会求平行四边形的面积。

图 2－17

3

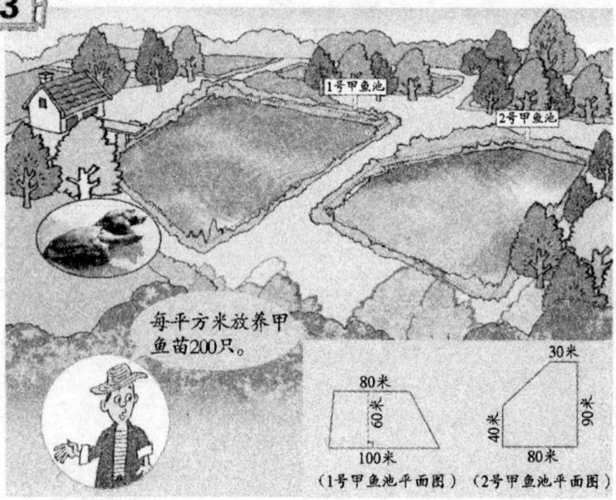

你能提出什么问题？

合作探索

1号池是什么形状？

它的形状是梯形。

梯形有哪些特征呢？

（续图）

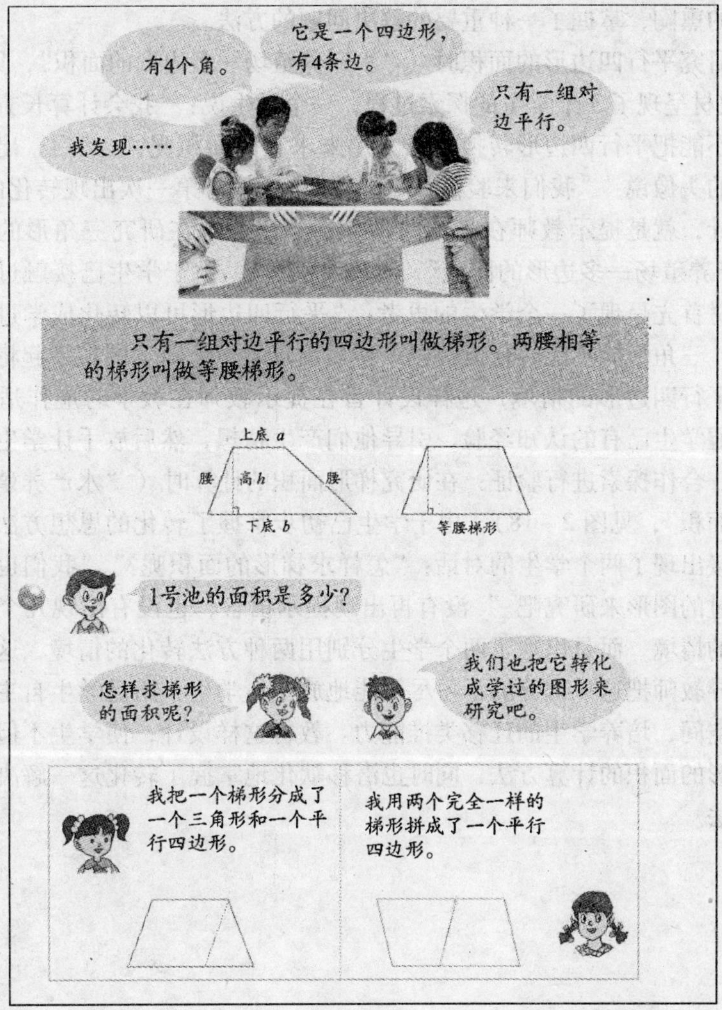

图2－18

（二）图形的面积和体积的研究，既重知识的联系，更重转化思想方法的渗透

教材对于平行四边形、三角形、梯形的面积计算等内容的编排，一方面，根据这些知识的特点和学生的年龄特征，将其有机地分散在各个年级中，设计了一条知识系统的明线；另一方面，教材通过转化思想这一暗线，将这几个单元有机地联系在一起，使学生在学习知识的同时，受到了数学思想方法的熏陶，掌握了一种重要的解决问题的方法。

在研究平行四边形的面积时（“水产养殖场—多边形的面积”，见图2－19），教材呈现了3个学生的探索过程，一个学生说：“我会计算长方形的面积，能不能把平行四边形转换成长方形来求它的面积呢?”然后，出现了一个教师的头像说：“我们来验证一下吧。”由于教材第一次出现转化的方法，这样设计，就是提示教师在教学时应作适当引领；在研究三角形的面积时（“水产养殖场—多边形的面积”，见图2－20），由于学生已接触过转化思想，教材首先呈现了一个学生的思考：“平行四边形可以转化成学过的图形求面积，三角形能不能转化成……”然后出现了4个同学围在一起将三角形转化成平行四边形的情境，这样设计旨在提示教师在教学时应作适当的启发，唤醒学生已有的认知经验，引导他们产生猜想，然后放手让学生通过独立思考、合作探索进行验证；在研究梯形面积的计算时（“水产养殖场—多边形的面积”，见图2－18），由于学生已初步掌握了转化的思想方法，所以教材直接出现了两个学生的对话：“怎样求梯形的面积呢?”“我们也把它转化成学过的图形来研究吧。”没有再出现提示语言，也没有出现几个学生围在一起的情境，而是出现了两个学生分别用两种方法转化的情境，这样设计就是引导教师把这一部分的学习尽可能地放手给学生，给足学生自主学习的时间和空间，培养学生的迁移类推能力。教材这样设计，使学生不但掌握了这些图形的面积的计算方法，同时也潜移默化地掌握了转化这一解决问题的重要方法。

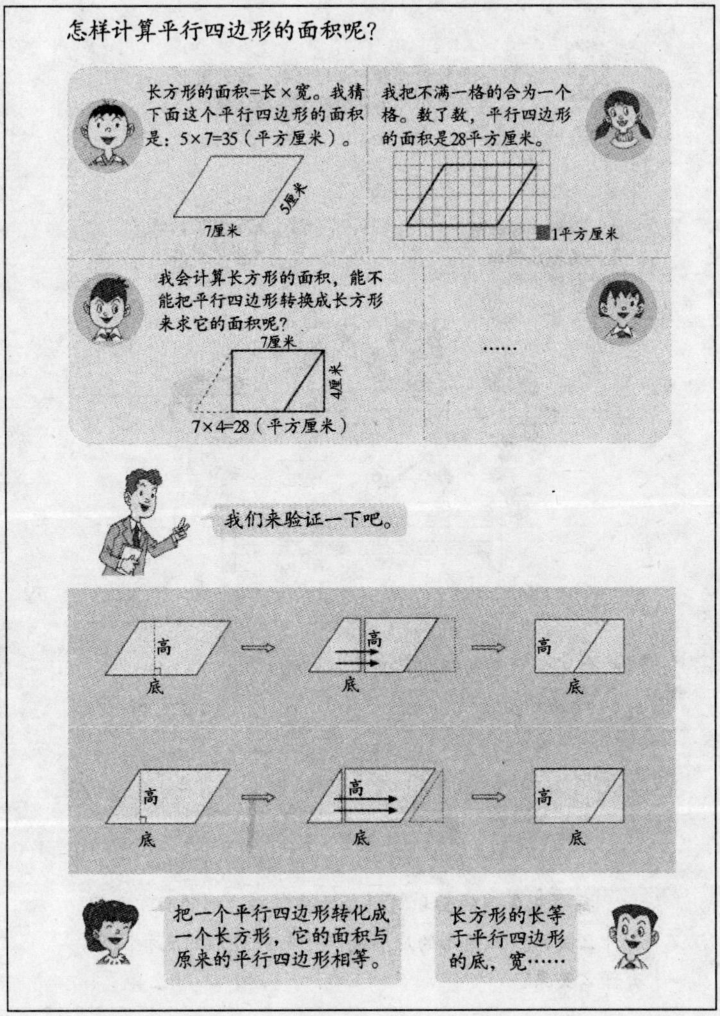
怎样计算平行四边形的面积呢？
长方形的面积=长×宽。我猜下面这个平行四边形的面积是：5×7=35（平方厘米）。
5厘米
7厘米
我把不满一格的合为一个格。数了数，平行四边形的面积是28平方厘米。
1平方厘米
我会计算长方形的面积，能不能把平行四边形转换成长方形来求它的面积呢？
7厘米
4厘米
7×4=28（平方厘米）
……
我们来验证一下吧。
高
底
高
底
高
底
高
底
高
底
高
底
把一个平行四边形转化成一个长方形，它的面积与原来的平行四边形相等。
长方形的长等于平行四边形的底，宽……

图 2－19

图 2－20

教材还通过转化思想这一暗线，把对平面图形和立体图形的研究方法自然地联系在一起，使学生对空间与图形的有关知识有了一个整体的把握，同时加深了对转化思想的认识。如对圆柱体的体积的计算方法的推导（“冰淇淋盒有多大—圆柱和圆锥”，见图 2－21），教材是这样呈现的：首先呈现了学生根据圆的面积公式的推导方法，猜想圆柱的体积的推导方法的情境，引导教师在设计教学过程时，首先要注意唤起学生原有的知识和经验，引导他们进行大胆的猜想，然后进行验证，使学生经历这一过程后，既得出了圆柱体积的计算方法，又培养了合情推理能力。

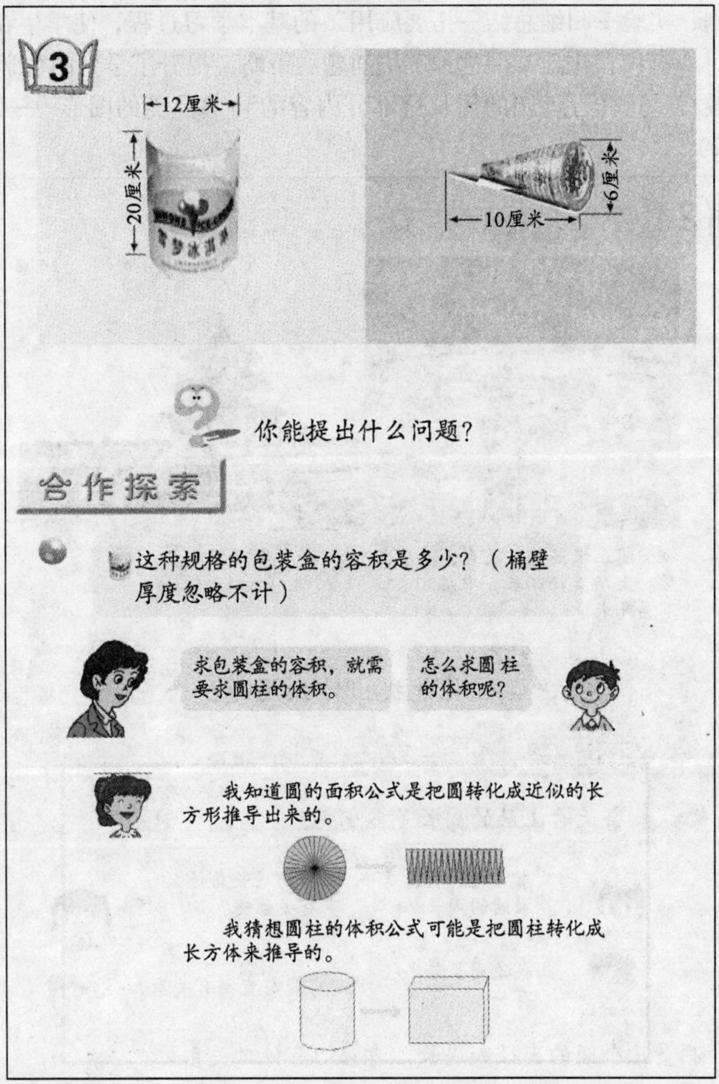

图2－21

（三）以引导学生经历数学化过程为暗线，培养学生建立数学模型的意识和能力

教材在设计圆的周长、圆的面积、圆柱的表面积以及长方体、圆柱的体积等内容时，不但重视了根据知识系统这一明线合理安排，更重视借助这些

内容，引导学生经历数学化的过程，向他们渗透“现实问题—数学问题—联想、猜测、实验—归纳总结—拓展应用”的基本学习过程，使学生在学习知识的同时，潜移默化地掌握这种解决问题的策略，提升了学生的数学素养。

如教材是这样设计圆的周长这部分内容的（“完美的图形——圆”，见图 2－22）。

2

天坛主要由圜丘和祈谷（祈年殿）两坛组成。

圜丘坛俗称祭天台，共有三层。上层直径30米，中层50米，下层70米。

祈年殿殿顶周长是100米。

你能提出什么问题？

合作探索

祭天台上层的周长是多少呢？

求它的周长就是求圆的周长。

圆的周长与什么有关系呢？

我猜周长与半径有关系。

可能与直径有关系。

测量几个圆的直径和周长，看它们有什么关系。

1厘米

0厘米 1 2 3 4

（续图）

周　长					…
直　径					…

圆的周长与直径有什么关系呢？

圆的周长大约是直径的……

我发现……

早在约两千年前，我国古代的数学著作《周髀算经》中就有“周三径一”的说法，意思是说圆的周长是它的直径的3倍。经过长时间的研究，人们发现，任意一个圆的周长和它的直径的比值是一个固定的数，这个比值就叫圆周率，用字母π（读pài）表示。

圆周率是一个无限不循环小数：π=3.1415926535……在实际的应用中，一般取它的近似值，即π≈3.14。

如果用C表示圆的周长，你会写出圆周长的计算公式吗？

$C=\pi d$ 或 $C=2\pi r$

我会计算祭天台上层的周长了。
3.14×30=94.2（米）

祈年殿殿顶的直径是多少米？

根据$C=\pi d$，我列方程解答。

解：设祈年殿殿顶的直径是x米。

$x\times3.14=100$

$x=100\div3.14$

$x\approx31.85$*

答：祈年殿殿顶的直径约是31.85米。

*本册数位较多或数据较大的计算可以使用计算器。除不尽时，得数一般保留两位小数

图 2－22

教材首先呈现一个现实问题“祭天台上层的周长是多少”，进而引导学生把现实问题转化成数学问题“求它的周长就是求圆的周长”，然后引导学生从数学的角度进行猜想—实验—验证，得出圆周长的计算公式，这一过程实际上是一个数学化的过程，同时也是一个建立数学模型的过程，最后应用

圆周长计算公式解决了起初提出的现实问题。学生经历推导圆周长计算公式的过程，使学生在获取圆周长计算公式的同时，逐渐掌握了一种解决问题的基本策略，使他们解决问题的能力得到了培养。

教材除了重视在学生学习各个知识点时反复进行渗透，还在“回顾整理”中对这些基本策略进行总结和提升。

三、和谐高效课堂教学的策略

（一）结合知识与学生生活实际的联系进行教学

新课程的主要改革趋势之一就是加强数学与生活的联系，关注数学的抽象与数学的应用。学生的抽象思维需要具体形象思维与生活经验的支撑，这一点对学生感知空间与图形这样的知识来说尤其需要。如引导学生对射线的理解，可以借助于光线，从地面上的某一点射向天空，射得很远，看不到尽头，以这样生动现实的画面传递信息：这一束束光线一端在地面，另一端无限延伸。学生首次感知时，就能在这种形象材料的支持下对射线的特征有了鲜明的、准确的把握。

加强数学与生活中的联系还应注意选取的例子要典型。如在学习平移与旋转知识的时候，生活中有许多物体的运动可以被看做平移或旋转。但是生活中的平移或旋转现象并不都是数学意义上的平移或旋转。如果教师让学生观察的例子不够典型，就容易屏蔽概念的本质，有时还可能产生歧义，不利于学生形成正确的表象。如有的教师设计学生做各种动作来表示旋转与平移现象，学生尽管能区分移动与转动，但对平移与旋转的要点区分不明显，不少学生会以为旋转就是转圈；有的教师就设计让学生用铅笔头表示交通工具在方格纸上平移或旋转，在这个活动中平移与旋转的要点就表现得很清楚。因此，选择的例子要尽可能地接近数学概念的本质，这样有利于把学生的注意力集中到平移与旋转变换的数学意义上来。

（二）有效引领学生自主构建

探索是学习个体携自身原有经验及方法背景参与新知学习和研究的过程。教师如何有效唤醒学生原有的经验储备，如何引导学生主动参与探索活动，如何将探索获得的经验与结论进一步抽象、概括并提炼为数学认识与方法，这些问题都需要探讨。如对图形特征及面积等问题的探索，都可以设计为学生的操作活动，在教师的引领下让学生自主构建知识。教师的引导作用就是将学生的思维从实物操作向表象操作再向算法操作过渡，从而使他们在探索活动中完成对算法意义的构建。

如对长方形面积这一问题的探索，教师为学生提供8个1平方厘米的小正方形，并依次出示长宽不同的长方形（逐一增大），引导学生借助手中的8个小正方形，通过摆一摆的活动得出长方形的面积。在摆后面的长方形时，学生逐步感觉到小正方形不够用，但通过积极思考，他们逐步从实物操作中摆脱出来，借助“想一想”的活动解决了问题。

尽管探索可以多元化，但探索活动的最终指向都应该聚焦于数学模型的建立。教师在学生经历初步的探索活动后，应通过恰当的介入与指导，对多种算法进行及时而必要的沟通、比较、提升，而从最初的具体活动经验和直观算法的获得到最终的抽象数学结构的生成，这一过程恰恰是数学模型建立的过程。教师应引导学生在适当的时候跳出具体的、直观的解题方法，从相对抽象、更为一般的层面上去认识算法、理解问题结构。

当然，有些“规定性知识”，该告诉学生的不妨直接告诉他们。只是以怎样的方式去“告诉”却是一门艺术。如教学长方体的长、宽、高这一知识时，是简单结合三视图告知概念的名称还是采用别的方式？有位教师的处理就颇具创意。这位教师先出示了长方体的透视图（12条棱都能看清），接着请学生擦掉其中的一条棱，结果发现，同样能想象出长方体的大小；接着再让学生擦棱，并想一想，至少要剩哪几条棱，才能保证可以想象出长方体的大小。学生在想象中动手尝试，最后留下了长、宽、高三条线段，此时让学生说出自己想象的长方体的大小及可否再擦掉棱。完成这些活动后，教师水到渠成地告诉学生三条棱的名称。尽管还是以告诉的方式，但此时的告诉已不是简单意义上的“告诉”，学生在教师精心组织的数学活动中，边观察、边操作、边想象，多种感官协同作用，此时的“长、宽、高”已不是简单意义上的长方体的各部分名称，它们对于长方体大小的决定作用、它们的不可或缺性都化作了学生的深刻思考。原本人为规定的数学知识，在学生的自主参与与构建过程中获得了更为鲜活的意义，使学生的想象力、观察与分析能力及空间概念等都在活动中得到有效发展。

（三）设计多样活动，丰富知识体验

学习空间与图形部分内容时更多的是活动，学生在活动中学习与体验，丰富表象。多样性的活动包含以下几个层面。

1. 激发学生体会需要的活动。

这样的活动通常在对度量单位的学习中用到，所谓“掐去两头烧中段”，

意思是指学生不理解新知为何要学习，它产生的源头在哪里。学习的时候，学生往往“知其然”但“不知其所以然”，这种情况无论对学生的知识构建本身，还是对培养学生的数学思考能力，都没有益处。

如对度量单位的学习，通常源自这样一种需要，即解决新的问题时，原有的度量单位无法满足需求，需要一种新的度量单位介入。教师应通过创设新的问题情境，激活学生的认知冲突，激发他们主动接受，产生“创造”新的度量单位的愿望。如果是首次接触的一类度量单位，可以创设“比较情境”，如比较两个图形的大小，通过观察或重叠无法直接比较大小，迫使学生想办法通过用同样大小的单位图形摆一摆，再根据单位图形的个数多少来判断。当然，如果用不同大小的单位图形摆，结果会更复杂，但其中蕴涵一些数学思考及思想方法，这种方法同样值得考虑。如果前面已经接触过此类面积单位，则教师可创设“度量情境”。如学习了立方厘米后，教师可引导学生借用体积是1立方厘米的小方块度量电视包装箱的体积，面对新的情境，学生在经历尝试或思考后，自然感悟到原有体积单位的“不适用性”，从而萌生“创造”一个新的体积单位的愿望，使数学学习成为学生内在生成的主动需求。

2. 建立数学模型的活动。

如求积公式的活动等，在探索部分已作了讨论，尽管对其探索可以多元化，但探索活动的最终都应指向数学模型的建立。

3. 深化认识的解释与应用活动。

在建立模型后，一个重要的环节就是模型的应用与提升。教师可以通过技能训练与复杂问题的解决来提升学生的数学思考能力。安排丰富的、多层次的数学活动，可使学生对通过探索而获得的结论、特征、方法印象更为深刻，进而内化为一种稳定的、清晰的知识结构，成为他们数学素养的重要组成部分，有效地建立学生的空间概念。

如认识了长方形、正方形的特征后，教师可以安排拼摆长方形或正方形、用长方形剪出一个最大的正方形、在方格纸上画规定的长方形或正方形等活动。不同层次的活动有不同的教学意义和价值，对其内涵的数学思考也不尽相同，教师应细心领悟，精心组织。

（四）加强教学难点的透析，提高教学效果

学生在学习和掌握空间与图形的内容的过程中，常会出现一些困难，这些困难往往与学习的难点有关。教师应当有意识地寻找教学契机，启发学生质疑问难，或者针对学生的疑惑提出问题让学生讨论，进而“对症下药”。

如“确定位置（二）”一课，是通过具体的活动来认识方向来距离对确定位置的作用，使学生能根据任意方向和距离确定物体的位置。它是第二学段“方向与位置”这部分内容的第二个知识点，也是“图形与位置”这一部分内容教学的难点。那么，如何进行这一部分内容的教学，使学生学得知其然并且更知其所以然呢？

从教材的编排内容量看，应该把这一课分为两课时来教，第一课时让学生学会判断以一个固定的观察点看不同的测量点的位置不同，第二课时让学生懂得由于观测点的不同会引起同一个测量点位置的变化。

以第一课时为例。学生主要的学习障碍是“观察点的确定和测量角度的方法”。教学时教师出示情境图：“请同学们仔细看图，你们能发现什么？”教师根据学生的发现提问并让学生回答：以什么为观察点？在学生学习中教师点明：站在哪里观察，哪里就为观察点。教师让学生在一开始上课时就确立一个概念，就是什么叫观测点，什么叫测量点。接着，教师让学生通过合作学习来探索方法。教师先让学生说，再让学生结合思考题进行小组合作探索。学生先动手测量，然后汇报测量结果，说出测量方法。最后教师让学生点结方法，质疑问难。教师提问：确定具体的位置应该先做什么，再做什么？你们还有什么不清楚的地方？让学生从直观的感性认识过渡到理性的认识，安排质疑环节为学生扫清了思维中的疑问和障碍，为后面的拓展运用环节服务。

（五）准确把握教学目标

空间与图形部分有一些新增加的内容，对于这些内容教师尤其要注意把握好教学目标，不能使这部分内容抽象化、概念化。如图形的变换这部分知识，从概念到性质再到应用，内容本身有着很大的发展空间。教师必须注意把握教学目标的适切性。可以把学习目标从可操作的、可测量的角度概括为两个外显的学习行为“能识别”与“会画图”。“能识别”的范围是指简单的、典型的和常见的现象；“会画图”的限制条件，一是利用方格纸，二是利用简单的图形，三是两个特殊方向上的平移和90度角的旋转。把学习目标控制在这样的范围内，一般学生经过努力都能达到要求。

更具体地，教师在确定各课时的教学目标时，除了依据课程标准、从整体上把握教学目标的“度”之外，还应参照教材、教学参考书中的单元教学目标，准确把握本学段的教学重点，并从本班学生的实际情况出发，把教学目标定在学生的最近发展区内。否则，容易加重学生的学习负担，欲速则不达。

附："空间与图形"领域"和谐高效思维对话"型课堂教学设计

设计一：

对厘米的认识

芝罘区官庄小学　麻明家

一、教学内容

《义务教育课程标准实验教科书·数学》（青岛版）一年级下册第77页。

二、教材分析

"对厘米、米的认识"这一课是学生认识长度单位的开始，也是今后学习其他长度单位和有关测量知识的基础。教材以有趣的故事"阿福的新衣"为素材引起学生思考，引发学生的好奇心，从而使他们积极地投入探索活动中，体会到建立统一度量单位的必要性。接着，教材介绍学生比较熟悉的尺子，指出量比较短的物体可以用"厘米"作单位，并通过看、量、画等学习活动逐步让学生形成对厘米的长度表象。这样安排意在让学生主动参与，并通过动手实践体会测量的方法，经历测量的过程，让学生在体验中感悟知识，增强了学生的空间概念和学习数学的兴趣。

三、学情分析

学生在对一年级上册教材的学习中认识比较了物体的长、短，在本节课上他们第一次接触长度单位"厘米"。在此之前，学生对长度单位及测量知识的了解均来自于生活中一些琐碎的、不系统的经验。如在游戏中，他们偶尔会用步或用手测某些物体的长度，或以某一物体为参照物来比较一些物体的长度。少数学生在数学课上利用尺子画直线时会对尺子产生兴趣而进行观察；而对于大部分学生来说，长度单位是一个全新的知识内容。这就要求教师在教学中要充分地让学生动手操作，让他们学会用厘米量物体的长度并在实践活动中获得体验，感悟知识。

四、教学目标分析

1. 通过故事引导，结合生活实际，使学生体会建立统一度量单位的必要性。

2. 让学生通过观察操作，认识长度单位“厘米”，初步建立1厘米的长度单位表象，学会用尺子量线段的长度。

3. 使学生能估计一些物体的长度，并能与测量结果进行比照，发展学生的空间观念和估测能力。

4. 培养学生初步的实践能力以及与同伴合作的良好态度，并在实际观察和操作中，使学生养成细心的、认真的学习习惯。

五、教学要点分析

教学重点：让学生体会统一长度单位的必要性，建立1厘米长度单位的观念，会用刻度尺量物体的长度。

六、教学准备

课件、各类尺子、1厘米长的小棒。

七、过程设计

（一）创设情境，导入新课

播放课件“阿福的新衣”，引发学生思考：阿福的新衣服为什么做小了呢？

学生交流：

1. 师傅的手大，徒弟的手小，徒弟的3拃比师傅的3拃短，所以衣服做小了。

2. 师傅和徒弟的手大小不一样，测量长短就不一样，所以衣服做小了。

……

【设计意图：对一年级的学生而言，动画片的吸引力是非常大的。本课以有趣的故事——“阿福做上衣”为素材引入，引发了学生的好奇心，使学生对学习数学产生亲切感，从而积极投入到探索活动中。学生从直觉上可能知道“阿福的新衣”出现问题的原因，可怎么才能解决问题呢？教师要引导学生深入的思考。】

（二）合作交流，探究新知

1. 通过思考交流，体会统一测量单位的必要性。

教师提出问题：怎样才能把阿福的新衣服做好呢？

学生交流自己的看法：

（1）师傅量、师傅做就不会出现问题了。

（2）徒弟量、徒弟做也能把衣服做好。

小结：只要是同一个人量和做就可以，也就是说测量和裁剪所用的计量单位必须是统一的。

【设计意图：本节课的教学，意在让学生通过思考、交流体会到统一计量单位是非常重要的。虽然学生仍然停留在刚才的故事情节中，提出解决的办法是用同一个人量尺寸、做衣服，但这里的“同一个人”也就是统一的计量单位，为下面进一步学习打下基础。】

2. 认识尺子及长度单位“厘米”。

(1) 引领学生回忆到裁缝店里做衣服时，裁缝都会怎样测量我们的身材呢？

小结：实际生活中，为了便于应用和交流，在测量时必须要有统一的标准，就是长度单位。日常生活中，进行测量时，可以利用尺子。

让学生观察自己的尺子，看看能发现什么。

学生交流：

①尺子上有好多数：0、1、2、3……

②尺子上有好多的小竖线，有的长一些，有的短一些。

③尺子上还有两个字母：cm。

结合学生的回答，教师进行引导总结：尺子上的小竖线叫做刻度线，相对较长的刻度线都标着数。每两个数之间，也就是两条比较长的刻度线之间的长度就是1厘米。测量较短物体的长度一般用厘米作单位，厘米用字母cm表示。

【设计意图：认识尺子这一环节，先让学生观察、交流，教师再梳理、总结，尊重了学生的认知基础，使学生掌握了直尺的基本构造，培养了学生的观察力，同时又为他们建立1厘米的长度概念打下了基础。】

(2) 在自己的尺子上找到1厘米。

学生的方法可能有：

①尺子上0~1间的长度是1厘米。

②尺子上1~2间的长度是1厘米。

③尺子上5~6间的长度是1厘米。

……

小结：尺子上每相邻的两个数之间的长度都是1厘米。

【设计意图：学生理解了统一长度单位的必要性之后，利用什么样的工具可以达到这样的目的，就成了学生的现实需求。这里引导学生联系生活实际，结合自己平时的学习生活，从观察自己最常用的尺子入手，进行对厘米这个长度单位的学习。这样的安排一方面可以让学生亲历统一测量单位的必要性，产生继续学习的内在需求，另一方面加强了数学和生活的联系，使学生充分体会到数学来源于生活。】

3. 感受1厘米的长度，建立厘米长度单位的观念。

(1) 利用直尺和1厘米长的小棒，感受1厘米的长度。

学生展示：

①拇指和食指分别放在尺子相邻的两个数上，两指之间的距离就是1厘米。

②用两个手指轻轻捏住1厘米长的小棒，把小棒拿走，两指之间的长度是1厘米。

通过实际操作，学生会感觉到1厘米比较短。

(2) 找一找生活中哪些物体的长度大约是1厘米。

数学书的厚度大约是1厘米，大拇指指甲的宽度大约是1厘米……

【设计意图：认识1厘米，建立1厘米的长度概念是本节课的重点和难点。教师在这一重点环节中设计了比量尺子上1厘米的长度、感受1厘米小棒的长度、找生活中1厘米的长度这样层次不同的三次操作，让学生经历从感知、熟悉到应用的过程，促使学生加强对“厘米”这个长度单位的理解，同时丰富了学生的空间概念，有效地解决了教学重点。学生在充分感知到1厘米的长度之后，进行了下面的学习。】

(3) 利用直尺实际操作，判断测量的物体是几厘米。

①测量物体时，1直尺上的刻度为0~3，表示物体长度是3厘米。

②测量物体时，1直尺上的刻度为0~6，表示物体长度是6厘米。

③测量物体时，1直尺上的刻度为3~6，表示物体长度是3厘米。

学生先说出判断的方法，可以总结出：直尺上后面数减去前面数的差就是这两个数间的长度。

【设计意图：教师让学生先动手测量，再交流评价，最后教师再总结方法。这样充分尊重了学生已有的知识经验，突出了学生的主体地位，使学生的主体作用与教师的主导作用相得益彰、和谐统一。通过操作活动使学生知道：有几个1厘米的长度单位，就是几厘米。利用尺子测量物体长度时，最有效的方法就是用物体对应的尺子上后面刻度数减去对应的前面刻度数。学生在活动中进行思考，在活动中不断探索，在活动中获得数学经验，解决生

活问题。】

（三）实践操作，拓展练习

1. 课件出示故事里师傅的1拃在尺子上的位置。

学生可以看出：师傅的1拃拇指指尖对准0，中指指尖对准22，所以师傅的1拃长22厘米。

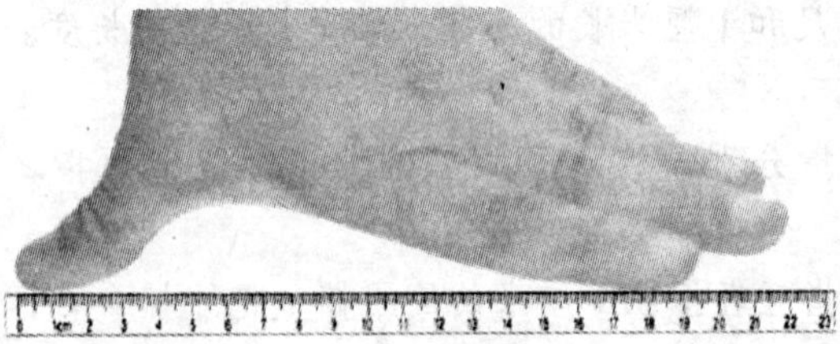

小结：测量物体的长度时，物体的一端一般要对准0刻度，尺子要放平稳，物体另一端指向几就是几厘米。

2. 课件出示故事里徒弟的1拃在尺子上的位置，学生得出徒弟的1拃长度是15厘米。

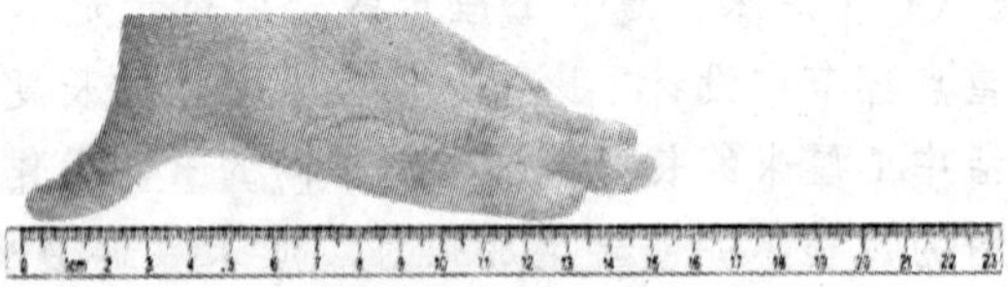

【设计意图：测量时，被测量物体的一端和尺子的0刻度对齐进行测量最简单，这样物体另一端对应的数就是物体的长度，学生可以感受到这种测量方法的简便性，在后面的实际测量活动中可以自觉使用这样的方法进行测量，提高测量的效率和准确性。】

3. 呼应课堂教学开始时的故事：师傅的一拃比徒弟的一拃长7厘米，怪不得把阿福的衣服做小了。

4. 同桌的两个人合作，测量自己的一拃有多长。

5. 先估计数学书有多宽，再进行测量。

6. 选择自己喜欢的物体，先估一估，再量一量，把结果记录在表格里。

物体名称	估计结果	测量结果

【设计意图：富有情趣的开放性的实践活动，能激活学生的思维，让学生在探究性地解决问题的活动中活用知识，增长智慧。本节课给学生充分参与测量活动的机会，使他们掌握正确的测量方法，初步体会测量在实际生活中的应用，锻炼学生对物体长度进行估计的能力，使他们进一步加深对长度单位“厘米”的理解，学生的创新精神和实践能力也在开放性的实践活动中得到了培养和提高。】

（四）总结评价，知识延伸

1. 交流本节课的收获。

2. 回家和父母一起利用不同类型的尺子，以厘米为单位测量家里物体的长度。

八、板书设计

认识厘米

数（0～20）0 表示起点

刻度线：长　短　cm

九、创新特色

本节课是学生学习长度单位的起始阶段，对于帮助学生认识长度单位、体会统一长度单位的必要性、初步建立 1 厘米的长度概念具有重要的意义。教师从学生的认知心理出发，确立了教为学服务的观念，以一个组织者、引导者、合作者的身份与学生一起参与到感受知识、交流知识、体验知识、探究知识的活动中。本节课具有以下突出特点。

（一）根据学生实际，合理定位教学重点

数学知识是前人发现、创造并积累下来的，数学教学的一项重要内容就是通过课堂创设一定的情境，将有关数学知识的产生再现给学生。因此，使学生初步经历长度单位形成的过程，体会统一长度单位的必要性是本课的教学重点。为完成这一重点的突破，教师利用学生感兴趣的动画片引发学生的思考、交流和讨论统一长度单位的必要性；教师设计了学生全面参与的三次操作活动，即从尺子上找到 1 厘米、利用 1 厘米长的小棒感受 1 厘米、寻找生活中存在长度大约为 1 厘米的物体，再现了长度单位的产生过程，体现了从具体到抽象知识的层层过渡，符合科学实际和学生心理特点。

（二）在生动的情境中丰富情感体验

厘米的概念对于学生来说比较陌生，学习起来有一定的困难。为了把抽象的数学概念以一种生动活泼、富有活力的姿态呈现在学生面前，教师在教学中注意精心选择学生感兴趣的素材，优化学生的学习情境。本课教学，以生动的Flash动画课件创设了“阿福的新衣”这一情境，一下子吸引住了一年级小朋友的注意。在学生积极思考和交流的基础上引发学生认知上的矛盾冲突：为什么用同样的方法测量，得到的结果却不一样呢？结合生活实际，学生体会到：为了测量得准确和交流得方便，需要用统一的工具——尺来量。使学生在认知矛盾冲突时产生了要学习有关尺的知识的迫切需求，很自然地进入到对教学内容的学习。这样，在教学中也初步体现了数学知识在实际生活中和学习中的应用。

（三）在测量过程中培养估测意识

估测是测量的一个重要组成部分，在现实生活中有着重要的作用。加强对学生估测能力的培养，有利于他们正确建立厘米的概念，增强空间观念和学习的兴趣。在这节课的教学中，估测活动贯串在整个测量教学过程之中，如在每次实际测量物体长度之前，教师都让学生先进行估测，并引导学生掌握正确的估测方法。

设计二：

认识周长

蓬莱市易三实验小学　马秀云

一、教学内容

《义务教育课程标准实验教科书·数学》（青岛版）二年级下册第120页信息窗1。

二、教材分析

“周长”这部分内容是在学生已经初步认识了长方形、正方形、三角形和圆等平面图形的基础上进行教学的，为后面学生学习平面图形周长的计算架起了一座坚实的桥梁。教材没有直接给出周长的定义，而是通过生活中的实例，让学生通过观察、操作等方法，在获得直接感知的基础上认识周长的含义。接着，教材以学生已有的直接经验为基础，让他们量一量、算一算给定的图形的周长，使他们进一步理解周长，知道可以怎样测量并计算出周长。本课的教学将为下节课探索长方形和正方形的周长的计算方法做准备。

三、学情分析

二年级学生的观察能力、分析能力、认知水平已经得到了一定的发展，但形象思维仍强于抽象思维。他们虽然是第一次接触周长，但在生活中对周长已经有了模糊的感知，因而本节课教师先从学生已有的知识经验出发，让学生从比较熟悉的数学书封面感知周长，知道什么是周长，然后再探索测量周长，这样的方法应该是易如反掌的。而探索测量周长方法的过程反过来又加深了学生对周长意义的理解。根据学生已有的认知水平和生活经验，在认识周长和探索方法的过程中，教师联系了学生生活中亲身做过的或者见过的一些实例，进行一系列的操作活动，培养学生发现问题、分析问题和解决实际问题的能力。

四、教学目标分析

1. 知识目标：结合具体实物或图形，通过观察、操作等活动，让学生初步理解周长的含义，探索周长的测量和计算方法。

2. 能力目标：通过独立思考和合作学习，培养学生探究能力和合作学习的能力，让他们体验解决问题策略的多样性。

3. 情感与态度：创设师生互动情境，在民主的、宽松的、和谐的学习氛围中，结合具体情境，让学生感知周长与实际生活的密切联系。

五、教学要点分析

理解周长的含义，会灵活计算图形的周长。

六、教学准备

图片：三角形 2 个，正方形、长方形、圆形、五角星各 1 个，每组一份；描绘纸每人 1 份。

七、过程设计

（一）感知周长（活动体验，层层感知）

1. 今天老师给大家带来了一位数学王国里的新朋友，想知道它的名字吗？它的名字叫周长。（板书：周长）你们听说过周长吗？猜一猜什么是周长？

【设计意图：以学生身边熟悉的场境引入，唤醒了“周长”在学生大脑中的第一认知经验，激发了学生在此基础上的大胆猜测、推理和实践的主动探索的愿望，体现了学生在学习过程中的主体地位。】

2. 根据学生的回答，出示数学书：你们能指出数学书封面一周的长度吗？告诉大家，指的时候要注意什么？（注意：从起点开始，又回到起点。）请同学们用刚才这位同学的方法指一指自己数学书封面一周的长度。

3. 师：谁再给大家指一指黑板面一周的长度，告诉大家，指的时候你注意了什么？

4. 引发学生思考：（出示乒乓球拍）这个物体有点怪，你们能指出它的周长吗？现在请同学们说一说什么是周长？教师根据学生的回答总结并板书周长的定义。（板书：一周的长度）

5. 在生活中，许多物体的表面有周长。启发学生：请大家在自己的身边找一找，指一指，同桌互相说一说。全班交流。

6. 师：同学们，你们真了不起，指出了身边这么多物体表面的周长。瞧，老师这儿也有一个物体（出示篮球），你们能帮老师指出它的周长吗？（学生试着指篮球的周长）。大家指得各不相同，这是为什么？请大家开动脑筋想一想，什么样的物体才有周长？教师引导总结周长是针对平面图形研究的。（板书：平面图形一周的长度）

7. 篮球是球体，它不是平面图形，所以它没有周长。请看大屏幕，屏幕上的这些图形是否有周长？（播放课件）

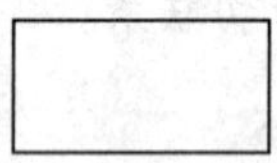
（1）

（2）

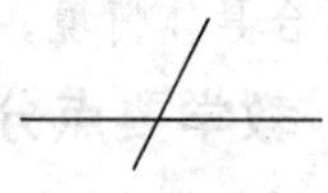
（3）

（4）

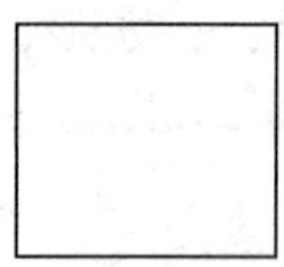
（5）

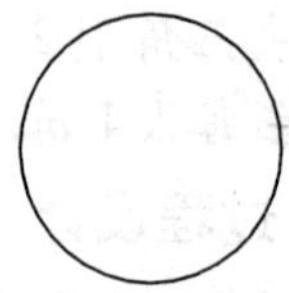
（6）

（1）根据学生的回答，总结出1、2、4、5、6号图形有周长。

（2）3号图形没有周长，为什么？谁能想个办法让它变得有周长？（学生思考，利用手中的描绘纸，用彩笔补充3号图形，使它变得有周长。）

【设计意图：把握学生已有的知识水平，让学生在质疑的过程中发现与原有经验的冲突；让学生在比较中感悟周长的含义，突破他们对封闭图形理解不到位这一难点。】

（3）展示学生和教师的作品，教师总结：虽然大家的画法不同，但都使图形有了周长。我们只有怎样做，才能使它有周长？根据学生的回答补充板

书。（板书：围成平面图形一周的长度）

【设计意图：通过指、看、说、辨一系列活动，让学生尝试着表达对周长的理解和认识。教师让学生经历独立把自己对图形周长的零碎的表象认识归纳并表达出来的过程，有利于培养学生严密的逻辑思维能力和表达能力。】

8. 请看大屏幕：现在这些图形都有周长了吧，那你们知道每个图形的周长是多少吗？怎样才能知道？（生：量一量）看来有关周长的知识还有许多奥秘，大家想不想继续研究？请大家拿出手中的6个图片，我们就利用这些小图片，继续走进周长的世界，去探索周长的奥秘。

（二）体验周长（主动探究，合作学习）

1. 让学生指一指图片的周长。（除了圆形）其他图形的周长各是几条边的和？

2. 以小组为单位展开竞赛：6个图形中，哪两个图形我们能在最短的时间内测量并计算出它的周长？把它们选出来。全班交流。

3. 小组合作，测量并计算这两个图形的周长。

4. 如果再给你们一次机会，从剩下的4个图形中选出两个图形，还是用最短的时间求出它的周长，你们会选哪两个？请大家测量并计算这两个图形的周长。

5. 计算不规则的三角形应测量几条边，怎样计算？

6. 圆形的周长怎样测量，同桌讨论，全班交流。（播放课件，直观展示测量周长的三种方法。）

【设计意图：实践出真知，学生只有在操作中才能更进一步体会周长的意义，同时学生也获得了一个新的探索空间和发展空间。学生可以结合平面图形的特征，在计算时采用简便方法。教师在操作中渗透了化曲为直的数学思想，在交流过程中让学生体验到测量方法的多样化。学生的潜能又一次得到了充分的发挥，合作精神和解决问题的方法在自主动手解决问题的过程中得到充分的体现和培养，并进一步加深了对周长的理解和认识。教师通过让相邻小组交换检测彼此测量结果的活动，培养了学生的检验意识和习惯。】

（三）应用周长（来源生活，服务生活）

看来，不同图形的周长，我们可以用不同的方法来计算它，咱们班的小朋友个个都爱动脑筋、爱思考，其实生活中还有许多能用到周长的地方。

（播放课件）师生一起欣赏周长在生活中的应用。

【设计意图：数学来源于生活，又必须回归于生活，数学只有回归生活，才能显示其实用价值。让学生在用周长中认知周长，培养了学生的应用意识，加强了数学与生活的联系，使学生感受到所学知识是有意义的、有价值的，充分体现了学习周长的意义。】

（四）总结

师：今天我们又认识了一个新朋友，它的名字叫什么？（周长）周长很高兴认识了我们这些聪明可爱的小朋友，它也很乐意和你们一起学习。如果你是“周长”，你怎么向大家自我介绍一下呢？

教师小结：这节课里，大家不仅知道了什么是图形的周长，更可贵的是，当我们遇到困难时，每个人都能充分发挥自己的智慧，从活动中探索出很多重要的数学知识。了不起！这些收获与大家的团结、合作是分不开的，祝贺你们！

【设计意图：小结生动具体，不仅关注了本节课的知识重点，更关注了学生的情感体验，有效地激励了学生学好数学的信心，体现了课程标准的新理念。】

八、板书设计

认识周长

围成平面图形一周的长度

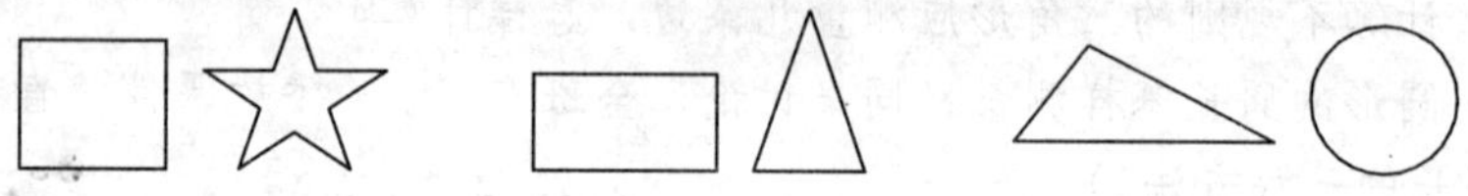

$3+3+3+3=12$　　$3+3+4+4=14$　　$3+4+5=12$

$3\times4=12$　　$4\times2+3\times2=14$

九、创新特色

本节课教学设计新颖、独特，是对概念教学的一次大胆尝试，体现了新的教学理念。概括起来，本节课有以下特点。

（一）从学生原有认知出发

学生的生活经验绝不是一张白纸，他们对周长不是一无所知。所以上课伊始，教师便单刀直入：“你们听说过周长吗？猜一猜什么是周长？”然后根据学生的认识，通过指一指、找一找、说一说等直观手段，让学生体验什么是周长，使他们的生活经验提升为数学概念，体现数学来自于生活、又高于生活的理念。

（二）提供给学生研究的空间

教师在让学生自主体验“周长意义”的这个环节中设计了一个开放性的测量活动，不仅为学生准备了长方形和正方形，还准备了其他多种图形，采用比赛的形式让学生参与——哪些图形能很快求出周长？学生们进行了两次选择：第一次选择每边相等的图形，探索出正方形周长的计算方法；第二次选择对边相等的图形，探索出长方形周长的计算方法。这样，学生理解了算法的来龙去脉，体会到一般图形周长的算法和有特征图形周长的算法之间的联系，还进一步研究了被“冷落”的图形——“圆”的周长的测量方法。整个活动中，教师完全放手，使每个测量活动对学生来说都是一个需要动脑的全新的探索活动，为学生营造了一个较大的探索空间。

（三）倾听学生的发言，欣赏每一个孩子

整节课中，教师很少讲解，而是提出问题，激发学生思考，认真倾听学生的发言，欣赏每一个孩子，用心灵和学生对话，使自主学习贯串整个学习活动的始终：学生自主理解“周长”的意义，自主测量图形的周长，在测量活动中自主探索、自主合作，学在其中、乐在其中。学生自主学习的意识在学习活动中得到了有效培养。“笑着当老师，蹲着看学生，乐着对同伴”，教师童心回归，创造了和谐的课堂文化。

设计三：

方向与位置

开发区 孙丽丽

一、教学内容

《义务教育课程标准实验教科书·数学》（青岛版）三年级上册第52～53页。

二、教材分析

本节课是在学生学会辨认东、南、西、北四个方向的基础上，进一步展开东北、东南、西北、西南四个方向的学习内容的，是对方向这一知识的补充与延伸。在教学中，教师借助学生已有的生活经验，创设现实的活动情境，增加探索、体验的机会，让所有的学生都参与到教学活动中来，培养了学生良好的空间观察能力和方位意识。

三、学情分析

三年级的学生，形象思维和逻辑思维都比较敏捷，在获取新知的过程中，更富于挑战性。因此，在教学过程中，教师依据学生的年龄特点和认知水平，多次组织学生进行探索、猜测不同的方位等活动，激发学生的学习兴趣，并联系实际运用儿歌等方式，巩固加深学生对日常生活中几个方位的理解认识。

四、教学目标分析

1. 让学生在具体情境中辨认东北、西北、东南、西南这几个方向，并能进行适当的描述，能根据路线图说出不同的方位。

2. 让学生能运用方向来解决生活中的实际问题，在合作交流中培养学生的空间概念和主动探究的意识。

3. 让学生初步感受方向在现实生活中的作用，体会生活中处处有数学，激发学生学数学、用数学的兴趣。

五、教学要点分析

教学重点：使学生能够辨认东北、东南、西北、西南这四个方位。

教学难点：使学生能够联系实际辨别生活当中的方位。

六、教学准备

每人1张方向板图片、多媒体课件、实物投影仪。

七、过程设计

（一）谈话，导入新课

师：同学们，你们喜欢旅游吗？在旅游景点，给你们留下最深刻印象的是什么？谁愿意给大家介绍一下？（学生自由介绍）

师：我发现同学们都很喜欢旅游，今天老师就带同学们去旅游，让我们一起走进新农村，欣赏一下农村的独特风光。

（二）自主探究，学习新知

1. 情感渗透，引入新课。

投影出示凤凰村情境图。

（1）初识凤凰村，感知凤凰村的新风貌。

（2）学生介绍凤凰村的景点。

（3）过渡导入。

师：如果我们想要去参观这些景点，需要知道什么？（参观的景点在什么方向、什么位置）

板书课题——《方向与位置》。

2. 运用旧知，探索新知。

(1) 复习平面图上的东、南、西、北四个方向。

(2) 引导学生联系实际，辨认生活中的东、南、西、北四个方向。

【设计意图：数学教学重在联系生活实际，在回顾了平面图上的四个方向以后，教师适时地将学生引入到生活中来，让他们辨认生活中的四个方向，体现了数学源于生活、应用于生活的思想。】

(3) 引导学生探索、猜测什么是东北方向。

【设计意图：这是在教学中首次向学生介绍东、南、西、北以外的方向，为了使学生对这个方向认识得更加深刻，在这里教师没有直接把答案告诉学生，而是引导学生大胆猜测“在东和北之间的方向是什么方向”，激起了学生强烈的求知欲望，学生在猜对的同时，更增强了学习方位知识的自信心。】

(4) 师生继续共同探讨“西北方向”。

(5) 小组合作学习，探索研究西南、东南两个方向。

3. 巩固记忆，加深认识。

(1) 结合板书，复习记忆八个方向，并填写方向板进行交流。

(2) 在游戏中辨认生活中的八个方向。

学生集体说儿歌指方向：早上起床面向太阳，前面是东，后面是西，左面是北，右面是南。

师：东北方向怎么找？同学们自主探索想办法。

教师引领学生用拍手的方法找东北方向。

学生用同样的方法找东南、西北、西南这三个方向。

4. 运用方向，旅游参观。

(1) 学生自由介绍参观凤凰村，并说出行走路线。

【设计意图：在学生确定了所要参观的景点之后，会有几种不同的行走路线，在这里教师通过引导学生分别说出几种不同路线的走法及行走方向，达到让学生熟练记忆平面图上的八个方向的目的。】

(2) 学生当小导游，参观整个凤凰村。

【设计意图：在学生自由说出行走路线以后，教师适时地增加难度，要求学生参观凤凰村的所有景点。在参观时，学生必然会经历辨别、区分不同方向的过程，借此很好地巩固所学八个方向的知识。】

(三) 巩固练习，应用知识

1. 课件出示：帮小动物找家。

教师用课件出示6座房子，花坛位于中央，先根据小兔的话“我的家在花坛的西北面”，让学生找小兔的家，并说出自己的看法。用同样的方法，让学生分别找小猴、小熊猫和小狗的家。

【设计意图：小熊猫的家作为本环节的一个重要部分，是学生重点理解和学习的内容。其中小兔、小猴和小狗的家都是以花坛为中心，让学生辨别它们的家在花坛的什么方向。而在学生找小熊猫家的所在位置时，教师是以熊猫的家为中心，通过熊猫的话“花坛在我家的东北面”设置疑问，让学生进行比较，并小组探讨交流，最终使学生认识到以不同的物体为中心作参照物时所得到的结果是不相同的这一道理。】

2. 学生用八个方位介绍自己周围的同学。

【设计意图：帮小动物找家，巩固了学生对平面图上八个方位知识的认识。教师借此机会联系实际，让学生介绍自己周围的同学，达到进一步巩固他们认识生活中的八个方向的目的。】

3. 出示山东省地图，引导学生探讨山东省各县市在省会济南市的什么方向。

（四）课外拓展

课件播放天气预报，引导学生理解生活中的风向。

【设计意图：通过设计“天气预报”这一环节，让学生体会方向的知识在生活中无处不在，并且由于天气预报的风向与今天课堂上所学的知识刚好相反。（例如：东南风是指从东南方向吹过来的风，而不是吹向东南的风。）这样的学习，不仅能丰富学生的课外知识，而且拓展了学生对方向知识的认识。】

（五）课后小结

师：同学们，其实生活中并不缺少数学知识，缺少的是一双善于发现的眼睛，希望同学们在今后的学习生活中，能够细心观察，做一个生活的有心人。

八、板书设计

方向与位置

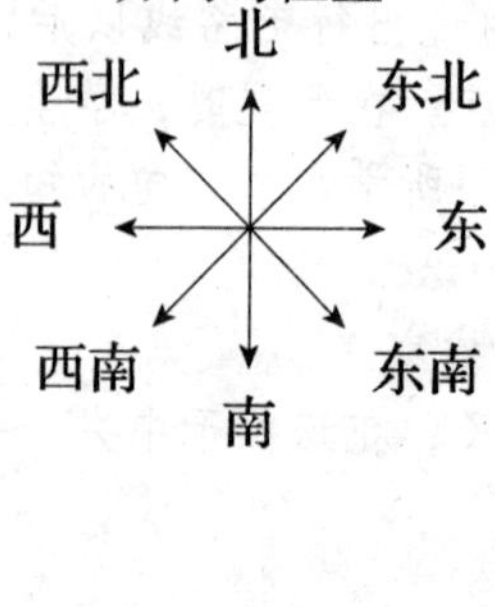

九、创新特色

（一）联系实际，体现数学的生活性

有关方向的知识在生活中无处不在，与我们的生活紧密相连。为了培养学生的空间观念，增强学生的方位意识，教师在学生认识了平面图上的八个方向以后，适时地联系实际，让学生指出生活中的八个方向，使学生感受到数学来源于生活，生活中处处有数学，提高了学生学习数学的兴趣。

（二）探索猜测，体现数学的创新性

本节课教师在学生已认识东、南、西、北这四个方向的基础上大胆尝试，采用了探索、猜测这一数学思想，让学生辨认东和北、东和南、西和北、西和南这几个方向，大部分学生根据生活经验，准确地猜出了方向。猜测的成功，反映了学生一定的知识经验和自身水平，也反映了学生灵活运用、勇于探索尝试的精神。更重要的是，学生从这样的活动中得到了成功的体验，增强了学习的信心。

（三）小组合作，体现数学的参与性

在数学教学过程中，动手操作、自主探究、小组合作交流等方式，更有利于激发学生的学习兴趣，可以使每个学生都能积极主动地参与到学习中来，从而提高教学效果。在本节课中，教师设计了“帮小动物找家”这一环节，其中“小熊猫的家”所在的位置引起了学生的争议，并出现了两种不同的观点，于是教师安排了让学生小组合作、在小组内探究学习的活动，让学生们分别说出自己的想法。集体交流时，教师让错误的一方分析自己出错的原因，最后这个看似比较难的问题，在经过小组成员的探索研究后，成功地被解决了。这也说明，在教学过程中，多留给学生一些思考的空间，就会发掘出他们更大的潜力。

设计四：

观察物体

海阳市实验小学　辛雪莲

一、教学内容

《义务教育课程标准实验教科书·数学》（青岛版）三年级下册第 72 ~ 75 页。

二、教材分析

本单元学习的内容是让学生辨认从不同方位看一组长方体、正方体的形状和相对位置。对本知识点的学习是在学生学习了辨认从正面、侧面、上面看到的简单物体（单个具体实物）的形状的基础上进行的。它是“空间与图形”内容的重要组成部分。

三、学情分析

本课从学生在二年级学习的“从不同方向观察一个简单物体”的内容发展到“从不同方向观察一组物体”的内容。学生已经有了一定的基础，可以借助已有的生活经验通过变换角度观察，在感性上有了真正的体验，学起来比较轻松，但对判断所观察的物体形状还会存在一定的困难。

四、教学策略分析

教师指导学生有秩序地参加教学活动，在观察、拼摆和探索等活动中，根据自己的体验，感悟出在不同角度观察物体所看到的物体形状是不同的。教师让学生运用所学知识，把从不同方向观察到的一组物体的形状辨认准确，发展他们的空间观念。

五、教学目标分析

1. 让学生结合现实生活，通过具体观察活动，了解从不同方位观察同一组物体，所看到的物体的形状是不同的。

2. 让学生能正确辨认从正面、侧面、上面观察到的一组长方体和正方体的形状和相对位置。

3. 教师通过指导学生完成观察和操作活动，进一步培养学生的动手能力，发展学生的空间观念。

六、教学要点分析

教学重点：让学生了解从不同方位观察同一组物体，所看到的形状是不同的。教学难点：让学生根据分段式的图片在头脑中复原物体原来的样子。在教学过程中，教师要充分利用实物摆放来增强学生的感知能力，从而突破重点和难点。

七、教学准备

学生 4 人一组，分坐桌子四面。学具 1 套（长方体、正方体）。作业纸 1 张，每人准备牙膏包装盒、饮料罐等物品。

教师准备图片、课件、魔术箱等物品。

八、过程设计

（一）问题情境

（课件演示配音）在一个遥远的地方生活着一头非常美丽的大象。笑笑、淘气和机灵狗都想看看大象长什么样子，于是他们来到了大象生活的地方，看到了大象。回家后他们向智慧老人介绍了大象。

笑笑说："大象是大大的眼睛，长长的鼻子，两个耳朵像蒲扇。"

淘气说："大象是两根柱子上顶个门，门上有一条摆来摆去的长鞭。"

机灵狗说："大象是四根柱子上有一面墙壁。"

智慧老人不解地问："我听说，那里只生活着1头大象，你们怎么看到了3种大象呢？"

他们3人异口同声地说："只有1头大象呀！"

这是怎么回事呢？

（逐一呈现他们所看到的图像，因他们所站的位置不同，所观察到的物体的形状也不同。）

（二）探求新知

（课件演示商场情境）今天，淘气、笑笑、小龙、小强他们又来到商店，在这里他们又看到了什么？（冰箱、冰柜大展销）这次他们分别都站在展销台的哪面？你们能找到他们吗？（找位置）你们有什么问题想问他们？师：那这次他们看到的冰柜、冰箱又是什么形状呢？（学生猜测。）

1. 体验从不同角度观察同一组物体，看到的形状是不同的。

下面我们以小组为单位，用学具模拟布置个小展台，每人选择一个位置坐好后看你面前的这组学具，互相说一说你在什么位置，看到的是什么形状，并完成作业纸。

连线。（学生活动、交流）

正面：　　1.

侧面：　　2.

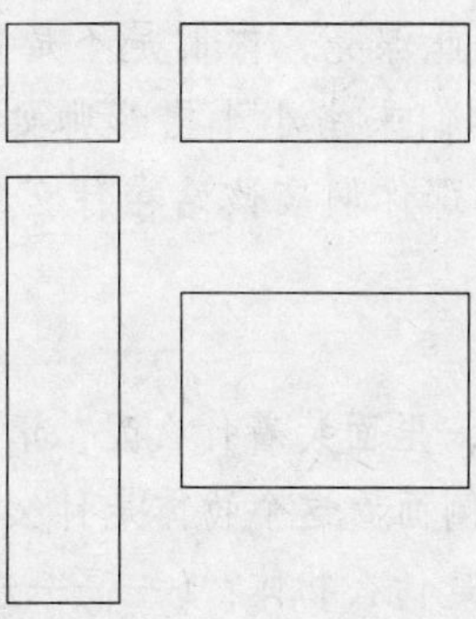

上面：　　3.

结论：从______的角度观察同一组物体，看到的形状是______。

师：你们看得很仔细，如果不停地换位置观察，你们能发现什么？小组内讨论一下。结论：从不同的角度观察同一组物体，看到的形状是不同的。

那么，淘气他们看到的是什么形状？你们能解答了吗？（学生找相应图片）

2. 考眼力：淘气看到大家学得这么棒，有些不服气，想考考你们的眼力，你们接受挑战吗？

（1）（课件演示图形）师：看谁能快速地找出这三幅图是从哪个位置看到的，并写下来。

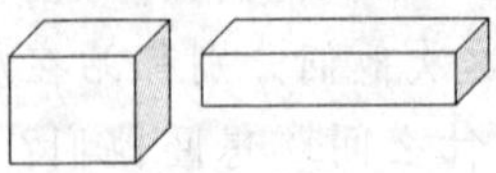

1. ______面

2. ______面

3. ______面

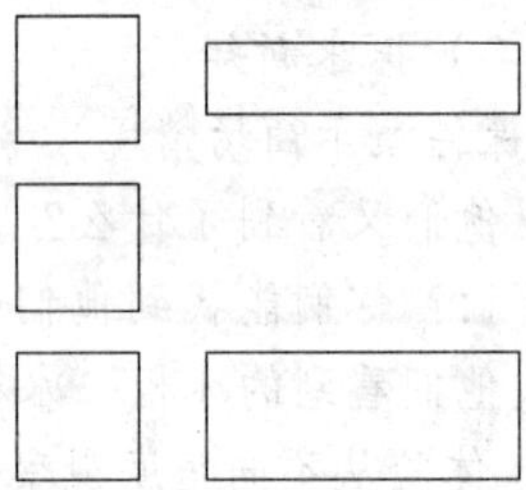

（2）（课件演示照片）淘气还带来了给笑笑和机灵狗拍的照片，你们能说出他拍摄时的位置吗？（正面、侧面）

（三）应用与扩展

游戏一（小小摄影师）：

师：看到别人拍的照片如此漂亮，你们是不是也想亲自拍拍照片？老师和同学来做照片中的人物，你们来当小小摄影师如何？不过老师有个要求：我想要一张我们侧面的照片，那你们应该站在什么位置拍摄？要我们背影的照片呢？……

游戏二（魔术箱）：

智慧老人送来一个魔术箱，里面装着什么呢？请一位同学摸一摸，用语言描述一下如果从上面、正面、侧面看这个物体是什么形状，也可以选择相应的图片来说明，看看谁能猜出来是什么物体？（一高一矮两个并排的圆柱体。）

学生拿出学具验证。

（四）小结

师：小强他们这次去商场不仅开阔了眼界，还增长了数学知识。他和淘气正要回去跟智慧老人讲讲这次的见闻呢。这节课你们有什么收获？谁来告诉智慧老人你的发现？

九、板书设计

正面　　侧面　　上面　　后面

两行各个面的图片（略）

结论：从不同方位观察同一组物体，所看到的形状是不同的。

十、创新特色

本课教学中，教师在情境引入激发学生求知欲后，通过充分的小组实物模拟，使学生有了充分的感知。从而使学生得出结论：从不同方位观察同一组物体，所看到的形状是不同的。在此基础上，学生解决了课前的实际问题。接着由实物转化为抽象想象的直接尝试连线活动，使学生的空间想象能力得到进一步提高，能够顺利解决游戏中的各种实际问题。本课中最具特色的是魔术箱的游戏。这个游戏是针对本课的难点而设计的，关键环节是由图片还原为实物。此时教学达到高潮，学生的好奇心被调动起来。此活动既增强了学生的团结协作能力，又促使学生在提示中分析、处理、整合信息，使几幅抽象的图片在学生的头脑中转化成实物，最终完成了一个圆满的整个过程的循环，真正把抽象的知识又重新运用到生活中去。

第三节　统计与概率

“统计与概率”作为一个独立的学习领域进入小学数学教学还是第一次。为了达到课堂教学的和谐高效，教师对“统计与概率”的教学需要分析并作如下思考。

一、教材中的统计与概率

我国小学数学教材中原来只有统计而没有概率，属于古典统计学范畴，并且只占很小的篇幅。这种情况一方面，可能与我国传统文化重整合轻分析、重人伦轻自然、重义轻利、重道轻器有关；另一方面，在计划经济时期，人们遇到的更多的是确定的现象，没有感受到统计与概率的必要性。而在《标准》中，“统计与概率”受到了前所未有的重视。

首先，在以信息和技术为基础的社会里，人们面临着更多的机会和选择，而数据日益成为一种重要的信息，报刊中大数、百分数、图形、图表出现的比例越来越高便是证明。图表本是统计的一部分，许多大数、百分数本身也是统计或推断的结果，可以说它们背后的理论支持还是统计与概率。学会处理各种信息尤其是数字信息，具有收集信息、整理信息与分析信息的能力，已经成为数字化社会公民基本素养的一部分，统计与概率所提供的“运用数据进行推断”的思考方法，已经成为现代社会一种普遍适用并且强有力的思维方式。在小学进行统计与概率的教学，可以让学生逐步形成统计观念，形成尊重事实、用数据说话的科学态度。

其次，在学习统计与概率的过程中会涉及解决问题、计算、推理以及整数、小数、分数、百分数、图形等许多数学知识，学生学习统计与概率的同时，又复习和运用了原有知识，可以发展学生解决问题的能力。

最后，以不确定性为研究对象的统计与概率有其固有的思想方法，它有别于讲究因果关系的逻辑思维。不少研究表明，如果学生缺乏对随机现象的体验，往往很难建立这一观念。所以，有必要在学生系统地进行理论知识的学习之前，在小学里积累丰富的对随机现象的经验。

二、统计与概率的编排特点

（一）科学安排教学内容，将统计与概率思想作为教材的主线之一

对小学生来说，统计与概率思想是一种全新的思想。而要形成一种思想，则需要日积月累、经验积淀。因此，青岛版教材科学安排统计教学内容，将统计与概率的思想贯穿于整个小学阶段，旨在通过学生在小学阶段的学习，引导学生建立初步的统计思想与方法，形成初步的统计观念与能力。具体体现在以下几个方面。

1. 起步早。

教材从低年级开始安排教学统计知识，以后每册都联系学生的实际情况，安排了相应的内容。如从一年级上册开始，就正式安排教学统计内容，让学生体会收集数据和整理数据的简单方法，初步认识简单的统计图表（象形统计图表），初步感受用统计图表解决问题的过程，为学生形成统计思想打下基础。在二年级上册中开始正式安排有关可能性的内容，让学生在参与“猜贝壳”的游戏过程中，初步感知不确定现象，体会随机现象的本质，同时开始接触概率思想。

2. 分布广。

传统教材通常把统计内容编排成一个单元来专门学习，很少将其循环或与其他领域知识整合。这样的编排，可能有利于学生对知识的掌握，但不利于他们统计思想的形成。因为统计观念不等同于计算、画图等简单的技能，而是一种需要在亲身经历的过程中培养出来的数据感。因此，青岛版教材除专门设置统计内容单元外，还灵活采取以下编排方式，帮助学生逐步形成统计思想。

我学会了吗？

座	只	只	个	个	只	只

涂一涂：把从前面数第4只小鸡涂上红色，把后面的4只小鸡涂上黄色。

图2－23

一是提前渗透。如一年级上册，在“认识10以内的数”和“认识立体图形”练习中，教材分别设计了下面两道题，向学生渗透统计知识与思想，为他们的后续学习打基础。

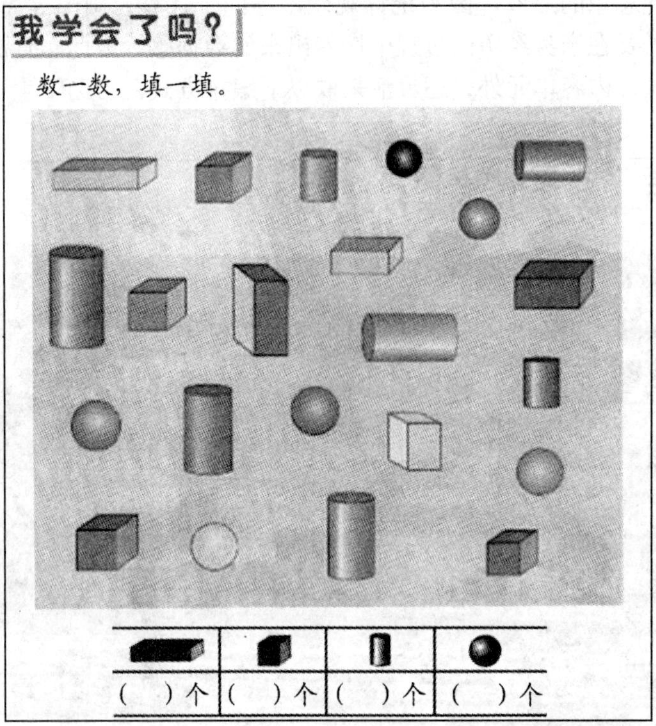

图2－24

二是把统计内容融入到其他领域中。即在非统计内容的单元里，将统计内容循环或与其他领域知识整合。如二年级上册中，在学习6～8的乘法口诀和三年级上册学习“两三位数除以一位数”时，教材以统计表的形式呈现已知条件与问题，将乘法的计算与对统计表的学习融为一体，使学生在巩固和应用新知的同时，进一步体会统计的意义和统计表描述数据的简洁性。如此设计，还活化了练习形式，沟通了知识间的内在联系。

三是将统计内容延伸到实践活动中。除以上编排方式外，教材还非常注意将统计内容与实践活动相结合。如一年级上册“大蒜有几瓣”、二年级上册“我身上的小秘密”、二年级下册“户外活动”等课程。这些课程及活动让学生亲历统计的全过程，深刻体会统计的作用和价值，学会从统计的角度去观察、思考和研究问题，形成统计意识。

（二）精心选取现实性素材，凸显统计的现实意义

《数学课程标准解读》提出：在小学阶段，除了让学生学习最基本的统计知识和技能外，统计的教育价值更多地表现为培养学生的统计意识和遇到实际问题时用数据说话的科学品质。基于此，青岛版教材选取了大量现实性素材，让学生感受统计与现实生活的联系，体会统计的现实意义。

如四年级下册中，教材以威海参评联合国“人居奖”时所统计的真实数据为素材来指导学生学习折线统计图（见图2－25）。窗1，呈现的是威海市1998年至2002年市区环保建设情况统计表，背景图是一张报道威海市获联合国“人居奖”的《威海日报》；窗2，提供了两个统计表，承载的信息有：从1998年至2002年垃圾无害化日处理吨数、排水管道、新水取水量、道路保洁地面面积及威海市1992年至2002年人均公共绿地面积情况。如此创设情境，突出事件的真实性，也使教材版面充满活力，富有人文特色。除信息窗外，在练习中，教材也选取了许多现实性素材，如建国以来我国沙尘暴次数统计、我国互联网发展情况、山东省小学生在校人数情况统计等。

（三）给足空间，改变学生的学习方式

《标准》指出：“学生应当有足够的时间和空间经历观察、实验、猜测、验证、推理、计算、证明等活动过程。教师教学应该以学生的认知发展水平和已有的经验为基础，面向全体学生，注重启发式和因材施教，为学生提供充分的数学活动的机会。”按照这一理念，青岛版教材在统计与概率部分内容的编写上还重视了以下几点。

1. 合理地运用迁移规律，为学生提供探究新知的空间。

促进学生学习的正迁移，是每位教师追求的目标。因此，教材在编写时，注意为学生提供探究新知的空间，帮助学生顺利实现知识与技能的迁移，提高学习效率。如在四年级下册统计单元学习折线统计图时，由于学生在三年级时已经学过条形统计图，因此，教材有意在这里设置了一个空白处，引导学生用已学过的条形统计图来表示，从而引出另一种表达方式，过渡到对折线统计图的学习。这样，原有知识为学习新知作铺垫，而对新知的学习又进一步加深了学生对原有知识的理解。这种良性循环的设计思路，对提高学生的学习能力和学习水平大有益裨。

合作探索

1998-2002年垃圾无害化日处理能力的变化情况怎样呢?

我用条形统计图来表示。

威海市1998-2002年垃圾无害化日处理能力变化情况统计图

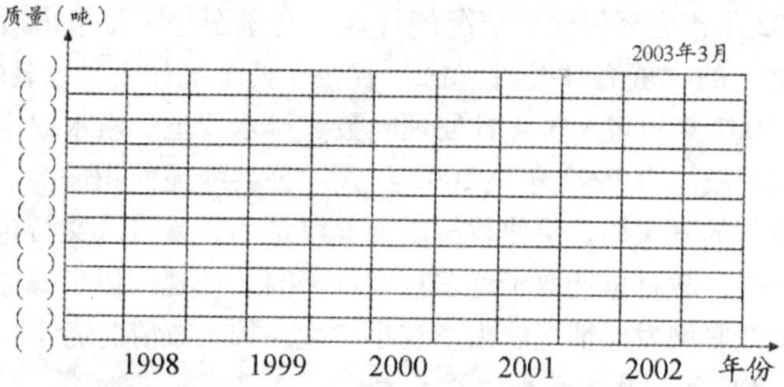

还可以用折线统计图来表示。

威海市1998-2002年垃圾无害化日处理能力变化情况统计图

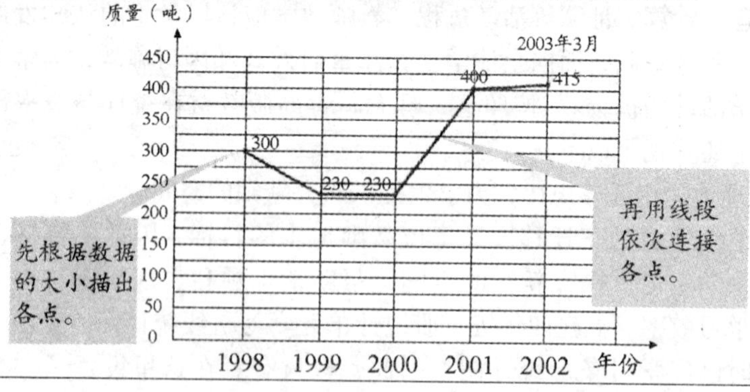

图 2－25

2. 设置“挑战性”的问题，为学生提供发展思维的空间。

挑战性问题不但能够激发学生的求知欲望，更重要的是它能促进学生思维能力的发展。青岛版教材创设了许多带有挑战性的问题。如四年级统计单元中的“我学会了吗”是一道统计幸福街小学教师普通话考试成绩的题目，其中第（3）题：你能分析一下一年级和二年级教师本次测试的成绩吗？学生可以按照自己的标准评判成绩的好坏，可以依据得高分人数的多少来评判，还可以依据大多数人得分多少来评判，以低分人数的多少来评判也可以，答案不是唯一的，学生可以多维思考。

3. 设计调研活动，为学生提供参与完整的统计活动的空间。

要让学生真正理解并合理使用收集数据、整理数据和分析数据的方法，最有效的途径是让他们真正投入到完整的数据统计活动中去，将统计知识和方法融入解决实际问题的过程中。为此，青岛版教材特意设置了许多“小调查”和“小课题研究”活动，旨在引导学生经历统计的全过程，掌握统计方法，提高统计能力。

如小调查：

14. 你每天分别在什么时间起床和睡觉？先在小组内统计一下，再在全班交流。

××小组起床时间统计

早上6：00以前起床的	
早上6：00－6：30起床的	
早上6：00以后起床的	

××小组睡觉时间统计

晚上9：00以前睡觉的	
晚上9：00－10：00睡觉的	
晚上10：00以后睡觉的	

××班起床时间统计

起床时间	早上6：00前	早上6：00－6：30	早上6：30以后
人数			

××班睡觉时间统计

睡觉时间	晚上9：00前	晚上9：00－10：00	晚上10：00以后
人数			

在表中你发现了什么？和同学交流一下。

小课题研究：

9.

单脚站立时间最长的人

1997年5月22日至25日，在斯里兰卡的德维公园露天体育场，阿鲁兰纳萨创造了单脚站立76小时40分钟的纪录。

第__小组“单脚站立时间”统计表

姓名				
站立时间（分）				

平均每人大约能站多长时间？与其他小组比较一下。

（四）注重统计观念的培养，提高学生的统计素养

美国著名统计学教授莫尔认为：“统计与概率的教育功能主要指向于培养学生的随机思想和统计观念，促其学会更辩证地、更理性地、更科学地审视多彩的大千世界和纷繁的社会生活，分析、探究各种事物的偶然性与必然性的关系，寻求它们由数量上体现出的规律与本质性，并能就其发展态势做出合理的预测。”华东师范大学陈昌平教授认为：“统计教学的重点应当是让学生建立随机观念，而不仅仅是知识本身。”可见，在统计教学中，培养学生的统计观念尤为重要。那么，青岛版教材是如何将对学生统计观念的培养落到实处的呢？

1. 突出统计的必要性。

一是从解决问题的需要方面体现统计的必要性。青岛版教材统计活动的设计宗旨是“不是为了统计而统计”，而是通过统计活动，揭示事物的规律或解决实际问题。如一年级上册第八单元“我又换牙了”，通过对全班学生换牙颗数的统计，既让学生初步体验了数据的收集、整理、描述及分析这一统计的过程，又充分地体现了统计的必要性和价值，即：学生在亲历统计的活动中，知道大多数同学换几颗牙，最多换几颗，最少换几颗，从中发现规律性的东西。

二是从扩展知识结构的需要方面体现学习统计方法的必要性。为了体现学习新知的必要性，教材力求创设冲突的背景，使学生感觉到原有的知识经验解决不了新问题，产生扩展知识结构的需要和探究欲望。如四年级学习复式分段统计表时，根据学生已有经验，教材按照“单式表—（太乱，无法比较）—复式表（难以比较）—复式分段统计表（很容易比较，一眼就能看出）”的编排顺序，由已知到未知，由浅入深，把拓展知识结构的必要性充分体现出来，使学生对复式分段统计表的认识更加深刻。

2. 突出统计的决策作用。

“解释统计结果，根据结果做出合理的决策或预测”是《标准》提出的统计教学的主要目标之一。为了落实这一目标，教材不惜笔墨，充分体现统计的决策作用。

一是在“问题”的创设中体现。如在四年级“小篮球队——平均数”单元信息窗 3 学习复式分段统计表时，教材没有直接提出“你能用统计表表示出哪个队的弹跳力好吗”这样思考含量较低的问题，而是巧妙地提出：“哪个队的弹跳力好呢？”前者更多体现在完成图表和计算层面，不利于对学

生统计观念的培养；后者则启示学生要做出决策或判断，需要先找出解决问题的方法，这个方法就是统计，体现了统计对决策的作用。

二是在收集、描述和分析数据的活动中体现。学生要建立“统计观念”，必须亲自投入到运用统计解决实际问题的活动中，以逐步积累经验，并最终将经验转化为观念。如三年级的“长大我也去航天——条形统计图”单元要解决的问题是“我们能转几圈”，而教材没有给学生提供现成的数据，要想完成学习任务，学生必须通过现场亲自开展转圈活动，现场收集数据、整理数据、分析数据，才能做出合理的判断。

三是在开放性练习中体现。以四年级教材为例：信息窗1练习第1题（4）“你认为哪些月份到该地区旅游比较好”。这一问实际上是让学生根据两幅统计图所描述的温度和降水量的变化情况，预测哪些月份的气候比较适合旅游，以体现统计的预测作用。第2题（2）“推测小彬第8周的成绩，并在图中表示出来”和信息窗2练习第4题（3）“2004年驾校可能培训学员多少人”。这两道题的设计，也是为了培养学生的预测能力。信息窗2练习第1题（2）是“查阅有关资料，了解青少年每日睡眠时间为几小时比较合适，并向同学们提出合理化建议”。要回答这个问题，学生首先要收集信息，再对数据进行整理、分析，然后做出判断，最后才能提出合理化的建议。设计此题的目的，也是为了体现统计的决策作用，提高学生的决策能力。

（五）强化概率内容的试验性和应用性，让学生在体验中建立概率模型

1. 让学生在动手操作中体会概率内容的试验性。

对小学生来说，不确定现象是一个陌生的概念，学习起来难度较大。因此，教材注意结合生活中的具体情境，让学生直观地认识不确定现象，初步体验事件发生的可能性大小，并通过动手试验，在操作中感受不确定现象的特点。如对三年级“摸名片——可能性大小”单元信息窗第1个红点的学习，学生通过试验，知道了事件发生的可能性是有大小的。在学习第2个红点时，学生凭经验可能直接判断出摸到男生名片和女生名片的“可能性一样大”。但是，要让学生体验可能性的本质，动手试验是必不可少的。因此，教材再一次设计了摸名片的活动，按照“先猜—再摸—后统计”的流程，让学生反复地多次试验，最后得出正确的结论。关于可能性的试验活动，不但在第一学段是重要的，到第二学段学习可能性的量化描述时，试验活动对理解可能性数值也起着重要的支撑作用。

2. 让学生在解决问题的过程中体验概率知识的应用性。

解决问题是数学活动的核心。为此，创设有效的问题情境，引导学生围绕着要解决的问题，积极参与到试验、验证、推理和交流等数学活动中，体验概率知识的意义及其应用性，消除对概率知识的陌生感和抽象感，这会对他们后续学习起到一定的激励作用。如，在“下跳棋——可能性”单元，教材创设了“摸棋子决定谁先走子”的情境，通过解决“谁先走”这一实际问题，引入对“用分数表示可能性大小”知识的学习。在“谁先上场—可能性”单元，教材创设的情境是“为每个年级设计一个方案决定各班出场的顺序”，通过解决“怎样为一年级设计一个决定各班出场顺序的方案”这一实际问题，引入对“根据可能性大小设计方案”知识的学习。

三、和谐高效课堂的教学策略

（一）让学生亲身经历统计的全过程

小学阶段统计教学的核心目标是发展学生的统计观念。建立统计观念最好的办法是让学生经历完整的收集、整理、描述、分析的统计全过程，让学生明白为什么要做这些。

第一，是收集数据的环节。首要的一个问题是应该收集什么样的数据？显然，应该收集能够客观反映背景的“好”数据，这是决定统计成败的关键。要获得“好”的数据，首先就要尽可能多地利用对实际背景已有的经验。比如，要预测某一天的天气情况，我们可以收集历史上相应的天气的数据。以下两种方法哪种更恰当呢？一是收集近三十年该日期的天气情况，二是收集近三十年来相似卫星云图的天气情况。根据我们的经验，“天气情况与卫星云图有很大的相关性”，我们就会选择后者。其次要采用简单的方法。简单的方法往往可以节省很多统计成本。这方面有一个很经典的统计案例：1997 年香港回归，民心民意到底如何？只收集一项数据的调查（回归前后市民关于“你是哪里人”答案的比较）就很好地回答了这个问题。利用简单的方法把握纷繁复杂的现象背后的本质，这一切依赖数学化。

第二，是数据整理的环节。在这个过程中，统计图表的格式和绘制规则是必不可少的，但绝对不是整理数据的全部。计算机的广泛使用，让统计教学的重心转移，即数据整理后首先需要面对的是选择什么样的方式呈现，这就需要学生通过观察、比较、讨论等活动，对各种统计图表的特点有一个明确的认识。

第三，是数据描述的环节。主要包括对集中趋势的描述和离中趋势的描述两部分。集中趋势，就是指整体水平，一般用平均数来表示，有时也用众数、中位数等来描述。这里，需要强调平均数的统计意义。首先，它是一组数据的代表数值，可以用来说明这组数据的整体水平或典型情况；其次，它可用来进行数据之间的比较。教师在教学时要重视学生对平均数意义、特点的把握，注重他们对其统计含义的理解。学生往往因为对平均数和通常的“平均分”分辨不清，不理解平均数的假设性，误以为可以真正地移多补少。这导致学生常常有这样的困惑：“平均每户3.1人，人数怎么会有小数呢?”“足球比赛比分是2:4，平均每队的进球数是3，两队是对抗性的，怎么可以平均呢?”

第四，是数据分析的环节。信息时代，生活中充斥着各种数据，经过形象化处理得到的统计图表，给人们带来了很大的视觉冲击，所谓的“读图时代”便源于此。人们为了能在这个“读图时代”更好地生存，就必须能从大量的“图”中获取有用的信息，做出独立的分析，并理智地对待新闻媒介、广告等公布的数据，对数据的来源、收集方法、呈现方式、由此得出的结论进行合理的质疑。

数据统计的全过程有数据收集、数据整理、统计制表、分析数据、得出结论五个环节，其中分析数据是重要环节。对统计知识的教学不是对一个个知识点的传授，也不是一种种技能的训练，重要的是一种意识、一种思想的滋润。所以说，统计并不是“计算加制图、制表”，建立统计观念是统计教学中最重要的。

（二）在实验中教学概率知识

教材设计了学生的实验让学生体会可能性。在教学实践中我们常常发现，学生凭借经验就能判断，这样的情况下，是否还需要做实验呢?

第一，学生学习概率的一个重要目标是体会随机现实的特点，即在相同的条件下重复同样的实验，其实验结果不确定，以至于学生在实验之前无法预料哪一个结果会出现。为了达到这一目标，进行概率实验是不可或缺的。

第二，大量随机事件发生的概率是不能依靠计算得出的，实验是获取概率的更一般的方法。陈希孺先生指出：“一事件出现的可能性大小，应由在多次重复实验中其出现的频繁程度去刻画。”

第三，概率实验可以帮助学生澄清一些误解。

随机性是可能性教学中的一个基本观念，它包括两个方面：①单一事件的不确定性和不可预见性；②事件在经历数次重复实验中表现出规律性。前者看似简单，但对只接触确定性数学的低年级学生而言并不简单。教师特别关注学生可能的潜在的错误直觉，让学生充分积累对不确定性的直观感受，把工夫下在了学生随机观念的建立上，把住了可能性教学的脉。要用一个正确的概念来代替一个错误，用第二直觉来代替第一直觉，用一个数学模型来代替直观评判是非常困难的，信念和概念的改变是缓慢的。李俊等学者的研究都显示，学生在正式开始学概率之前就已经形成一些错误概念了，在学概率期间还有可能产生新的错误概念，学习结束之后可能还存在某些错误概念，即便教学是基于对错误概念了解之上，某些错误概念还是顽固得难以消除。概率说理有一个特殊问题，那就是它有时会与因果的、逻辑的、确定性的思维形成冲突，如果仅用口头说教的方式是难以改变学生直觉的。因此，教师就该创造情境，鼓励学生用真实的数据、活动以及直观的模拟实验去检查、修正或改正自己对概率的认识。实验不仅要做，而且要多次做。

（三）在实验过程中探究

不管是教学统计，还是教学概率，往往需要做实验来验证。在实际的教学中，很多情况下学生只是充当了“操作工”，学生的活动只是在按教师的要求进行，只是在执行教师的一个个指令，而不是一种真正自觉的行为。这样的实验缺乏主动性、探究性，思维含量不高。

如“可能性的大小”这部分内容，有的教师在教学时，先对解决问题的方法达成了共识：用摸球的方法进行判断，哪种颜色的球被摸出的次数多，说明这种颜色的球的个数可能就多。此时的动手实验目的明确，自然成为学生的自觉行为。在这一过程中，学生思考着解决问题的办法，不断提出新的想法，并通过动手实践探索问题的答案，最后打开盒子进行了验证。学生不仅感知了不确定性和可能性的大小，而且在探索活动中学到了科学探究的方法，发展了合情推理的能力。针对学生常常可能根据自己的经验和直觉来判断事情的发生与否，以为“不太可能就是不可能，很有可能就是必然”，将可能发生与必然发生混淆起来这种普遍存在的错误，教师在学生已经获得结果的情况下，进一步引导学生思考：“如果把这几个球放回去，再摸一次，会摸到什么球?”“会不会一定是白球?”以此来促使学生深入理解事情发生的确定性与随机性。可见，教师设置认知冲突、预留思维空间，更多的是引导学生自主进行思维活动，很好地体现了“数学教学是数学思维活动的教学”的思想。

总之，要想有效地教学概率和统计，就要增强教师的知识背景，增加他们对概率统计的概念的理解，正视学生和教师关于概率统计的认识。

附："统计与概率"领域"和谐高效思维对话"型课堂教学设计

设计一：

统　计

芝罘区葡萄山小学　都丽丽

一、教学内容

《义务教育课程标准实验教科书·数学》（青岛版）一年级下册第85页。

二、教材分析

本课是在学生学习了"我换牙了——统计"的基础上来进行学习的，是把学生已经认识的象形统计图和简单的统计表抽象为简单的条形统计图和统计表。本课借助"统计鞋码"这一有趣、真实的情境激发学生参与统计活动的兴趣，让他们感受统计的必要性和价值，培养学生初步统计的意识；使他们逐步体验收集数据、整理数据、涂统计图、填统计表、分析解决问题的全过程，而且能根据简单的统计图、统计表中的数据提出并回答简单的问题，为他们今后进一步学习统计打下基础。

三、学情分析

教学时，教师可充分利用学生已有的知识和生活经验组织实践性活动，让学生体会统计的必要性，经历数据收集、整理和分析的过程，感受统计是解决问题的一种策略，能在遇到有关问题时自觉想到可以用统计的方法加以解决，初步形成统计意识。此外，在收集数据的过程中，教师虽然不限制或指定某种收集的方法，但要注意启发引导学生对各种方法进行比较，加强对画"正"字法的理解。认识简单的条形统计图时，要帮助学生正确地理解"一格代表一个单位"的含义。

四、教学目标分析

1. 让学生初步学会使用适当的方法收集数据，学会用简单的统计表和条形统计图整理数据。

2. 让学生通过实例，认识简单的统计表和条形统计图（一格代表一个单位），能根据统计结果提出和回答简单的问题，并能与同伴交流。

3. 让学生结合现实情境，经历简单的统计过程，体会初步的合作意识和解决问题的能力。

五、教学要点分析

教学重点：学会用画“正”字等方法收集数据，以及认识简单的条形统计图（一个格代表一个单位）。在教学中注重开展实践活动，灵活运用教学资源，加强方法指导，让学生在活动中体验统计的过程。运用好小组合作的学习方式，培养学生的合作意识和能力。

六、过程设计

（一）创设情境

1. 师生交流。同学们，学校下周要开秋季运动会，你们要进行队列表演。

2. 引出鞋号。为了这次队列表演，同学们需要统一的运动鞋，要买到合适的鞋，应该先知道什么？（鞋号）

3. 介绍鞋码。鞋号也叫鞋码。课前，小组长已经调查了本组内每个人的鞋码。（由小组长将调查好的鞋码交给老师）

【设计意图：由学生进行队列表演需要购买统一的运动鞋这一情境，使学生感悟到要解决这些问题，就应该去收集数据和整理数据，体验统计的必要性。】

（二）收集数据

1. 收集数据的方法。

教师提出问题：到底每种鞋码各有多少人呢？（让学生交流自己的方法。挨个数，念一念，记下来。）

2. 记录的方法。

提问：怎么来记录呢？（小组商量选一种大家认为又快又准的方法。）

小组学生讨论后，小组长把方法写到黑板上：√、○、□、△、☆……

3. 优化方法。

师：比较一下这几种方法，你们认为哪种方法记起来又快又准，为什么？（学生发表自己的意见。）

4. 确立方法。

师：用自己认为最简单的方法来记录。老师也来统计，比一比，看谁听得认真，记得仔细，一个也别记错。（一个学生念鞋号，一个学生做监督员，其他学生在记录纸上记录。）

5. 汇报统计结果。

(1) 师：谁先给大家介绍一下你是怎么记录的？

(2) 师：大家觉得这种方法怎么样？

(3) 师：他记录的每种鞋号的人数对吗？不对的赶紧改过来。还有不同的记录方法吗？(将不同的记录方法各选一种贴在黑板上。)

6. 师：介绍画“正”字法。

(1) 师：老师也有一种好方法，你们想知道吗？老师是用画“正”字的方法来统计的。“正”字正好是5笔，画完一个“正”字就代表5个人。

(2) 师：大家比较一下，老师的这种方法好不好？好在哪？(学生自由发言。)

小结：用画“正”字的方法进行统计，简单、整齐，在整理数据时，可以5个5个地数，使计算简便。

【设计意图：本环节放手让学生用自己的方法收集本组内每个学生的鞋码，并做好记录。教师让学生在调查活动中经历数据的收集和整理的过程，并能用自己喜欢的方法把调查结果记录下来。然后，小组展示调查的结果和记录的方法，通过交流，相互启发，并比比哪种方法既清楚又方便，使学生在经历统计的过程中，体会表达和表示数据的不同方式。】

(三) 整理数据

1. 利用统计图统计。

为了更清楚地看出每种鞋号的人数，我们可以把调查结果整理一下制成统计图或统计表。你们知道用统计图的方法怎么统计吗？

(用涂小格的方法，一个小格代表一个人。)

2. 学生独立完成统计图和统计表。现在就请大家根据刚才的记录把统计图和统计表填好。

3. 学生展示。师：谁来展示一下？

4. 观察统计图。

(1) 师：你们发现了什么？(引导学生对统计图进行分析。)

(2) 小结：通过看统计图，我们一眼就能看出哪种鞋号人数最多，哪种鞋号人数最少。这就是统计图的最大优点。

5. 师：现在再来看统计表，你们能知道什么？你们能提出什么问题？

【设计意图：本环节所设计的开放性的问题——“你们能知道些什么”、“你们能提出哪些问题”等，鼓励学生自主探索，畅所欲言，引导学生对“我们的鞋码”统计图表进行分析、讨论，激发学生主动地发现并提出“穿各种鞋号的各有多少人”、“穿哪个鞋号的人最多，穿哪个鞋号的人最少”、

“（ ）比（ ）多几人，（ ）比（ ）少几人”等三个层次的问题，培养学生利用统计数据的意识及初步的分析、比较的能力。】

（四）实际运用

1. 教师取出玩具小狗、汽车、飞机、小熊，请每个小组统计一下，本小组同学最喜欢的玩具（每人只能选一种），并且填写统计表。

本组最喜欢的玩具统计表

玩具	小狗	汽车	飞机	小熊
人数				

第___小组填

2.（1）师：请根据这张统计表把下面一张统计图（图略）用水彩笔涂一下。涂的时候应是从下往上涂，还是从上往下涂？为什么？

（教师告诉学生，我们数统计格子时，是从下往上一格一格数的。）

（2）师：涂的时候有什么好办法能涂得又快又对？

（学生交流：数出来的格子做上记号再涂色，不至于出错；从下往上数够5个画一个横线，然后把余下的格子涂满就可以了。）

【设计意图：使学生明白统计在实际生活中应用是非常广泛的。涂色的时候，学生一般按照具体统计数字一个一个往上涂，教师设计的问题旨在让学生找出更为方便合理的方法。】

（五）实践作业

掷硬币50次，用你们喜欢的方法记录下来。

1. 进行掷硬币的活动，记录每次的情况，然后将记录的情况整理在简单的统计表中。

2. 根据统计表整理成统计图。

八、创新特色

本课设计力求体现以下特色。

1. 用儿童熟悉的生活经验组织活动。目的是：①引起学习兴趣，组织学生主动投入学习；②提供学习背景和数学素材。

2. 分析、提取活动中的有关数据，在一定的坐标位置上显示这些数据，并形成统计图雏形。

3. 借助统计图对学生进行有关统计思想的教育。

设计二：

平均数

莱州市第二实验小学　徐树东

一、教学内容

《义务教育课程标准实验教科书·数学》（青岛版）四年级上册第131～133页。

二、课标分析

平均数是一个统计术语，求平均数也是统计学的一种基本方法。《标准》中明确指出，应“避免单纯地对统计量的计算，要注重对统计量的意义的理解，要淡化对纯计算的考查”。所以，教师应让学生全面地、深刻地认识平均数的统计意义与现实价值，从而为今后学习更为复杂的统计知识奠定良好的基础。

三、教材分析

本节内容是学生在学习了简单统计知识后来学习的，主要学习内容是一种新的统计量——平均数，这是学习选择统计量描述数据特征的开始，也是进一步学习统计知识的基础。在学习平均数的意义时，教材没有直接引入平均数的概念，而是以篮球比赛这一学生非常喜欢的体育项目为素材，创设了这样一个问题：“下一个派谁上场呢？”引发学生的思考：如果根据得分的多少选派运动员的话，应比较哪个分数？学生在探索和交流中发现：因为两人上场的次数不同，比较总分不合理，比较某一场的得分不科学，只有比较平均分才公平，因此，体会学习平均数的必要性。然后学生通过学习平均数的计算方法，进一步加深对平均数意义的理解。教材的编排具有很强的趣味性和现实性，有利于激发学生参与学习活动和解决问题的积极性与主动性。

四、学情分析

学生思维活跃，表现欲强烈，喜欢“有挑战性”的学习任务。另外，他们在生活中已有一定的生活经验，对平均数的意义及平均数在现实生活中的应用也有了不同程度的了解和认识。所以，在教学中，教师要努力创设情境，让他们有机会展现自我，并挖掘生活中的数学问题。

五、教学目标分析

1. 通过学生自主探究，理解平均数的意义，掌握求平均数的方法，学会求平均数。

2. 让学生经历探究求平均数的过程，培养他们操作、观察、归纳、概括和自主探究的能力。

3. 培养学生在探究活动中获得积极的情感体验和合作意识，激发他们学习数学的兴趣，增强他们学好数学的信心。

六、教学要点分析

教学重点：理解平均数的意义，掌握求平均数的方法并能灵活运用所学知识解决实际问题。教学难点：对平均数意义的理解。

教学中应注意的问题：（1）结合实例，强化理解："平均数"只能反映一组数据的整体水平，它是一个"虚拟的数"；（2）注意"平均数"与"平均分"的差别；（3）避免简单的平均数计算，让学生在问题解决中，加深对"平均数"意义的理解。

七、教学准备

课件、小正方体、学习评价表。

八、教学策略设计

《标准》指出："应注重所学内容与现实生活的密切联系，应注重使学生有意识地经历简单的数据统计过程，根据数据做出简单的判断与预测，并进行交流。"因此，在设计教学活动时，教师应注意安排一些与学生生活、社会活动有关的现实问题，引导学生做出判断与预测，加深对"平均数"意义的理解。

《标准》同时指出："要创设与学生生活环境、知识背景密切相关的，又是学生感兴趣的学习情境，让学生在观察、操作、猜测、交流、反思等活动中逐步体会数学知识的产生、形成与发展的过程，获得积极的情感体验。"简言之，也就是说在学习活动中，要注重学生的参与，强调对学生知识体系的构建，让学生在问题情境中、在合作探索中、在参与活动中"生成"知识，形成能力。基于这一指导思想，教师在设计教学活动时，应尽量创设与学生生活联系密切、学生比较熟悉的问题情境，在活动中注重引导学生的参与、合作、交流，让学生经历知识产生、形成的全过程。

九、过程设计

（一）创设情景，提出问题

课件展示校园篮球场上四（1）班和四（2）班篮球比赛的精彩片段

［四（1）班的比分明显落后］，学生观赏。

提出问题：假如你是四（1）班的教练，这时你准备怎么做？你在换运动员上场时，会考虑哪些因素？

出示两名运动员在小组赛中的得分情况统计表。

	第一场	第二场	第三场	第四场	第五场
7号	9	——	11	13	——
8号	7	13	——	12	8

教师引导：现在就请你当教练，根据上面统计表中的数据，你会选谁上场？说出自己强有力的理由来！（学生充分讨论，发表自己的意见。）

【设计意图：数学是从现实世界中抽象出来的，贴近生活去学数学，是最能调动学生学习积极性的。教师恰当运用 CAI 课件，把学生带入一个熟悉且比较喜欢的真实的生活情境之中，让学生身临其境，自己提出在比分落后的情况下“需要换人”这样一个生活化的问题，不但一下子激发了学生积极参与的兴趣，培养了学生的问题意识，而且在不知不觉中引发了学生的思考。小组赛中得分情况统计表，又将生活化的问题转化为根据“平均分”换人这样一个数学问题，使学生感受到引入平均数的需要，为下面的探索活动提供了动力，明确了方向，使学生进入“心求通而未得，口欲言而未能”的境界，激发了他们的探求欲望。】

（二）解决问题，探求新知

师：怎样计算7号和8号队员的平均分呢？下面请同学们根据统计表中的数据和手中的操作材料，展开小组合作，共同来探讨。注意：一个小正方体代表1分。看哪个小组最先完成！

1. 小组合作探求算法。

2. 汇报交流。

操作法：重点让学生把移多补少求平均数的方法讲明白。

教师小结：刚才这两位同学都是在总数不变的情况下，把多的移走补给了少的，使它们变得同样多，这个同样多的数就是它们的平均分。

计算法：重点让学生理解，除了可以用移多补少的方法求出平均分，还可以先求出队员各场得分总数，再除以队员上场的次数，也可以得出每个队员的平均分。

小结：同学们通过自己探索，解决了选谁上场的问题，7号队员的平均分是11分，高于8号的平均分10分，所以应选7号上场。同学们还知道求平均数有两种算法，数据少的时候可以用移多补少的方法，当数据多的时候，用计算的方法会更方便。（同时板书课题和算式。）

$(9+11+13)\div 3=11$（分）　$(7+13+12+8)\div 4=10$（分）

【设计意图：学习过程充满了自主性、探索性和合作性。教师充分发挥学生的主体作用，放手让他们在开放的空间里运用手中的材料动手操作、自主探索、解决问题。这既是一个学生自我探究的过程，也是一个相互交流的过程。教师只是以参与者、合作者的身份融于他们的活动中，和他们平等相处，及时获取反馈信息，引领学生归纳概括出平均数的计算方法。】

3. 理解平均数的意义。

对10分的理解：你对10分这个数是怎样认识理解的？与他的各场得分相比较，你有什么发现？10分是他哪一场的得分？

对11分的理解：11分是7号运动员第三场的得分吗？为什么？这个分数是什么？

小结：平均数比大数小，比小数大，介于二者之间，它不是一个实实在在的数，它可能存在于一组数据之中，也可能不存在，它能较好地反映一组数据的整体水平。（板书：比最大数小　比最小数大　较好地反映一组数据的整体水平）

【设计意图：学生在亲自感受中，用自己质朴而稚嫩的语言道出了他们对平均数意义的理解，虽然这只是初步的，但却是非常有价值的。】

（三）实践运用，体验生活

在生活中你见过平均数吗？

学生列举日常生活中见到的平均数的例子。

在我们的生活、生产以及统计过程当中，用到平均数的几率是比较多的，因为它能帮助我们了解事物的整体水平，分析存在的问题。

1. 计算平均成绩。

算一算

王红在一次考试中，语文97分，数学63分，外语92分，三科成绩的平均分是多少？

他们的平均成绩是多少？

评价时教师问：看着王红的成绩，你想对她说点什么？

2. 不用计算，估一估他们的平均身高会是哪个答案。让学生谈观点，以加深对平均数意义的理解。

选一选

第一小组6个学生身高统计表如下：

姓名	小方	小红	小明	小亮	小峰	小华
身高（厘米）	142	140	140	137	152	135

估一估，这组学生的平均身高。

A. 小于135厘米　　B. 大于152厘米

C.在135厘米~152厘米之间

3. 拍球比赛。

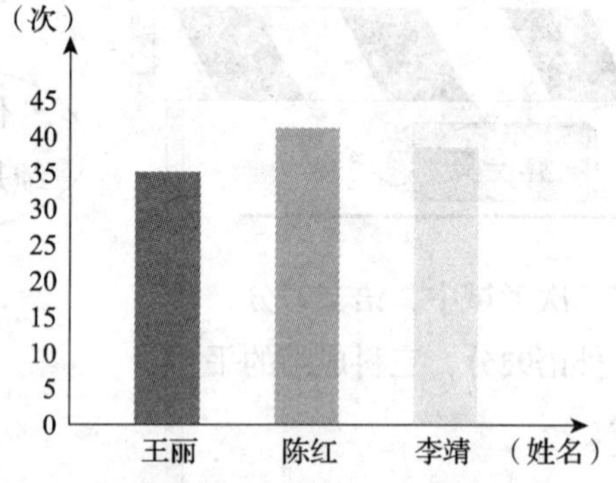

一分钟拍球比赛成绩统计图

先不计算，同学们估一估他们的平均成绩可能会是多少次？然后用自己喜欢的方法计算一下，他们的平均成绩是多少次？

4. 过河问题。

让学生充分讨论身高 145 厘米的小华要过平均水深为 110 厘米的小河到底有没有危险，在讨论的过程中进一步感受平均数的意义。

师：通过对这个题目的思考，你觉得应该对同学们说点什么？没错，老师希望同学们每天都能安安全全地到学校，平平安安地回家。

【设计意图：练习设计由浅入深，形式多样，能紧密联系现实生活实际，

不仅使学生加深了对本课知识的理解，同时提高了学生运用知识解决实际问题的能力。】

（四）评价总结，拓展延伸

通过本节课的学习，大家肯定都想知道自己表现如何。请拿出学习评价表，给自己一个诚恳的评价吧！

附表：学习评价表

你们认为本节课自己表现得怎样？请在相应栏目中填上相应的分数，并算出平均分。（优秀 90 分、良好 80 分、一般 70 分）

项目	提问题能力	发言情况	自主探究能力	小组合作情况	对平均数意义的理解	平均分
得分						

小组交流后请两个学生展示。师：看着自己的评价表，你想对大家说点什么？你觉得本节课有什么收获？

教师评价：其实从平均分可以看出你整节课的表现还是非常不错的！老师相信在评价过程中大家又一次地加深了对平均数的理解。

【设计意图：让学生自我评价，增强学生学习数学的自信心。教师通过让学生自己给自己打分及计算平均分这一活动，既强化了本课所学的新知识，再现了“求平均数”在生活中的实际应用，又体现了课程标准倡导的评价形式多元化的思想，同时还为随后的课堂小结作了巧妙的预设，可谓“一举三得”。】

十、板书设计

求平均数

移多补少法：　　　　　　计算法：

找差数，移大数，补小数。　7 号动员平均得分？　8 号动员平均得分？

$(9+11+13)\div 3$　　$(7+13+12+8)\div 4$

$=11$（分）　　$=10$（分）

比最大数小　比最小数大　平均数能较好地反映一组数据的整体水平。

十一、创新特色

本课设计主要突出了四个方面。一是注重了过程的体验，让学生经历了知识“发生—发展—形成”的全过程；二是强化了对“平均数”意义的理解，避免了原来教学中只注重计算平均数的倾向，结合实例让学生理解，“平均数”不是某一个具体的数，它反映出的是一组数据的整体水平；三是体现了问题解决策略的多样化，引导学生用不同方法解决求平均数的问题；四是注重与生活、现实的联系，选取现实问题让学生分析解决，突出数学与生活的联系。

设计三：

复式分段统计表

龙口市润新小学　宋玉姬

一、教学内容

《义务教育课程标准实验教科书·数学》（青岛版）四年级上册第 141 ~ 142 页。

二、教材分析

本课是在学生对复式统计表已有一些粗浅认识的基础上安排的。内容是从简单的单式统计表过渡到一般复式统计表，再由一般复式统计表过渡到复式分段统计表。

三、学情分析

学生通过观察情境图，比较两队的纵跳成绩单，提出问题“哪个队的弹跳力好呢”进行解决。学生可能想到求平均数，教师要在教学中进行引导，平均数能比较出两个队的总体水平，想知道两个队的队员弹跳力的具体差异，就要对数据进行整理。以小组为单位进行学习，教师要让学生自主探讨解决问题的方法，然后组织学生交流、分析，从而得出复式分段统计表，能全面分析两队的弹跳水平。

四、教学目标分析

1. 让学生结合具体事例，学会复式分段统计的方法，并能根据分段统计的结果做出分析与判断。

2. 让学生在实际探索活动中，体会复式统计在对事物进行综合分析判断时的作用。

3. 结合现实统计活动，培养学生的自主学习能力和创新意识。

五、教学要点

教学重点：对两种数量同时进行统计。教学难点：复式分段统计数据。

六、过程设计

（一）创设情境，激发兴趣

师：红、蓝两队第一回合的比赛已经结束，小教练为了对红、蓝两队队员的各项情况作进一步的分析，收集到了两队队员纵跳的成绩。（出示教材情境图。）

师：同学们，对图中给出的信息你想提出什么问题？（学生观察情境图，比较两队纵跳成绩单，学生提问题；如果学生不能根据呈现的数学信息提出有价值的数学问题，教师可提出：哪个队的弹跳力好呢？）

【设计意图：学生对篮球这一运动较熟悉，运用红、蓝两队队员纵跳高度成绩单创设情境，让学生比较两队的纵跳成绩，提出问题，能有效地激发学生对本节课知识的学习兴趣。】

（二）合作学习，探索新知

学生以小组为单位合作探索，找到解决哪个队弹跳力好这一问题的方法。

师：哪个小组愿意来交流一下你们的想法？

生1：计算每队的总成绩进行比较。

生2：计算每队的平均成绩进行比较。

生3：将成绩整理一下，数一数各队跳45厘米的有几人，跳46厘米有几人……

师：为了清楚地看出各队队员弹跳成绩的分布情况，你认为用什么方法比较好？（学生交流）

教师总结：平均数能比较出两个队的总体弹跳水平，不能体现出两个队队员弹跳力的具体差异，用统计的方法整理数据更科学。

【设计意图：让学生积极地投入到小组合作中，自主地探索出比较的方法，在交流的过程中充分发表自己的见解，并学会倾听别人的意见。】

师：为了便于大家整理，老师为每个小组提供了三种不同的表格（单式、复式、复式分段），请你们小组商量一下，选择一种统计表将各队的成绩整理一下。（小组讨论、整理，可能会出现教材中所列的几种整理形式。）

师：请同学们把自己整理的结果向大家展示一下。（教师可有目的地让不同整理形式的小组分别进行交流。）

师：对各小组的整理结果你们有什么想法？

通过讨论，可以得出第三种统计表能较全面地分析两队的弹跳水平。

师：刚才同学们发现，从这个统计表中能比较容易地看出两队的弹跳水平。请你们仔细观察一下这个统计表是怎样进行分析的，那么根据这个统计表你们认为哪个队的弹跳力好？为什么？

（让学生充分发表自己分析的结果，并引导他们对数据进行多角度分析。）

师：我们通常把这种统计的方法称为复式分段统计，它在日常生活中应用比较广泛。（交待课题）

【设计意图：通过讨论、整理、交流、分析比较，让学生进一步体会到运用复式分段统计表能更有效地对数据进行分析。】

（三）巩固应用

师：请同学们完成自主练习第1题。

放手让学生根据数据独立完成统计表，并引导学生学会对复式分段统计表中的数据进行分析。

师：这里有两份四年级（1）班男女生的仰卧起坐成绩表，请同学们完成复式分段统计表（自主练习第2题）。学生独立完成。

师：你们从统计表中有什么发现？

【设计意图：学生通过探索、交流、发现，能根据数据进行合理的分析，进一步深化了思维。】

（四）课堂评价

师：这节课我们学习了分段统计的知识，你们有什么收获？你们认为自己以及自己的小组表现怎样？

【设计意图：让学生能够反思一下本课学习的知识、学习的过程和方法，并能学会公正地评价自己和别人。】

（五）课后拓展

选择你们比较感兴趣的一个生活问题进行调查并制成一张统计表，要求让同学看懂并能根据统计的数据提出一些自己的建议。

【设计意图：把学生的学习引向课外，激发他们学习数学的热情，增强他们用数学知识解决生活中的实际问题的意识。】

七、专家评析

1. 创设真实的生活情境，激发学生的学习兴趣。教师密切联系生活实际，从学生较喜欢的打篮球这一运动入手，运用红、蓝两队队员纵跳高度成绩单创设情境，有效地激发了学生的学习兴趣。

2. 构建合作互动的课堂，让学生亲历探索过程。教师在整理各队成绩的过程中，让学生通过自主尝试、合作交流的学习方式实现学生的自主发展。如学生在整理数据的过程中，有些小组尝试用单式统计表和复式统计表，此时教师没有急于引导，而是在学生交流的过程中让学生充分体会到运用复式分段统计表能更有效地对数据进行分析。

3. 注重课后的扩展延伸。让学生选择比较感兴趣的一个生活问题进行调查并制成统计表，使他们经历统计整理的完整过程。将课内、课外联系起来，可以进一步培养学生的实践意识和综合能力。

八、创新特色

数学来源于生活，又服务于生活，复式分段统计在我们的日常生活中应用比较广泛。在教学过程中，教师通过创设比弹跳力的情境以提高学生学习这部分知识的兴趣。在整个的学习过程中，主要是由学生自己去分析问题和解决问题，教师起到一个点拨的作用，注重让学生经历对两种数量同时进行分段统计、综合分析数据及做出判断的过程，使他们初步学会综合统计数据的方法，进一步体会统计在解决实际问题中的作用。

设计四：

扇形统计图

牟平区第二实验小学　孙忠莲

一、教学内容

《义务教育课程标准实验教科书·数学》（青岛版）五年级下册第103页。

二、教材分析

学生在前阶段学习统计初步知识的过程中，对数据的收集、整理、描述和分析过程及方法有所体验，掌握了一些数据的处理技能，学习了用条形统计图、折线统计图来描述统计结果。在此基础上，教师引导学生经历用条形和扇形统计图来表示统计结果的过程，使学生认知扇形统计图，并通过比较，发现并了解扇形统计图的特点，感受其在现实生活中的作用。

三、学情分析

本单元是在前面学生学习了条形统计图、折线统计图、百分数意义的基础上进行教学的，通过提出“不同体重类型的人数情况怎样呢”这个问题，教师引导学生发现用条形统计图描述表示的方法。本课教学，教师要抓住“每种体重类型人数与总人数的关系”这一切入点，组织学生展开有关对扇形统计图的认知活动。

四、教学目标分析

1. 使学生通过实例，认知扇形统计图，知道扇形统计图表示的数据含义，了解扇形统计图的特点和作用。

2. 使学生在解决问题的过程中，感受扇形统计图的功能和价值。

3. 使学生经历用条形统计图、扇形统计图描述统计结果的过程，充实统计概念。

五、教学要点分析

1. 使学生认识扇形统计图的特点，准确把握和确定部分与整体之间的百分比关系。

2. 使学生阅读扇形统计图，进行分析和决策。

3. 使学生理解扇形统计图的特点。

六、准备设计

电脑课件、作业题卡、计算器。

七、过程设计

（一）创设情境，引入新课

1. 介绍自己的身高和体重。

师：同学们，你们知道自己的身高和体重吗？（学生介绍自己的身高、体重。）

2. 问题与知识。

（1）教师提出问题：你的体重正常吗？（学生回答。）

（2）知识介绍。

电脑出示：

小知识

人体重量是否在一个适当的范围，可用身高体重指数｛BMI = 体重（千克）÷［身高（米）×身高（米）］｝来衡量。身高体重指数是国际通用的筛查肥胖和营养不良的指标（身高体重指数 BMI≥24 为体重超重，BMI≥28 为肥胖，18 < BMI < 24 为正常，BMI < 18 为偏瘦），能够直观地反映人全身的营养状况，评价简便而准确，测量方法也简单易行。

(3) 算算填填。

教师提出问题：想知道自己的体重是否正常吗？

学生拿出准备的计算器开始计算自己的身高与体重指数，然后进行交流，教师逐一记录。

教师提出问题：如果想对我们班同学整体的体重情况和每种体重人数与班级总人数的百分比有所了解，怎么办？

学生自由回答。

教师出示统计表，师生共同完成。

体重类型	偏瘦	正常	超重	肥胖
人数				
占总人数的百分比				

教师提出问题：观察统计表，你们都知道了什么？

【设计意图：从与学生生活实际相关的题材引入，极大地激发了学生的学习兴趣，这样的方式使学生感受到数学计算就在自己的身边，引起学生强烈的思考欲望和最佳的思维定向，为学生亲历统计的过程做好了物质上、心理上、思维上的准备。最后一问，为学生认识扇形统计图打下了必要的伏笔。】

(二) 合作学习，探究新知

1. 用条形统计图显示数据。

(1) 引出。

教师提出问题：除了可以用统计表，我们还可以用什么形式来表示不同体重类型的人数情况？

学生应答出：条形统计图、折线统计图。

(2) 习作。

①教师提出问题：你们能用条形统计图标出上面的统计数据吗？

②出示题卡，学生独立完成条形统计图。

③组织学生展示交流。

选取几个学生的作业，组织交流与评价。

组织观察与评议：用条形统计图来表示数据的突出特点是什么？

小结：从条形统计图中，我们可以清楚地看出每种体重类型的人数，但不容易看出每种体重类型的人数与全班总人数的关系，即各种体重类型人数所占总人数的百分比。如果让你们设计一幅这样的统计图，使人能清楚地看出各种体重人数与总人数的关系。你们认为应该抓住哪几点？

学生描述自己的想象，最后达成一致结论：先要用一个图形表示出整体，然后再确定各部分占整体的比率。

2. 认识扇形统计图。

（1）出示扇形统计图。

教师提出问题：同学们观察这幅统计图，你们能给它起个名字吗？

教师介绍：这就是我们今天要认识的新朋友——扇形统计图（板书：扇形统计图）

（2）认识扇形统计图。

①组织认知。

②教师提出问题：请同学们仔细观察扇形统计图，你们能发现什么？

小组交流自己的发现。

③集体交流与达成。

扇形统计图中的圆表示什么？

各个扇形分别表示什么？

扇形的大小说明了什么？（部分占总体百分比的多少）

师：从这幅扇形统计图中，你们可以获得哪些信息？

④教师小结。

扇形统计图的特点：能够十分清楚地看出整体与部分之间的关系，就是各个部分量占整体的百分比。

教师提出问题：对于扇形统计图，你们还有什么疑问？

3. 对比深化。

出示条形统计图、扇形统计图。

教师提出问题：同学们看，这两幅统计图都描述和表示五（1）班学生的体重情况，它们各有什么特点？你们有什么发现？

学生独立思考，交流后共同总结出：条形统计图可以清楚地看出每种体重类型的人数情况，从扇形统计图中能清楚地看出每种体重类型的人数占全班人数的百分比。

【设计意图：教师通过层层递进的问题，组织拾级而上的操作学习活动，开展卓有成效的师生互动、生生互动，使学生的思维从条形统计图过渡到扇形统计图，处于积极的、活跃的、主动的状态，使他们经历着统计思想方法

的生成过程。】

（三）实际应用，巩固新知

1. 教师提出问题：刚才我们对全班同学的体重进行调查，发现有些同学体重偏轻，有些同学肥胖，你们能帮他们分析一下出现这种情况的原因吗？你们想对这些同学说点什么？（引导学生说出要合理饮食和加强体育锻炼的建议。）

教师介绍并出示习题。

必须保证有合理的饮食、充足的营养，才能有健康的身体。营养学家经研究得出小学生每天各类食物的摄入量。课件出示扇形统计图。

（油脂类1.6%，奶类和豆类9.5%，鱼、禽、肉、蛋等类12.7%，蔬菜类、水果类44.5%，谷类31.7%。油脂类扇形太小，字写在外面。）

教师启发学生观察思考：从这幅统计图中，你们获得了哪些信息？

生：小学生每天所需的谷类占的比例大些，快到总量的一半了。

油脂类占的比例最少，字都写不下了。

教师说明：字写不下时我们可以画一个箭头写在外面。

2. 教师介绍：为了使同学们加强体育锻炼，学校打算组织一次球类比赛，老师调查了五年级学生最喜欢的球类运动情况，统计如下图。（课本第106页自主练习5主题图。）

教师启发学生观察思考：

（1）哪种球类运动最受欢迎？

（2）哪两种球类运动受欢迎的程度差不多？

（3）最受欢迎的球类活动是什么？

（4）如果喜欢排球运动的有30人，喜欢乒乓球运动的大约有多少人？

（5）你们认为学校应该组织哪种球类比赛，说说你们的理由。

3. 组织学生回忆与欣赏。

（1）组织回忆：请同学们想一想，你们在什么地方见过扇形统计图？

（2）组织欣赏扇形统计图，说一说自己从中获得的信息。

电脑出示105页自主练习1图。

电脑出示自主练习2统计图。

教师在学生解读信息的基础上，提出问题：

山东省的总面积为15.67万平方千米，其中平原的面积是多少万平方千米？

启发学生提出问题，然后独立解决问题。

4. 教师介绍并出示：第29届北京奥运会刚刚谢幕，下面是第29届北京奥运会金牌榜前五名金牌情况统计图（中国35.2%，美国24.8%，俄罗斯15.9%，英国13.1%，德国11%。）

教师提出问题：从这个扇形统计图中，你们得到了哪些信息？通过分析图中的信息，你们有什么感想？

师：你们认为第30届伦敦奥运会时，我国的劲敌应是哪个国家？如果要清楚地知道奥运金牌榜前5个国家金牌的具体数目，最好选用什么统计图？

电脑出示条形统计图（中国51枚，美国36枚，俄罗斯23枚，英国19枚，德国16枚。）

【设计意图：教师引导学生把所学的数学知识运用到实际生活中，解决生活中的问题，使学生真正体会到“数学学习生活化，生活问题数学化”“学有用的数学，学有价值的数学”，增强学生的数学素养。】

（四）回顾总结，内化提升

教师提出问题：今天同学们认识了扇形统计图，你们发现扇形统计图的优势与不足了吗？（优势：清楚地表示部分与总体的关系。不足：看不出具体的数量。）

师：关于扇形统计图你们还有问题吗？通过这节课的学习，同学们都有哪些收获呢？

教师小结：同学们，短短一节课很快就要结束了。想在一节课时间里真正弄清扇形统计图的所有知识是不现实的，今天只是一个开始，希望大家以此为起点，不断去研究更多有关扇形统计图的知识，好吗？

【设计意图：教师在练习过程中，使学生形成新的矛盾冲突，通过交流进一步理解本课的学习内容，后续的谈话又将学生的思维引向更广阔的研究空间。】

八、板书设计

扇形统计图

条形统计图　　　　　　　　　　扇形统计图

　　　　　　　　　　　　　　　扇形　　圆

直观地表示每组数据的多少　　　↓　　　↓

　　　　　　　　　　　　　清楚地表示部分和整体的关系

九、创新特色

（一）让数学回归生活，用数学解决身边的问题，构建和谐课堂

心理学研究表明：学生的学习情况与学生的生活背景密切相关。学习内容与学生的生活背景愈贴近，学生自觉接纳知识的程度就愈高。本节课的第一次活动是让学生介绍自己的身高与体重，话题是从学生本身谈起，学生倍感亲切。教师提出的第一个数学问题“你的体重正常吗”承载和传达的是对学生身心发育成长的关爱，承载着对学生成长的关心与责任。把身高和体重这两个量进行比较，学生未曾见过、想过，他们感到这个话题很新鲜，这个问题有趣味，行动与思维必然是主动的、和谐的。这是和谐高效思维碰撞的基础。

（二）让学生历经思维的对话与碰撞，提升质量

数学教学是思维活动的教学。学生思维的形成与提高是建立在“对话”的基础上的。本节课，教师在学生用条形统计图描述体重与身高的统计量之后，适时提出“如果让你设计一幅这样的统计图，使人能清楚地看出各种体重的人数与总人数的关系，你认为应该抓住哪几点”这一问题，激发学生去想象和构建，此时可能有的学生仍处在“混沌”的状态，可能学生想的不是那么具体和接近，但是，他们在自己的想象中，已把新图与已有条形统计图放在一起进行尝试比较了，他们在集体的对话交流中，已经初步明白了先要确定和表达什么，再干什么。学生思维的先期碰撞，为下一步的认知学习提供了可参照的认知原型和必须的动力支持。

（三）把握特点，抓住重点，让学生获得充分的认知体验和感悟

本节课的重点之一是认识扇形统计图。认识扇形统计图，就要使学生清楚地认识：为什么要用扇形统计图？怎样用扇形统计图？第一个问题的解决过程是本节课学习的价值所在。为此，在学生对扇形统计图本身的特征有所认识之后，教师让学生历经对条形统计图、扇形统计图描述和表达统计量特点的比较过程，使学生明确认识扇形统计图的特点，体验扇形统计图在表达统计量中的独特功能与价值，这种认知是在比较的基础上进行的，是自主的、内发的，因而是自然的、和谐的。

十、专家评析

构建和谐高效课堂，本节课做了以下尝试和探索。

（一）把学习内容建立在学生观察生活的基础上

加涅认为，教学是一系列精心为学习者设计和安排的外部条件，这些事

件用于支持学习者内部学习过程的发生。杜威认为，人的思维应是情境、问题、假设、推理、验证几个步骤。本节课，执教者“站”在教材上，将教材中的“对五年级一班学生的体重情况进行了调查，数据如下”改为“学习者介绍自己的身高和体重”，这样，“事件”由教师的安排公示，变为学生自主产生，此事此景，现实亲切，学生对此油然而生喜爱之情。

（二）把对学生思维的启迪与扩展建立在冲突的基础上

冲突和挑战是启动学生思维的内在动力。本节课，教师在组织学生经历统计的过程中，提出“你的体重正常吗”这一问题，诱发学生探究的意识。在学生用条形统计图描述和表示出统计的数据之后，让他们认识条形统计图描述数据的特点和局限性，进而提出要描述表示出部分与整体的关系，如果设计这样一个统计图，应该先干什么，再怎样？这一系列问题引发认知冲突，激发学生思维对话，学生自然会运用分数、百分数学习中建立起的整体和部分的关系的经验，寻求解决问题的策略，思维被有效激活，学生解决问题的意识和能力得到培养。

（三）把学生思维的有效性建立在比较的基础上

有比较才能有鉴别，有鉴别才能进行吸纳和判断。本节课，教师引导学生开展了两次比较，在比较中完成认知的达成。第一次比较蕴涵在活动中，当学生心中设计出了个性化的表达整体与部分的图示时，教师出示普通的扇形统计图，让学生去观察、解读。这一过程中，内含着学生自我比较的过程——将我心中的图与教材中的图进行比较与分析，从而获得感悟。第二次比较，教师将条形统计图、扇形统计图放在一起，使学生把各类图形的优缺点看得一清二楚，将扇形图的特点更加清晰地展示出来，其对学生的帮助和促进作用不言而喻。

第四节　实践与综合应用

“实践与综合应用”是课程设置的新领域。正因为是一个全新的领域，可以借鉴的经验和模式较少，也就成了和谐高效课堂实施的难点，其中有不少具体问题需要进一步澄清，如目标如何定位、素材从何而来、与传统的数学活动课或复习整理课等相关的领域究竟有怎样的关系……对这一领域的教学需要做好以下几方面的探讨和思考。

一、课程目标与定位

（一）与综合实践活动的关系如何

"实践与综合应用"部分的设置不是对数学课程单独一个学科的考虑，而是新课程体系中结构性变革在数学课程中的体现。值得注意的是，"综合实践活动"是我国新的基础教育课程体系中设置的与学科课程并列的必修课程，每周平均3课时。与作为数学学科中的"实践与综合应用"领域之间，既有紧密的联系，又有各自的相对独立性。两者在目标指向上都强调对学生创新意识和实践能力的培养，在内容选择上都强调"综合"。"实践与综合应用"的"综合"也包含了两方面的含义，一是指数学自身各部分知识之间的融会贯通；二是指打破学科界限，与其他学科知识的沟通和融合。但作为数学学科的一个领域，无论是哪一方面的"综合"都不会放弃也不应放弃"数学味"。而"综合实践活动"则是一种与各学科课程领域有着本质区别的新的课程领域，没有统一的教材，其具体内容是跨学科的，自成体系，具有高度的综合性和自主性，要求每一所学校根据实际充分发挥其创造性而确定，国家不会也不应当像对待学科那样规定综合实践活动的具体内容。

（二）与数学学科发展的关系如何

把数学实践活动作为数学教学内容的重要组成部分，并非《标准》首次提出。《九年义务教育全日制小学数学教学大纲》在培养创新意识、培养实践能力思想的指导下，就提出了"结合有关教学内容和学生生活实际，每学期至少安排一次数学实践活动"的要求，并明确规定了每个年级的教学内容和教学要求，与之相应的教材也编入了实践活动的内容。《标准》在此基础上更加突出了数学实践活动，并把它作为一个新的领域，目的是借助实践与综合应用，使几何、代数和统计与概率之间的融合成为可能，进一步沟通生活数学与课堂数学的联系，培养学生综合应用知识解决问题的能力。

（三）基本要求是什么

《标准》对这部分内容的总体要求是：帮助学生综合运用已有的知识和经验，经过自主探索、合作交流，解决与生活经验密切联系的、具有一定挑战性和综合性的问题，以发展他们解决问题的能力，加深对"数与代数"、"空间与图形"、"统计与概率"内容的理解，体会各部分内容之间的联系。尽管《标准》将"实践与综合应用"作为一个独立的领域，与其他三大领域并列，但并不是在数学知识之外增加新的知识，而是更加强调数学知识的整体性、现实性和应用性，注意数学的现实背景以及与其他学科之间的联系。且《标准》在每一个学段对这部分内容都有不同的要求。在第一学段要求以“实践活动”为主题，强调数学与日常生活的联系，重在培养学生对数学的兴趣，所以从内容的选择上更多涉及的是三大领域各自内部的联系；第二学段要求以“综合应用”为主题，在继续强调实践与经验的基础上，增强了对“综合应用”的要求，在内容的安排上开始涉及领域之间的联系与综合，甚至跨学科之间的沟通与融合。

二、教学内容与特点

（一）素材的现实性和趣味性

教材密切联系学生的现实生活，选择学生身边的、生动有趣的、具有一定数学价值的、有利于学生主动探索的素材作为活动内容，以激发学生参与活动的兴趣和动机，培养他们探究的策略与能力。

如“大蒜有几瓣”（见图2－26）是一年级上册安排的实践活动内容。这个素材对学生来说既有现实性，又有趣味性，学生参与剥蒜和统计大蒜瓣数活动的热情异常高涨，自主探究“大蒜瓣数”规律的欲望被充分调动起来，让一年级学生幼小的心灵体验到，看似纷乱的自然现象里，隐含着某些“稳定”的“东西”。这种规律性的东西，可以通过统计的方法来探究……选择如此真实有趣的素材对学生进行科学启蒙教育，其意义显而易见。

实践活动

大蒜有几瓣

……	8瓣	9瓣	10瓣	……
……	（　）个	（　）个	（　）个	……

你发现了什么？

图2－26

实践活动

我们身上的小秘密

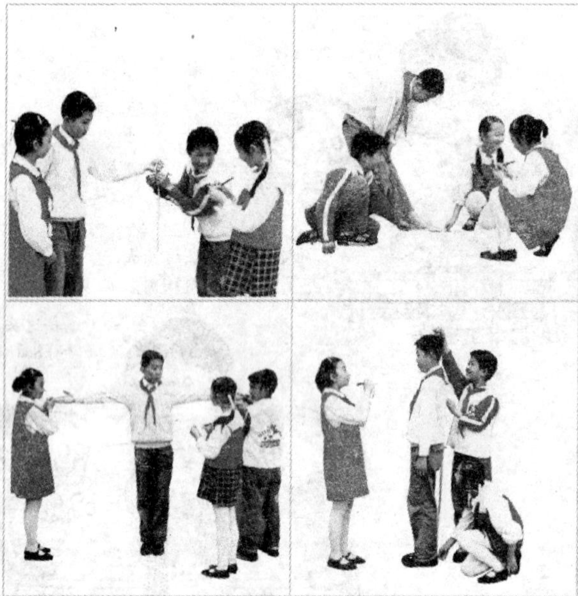

	1号同学	2号同学	3号同学	4号同学
拳头一周的长				
脚 长				
一庹（tuǒ）长				
身 高				
……				

你发现了什么？

图 2－27

再如“我们身上的小秘密”（见图 2－27）是二年级课本中的实践活动。素材选取的视角很独特，它以学生自己的身体为素材，引导学生通过测量自己身上的一些数据，探索它们之间长度的关系，即：通常情况下，一个人的拳头一周的长大约等于脚长，一庹长大约等于身高。由于探究的对象是自己，所以学生对此都很感兴趣，主动参与活动的积极性被充分调动起来。

综合应用

我能长多高

同学们，我们在一天天长大，你知道自己能长多高吗？身高与哪些因素有关呢？

 我想一定与父母的身高有关吧。	我猜想与营养有关。 
 可能与参加体育锻炼有关。	…… 

搜集资料

- 影响身高的因素有哪些？
- 你的身高与父母的身高有什么关系？
- 儿童各年龄段的身高与成年后的身高有什么关系？
- 根据影响身高的因素，预测自己将来的身高。

牛奶可以补钙，有助于骨骼生长……

我查到一个预测身高的公式：

$$\text{男孩成年时身高}=\frac{(\text{父亲身高}+\text{母亲身高})\times 1.08}{2}$$

$$\text{女孩成年时身高}=\frac{\text{父亲身高}\times 0.923+\text{母亲身高}}{2}$$

（续图）

爷爷身高（厘米）	奶奶身高（厘米）	爸爸身高（厘米）

外公身高（厘米）	外婆身高（厘米）	妈妈身高（厘米）

⋮

分析交流

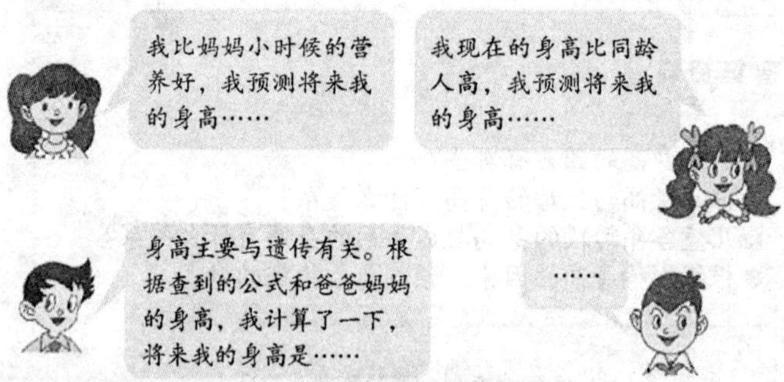

根据公式推算爸爸、妈妈的身高，并与他们的实际身高比较，你有什么发现？试分析影响他们身高的因素有哪些。

活动评价

- 通过这次活动，你能不能大致预测自己的身高？
- 你了解了哪些搜集整理信息的方法？
- 在活动中你是怎样与同学相互交流的？
- 你觉得与他人合作快乐吗？

图 2－28

“我能长多高”（见图2－28）则是安排在五年级课本中的实践活动，也是关于认识自我方面的题材。每个学生都对自己将来成人以后能够长多高非常感兴趣，本活动以“我能长多高”为主题，引领学生投入到收集、调查有关预测身高方法的活动中去。这一内容的选取不但新颖，而且也充分体现了数学的现实性和趣味性。

（二）活动类型灵活多样

数学探索的形式是丰富的，教材本着活化数学活动形式的宗旨，设计了多样化的活动类型。

1. 单一型的实践活动。

所谓单一型实践活动，是指运用相对单一的知识或方法解决或研究问题的实践活动。教材中主要有以下几种。

数学小调查：数学调查是指学生在教师的指导下，运用数学知识和方法，从学习和生活中选定调查专题，主动获取信息、分析信息并做出处理决策的学习活动。

如一年级课本中安排了“找找周围的数”，二年级课本中安排了“奇妙的动物世界”。这两个实践活动都属于数学调查范畴。此外，教材在课后练习中还安排了一定量的“小调查”活动。如一年级上册“统计”单元自主练习3中，设计了调查学生喜欢小动物情况的活动；二年级“时、分、秒的认识”单元自主练习5中，调查中央电视台少儿节目的播放时间等……这些活动，有的需要学生查阅资料，有的需要学生到社会中去收集数据，将有力地促进学生实践能力的提高。

数学小试验：数学试验是指在教师指导下，学生运用所学知识和方法及试验器材，通过现象某一事物或现象的发生、发展变化，验证或探索数学规律的活动过程。教材在各册中均安排了这样的内容。

综合应用

水与冰

你知道水结成冰、冰化成水，体积会发生什么变化吗？

水和冰在变化的过程中，体积之间存在怎样的关系？我们通过实验来研究一下吧。

实验准备：3个大小不同的烧杯（或塑料瓶）、尺子、水。

实验步骤：

实验一：

●在3个烧杯里分别倒入冷水，量出水面至杯底的高度，计算出它的体积。

●放入冰箱冷冻，待完全结冰后再分别算出冰的体积。

实验二：

●找3块大小不同的冰块，分别测量出它们的体积。

●将冰块放入空烧杯中自然融化，量出水面至杯底的高度，计算出它的体积。

（续图）

想一想，如果冰块的形状不规则，如何测出它的体积？

注意事项：

- 水面高度不要超过杯子高度的$\frac{4}{5}$。
- 测量时，要考虑杯子厚度对数据的影响，尽量减小误差。实验过程中要注意安全。

实验记录：

实验一

	水的体积	冰的体积	体积增加了百分之几
1			
2			
3			
结论：			

实验二

	冰的体积	水的体积	体积减少了百分之几
1			
2			
3			
结论：			

实验总结：

- 汇总各小组的实验结果，你能得出什么结论？
- 查阅相关资料，了解正确的结论，并与你的结论进行比较。
- 根据整个实验过程，写一篇数学日记，与同伴交流。

图 2－29

“水与冰”（见图2-29）是五年级课本中的一个实践活动。教材把它扩展成一个数学实验，使学生经历实验的全过程，自己发现冰水转化过程中体积的数量关系。教材中设计了很多类似这样的数学实验，实现了各学科、各领域的链接，具有较强的趣味性和综合性。教材设计的这些活动，不仅开启了学生的心智，而且也加深了学生对数学价值的认识。

数学测量：数学测量（这里专指直接测量）是指学生在教师的指导下，运用所学知识、方法和简单的测量工具对事物的长度、面积、体积、质量、时间、温度或价值等属性进行度量的过程。学生通过测量活动，可以认识测量工具，掌握测量方法，加深对计量单位的理解和被测量事物的认识，增强应用数学的意识和实践操作的能力。

2. 综合型的实践活动。

所谓综合型的实践活动，是指综合运用数学知识或方法解决或研究问题的实践活动（有时甚至还要综合运用到其他学科的知识解决或研究问题）。

综合应用

纸与我们的生活

姓名	周一	周二	周三	周四	周五	周六	周日	合计
……								

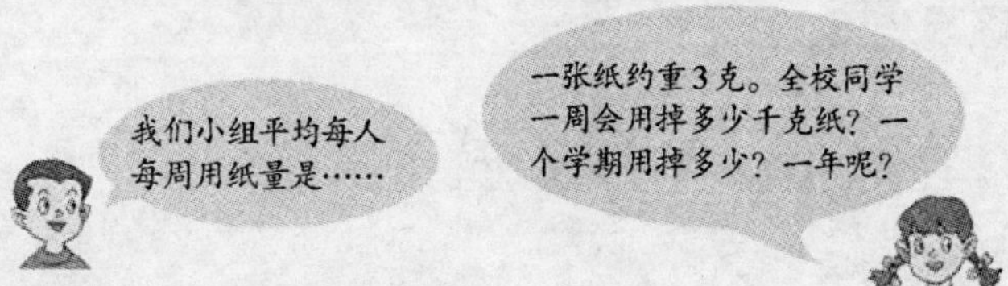

“纸与我们的生活”一课（见图2－30）是在学生学习了大数的认识、三位数乘两位数、除数是两位数的除法后安排在本册的一个实践活动内容。学生要进行这个实践活动，既要运用收集数据、整理数据等统计方法，又要用到除数是两位数的除法，还要用到吨、千克、克等计量知识。这种综合运

（续图）

图 2－30

用所学知识与方法解决问题的活动，让学生充分体验到综合型实践活动的意义和作用，充分感受到数学知识之间以及数学方法之间的内在联系。

综合应用

关注我们的活动空间

跑道太短了。什么时候我们学校也能修建一个大操场呀！

我们学校的学生越来越多，活动场地太小，怎么玩呢？

我们来调查一下有关对小学生活动场地的要求吧！

山东省规范化学校（小学）生均占地面积要求

10个班学生不少于：城市30平方米，农村35平方米。
15个班学生不少于：城市25平方米，农村30平方米。
20个班学生不少于：城市22平方米，农村28平方米。
25个班学生不少于：城市20平方米，农村26平方米。
30个班学生不少于：城市18平方米，农村24平方米。
(农村 学校含县城学校)

我们的活动场地包括各种教室、楼内大厅、走廊、楼外空地、操场……

某市市级规范化学校（小学）生均占地面积要求

10个班学生不少于：城市16平方米，农村35平方米。
15个班学生不少于：城市15平方米，农村30平方米。
20个班学生不少于：城市14平方米，农村28平方米。
25个班学生不少于：城市13平方米，农村26平方米。
30个班学生不少于：城市12平方米，农村24平方米。

（续图）

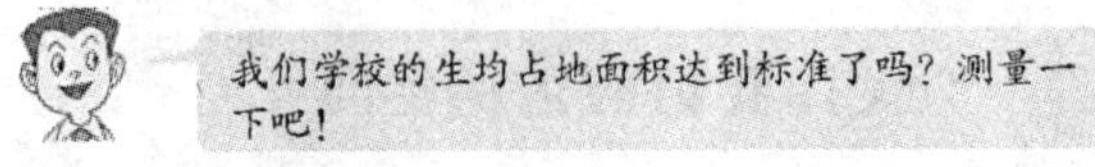

场地名称	教室	操场	舞蹈教室	走廊	楼前空地	……
面积（平方米）						

活动场地总面积（平方米）	学校人数	生均活动场地面积（平方米）

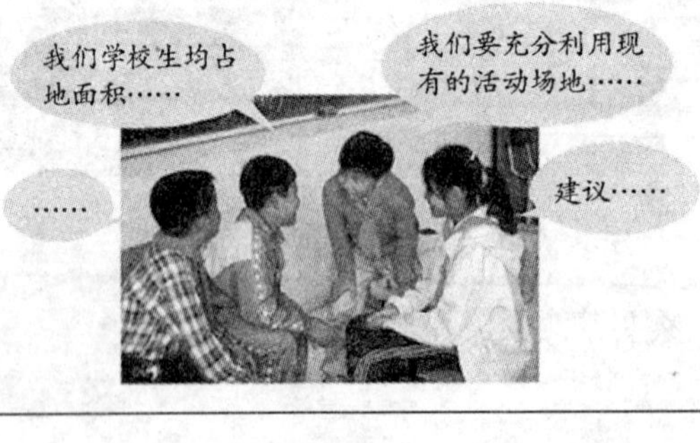

图 2－31

“关注我们的活动空间”一课（见图2－31）是在学生学习了简易方程和多边形面积计算后安排在本册的一个实践活动内容，学生在“提出问题—收集资料—研究问题—提出倡议”这一系列的活动中，既综合运用多边形面积的计算、小数的四则运算、统计表、测量等知识，又综合运用了调查和统计、讨论等研究问题的方法，将代数、统计、几何几个领域的知识运用到解决同一个实际问题中，加强了对数学各部分内容的联系的理解，发展了学生综合解决问题的能力。

（三）活动内容的设计具有较强的可操作性

与其他领域教学内容比较，学生在从事实践活动时的主体地位更为突出，实践活动的本质是一种解决问题的活动，这就需要教材尽可能地为学生提供解决问题的有力工具和条件，以保证活动的顺利实施。

如“奇妙的回形针”一课（见图3－32）。“回形针”是学生比较熟悉的学习用品，用它做活动材料，简便易行。首先，由于其周边没有棱角，对一年级的学生来说，安全性也比较好。其次，用回形针拼摆图案是多数学生在幼儿园时就会玩儿的游戏，操作起来没有困难。另外，这个活动对活动场地的要求也不高，在家里或学校、课内或课外均可以进行，具有很强的可操作性。

（四）重视与其他学科的整合

数学学科与自然科学和人文科学之间有着密切的联系，数学也是学习其他学科的重要基础。数学教材不仅要从现实的日常生活中选取素材，还要从自然科学、人文科学中选取学习材料。这样，一方面可以使学生体会数学应用的广泛性，加深对数学内涵的理解；另一方面也可以开阔学生的眼界，扩大学生的知识面，激发他们的求知欲。为此，青岛版教材按照《标准》的要求，十分注重数学与其他学科的整合，根据学生的年龄特征、知识基础和生活经验，选取学生熟悉的实践活动素材，让学生在解决问题的过程中初步体验数学学科与自然科学和人文科学之间的联系。

实践活动

奇妙的回形针

1. 说一说，每个图案中都有哪些图形？
2. 估一估、数一数，每个图案分别用了多少个回形针？

图 2-32

综合应用

荡秋千

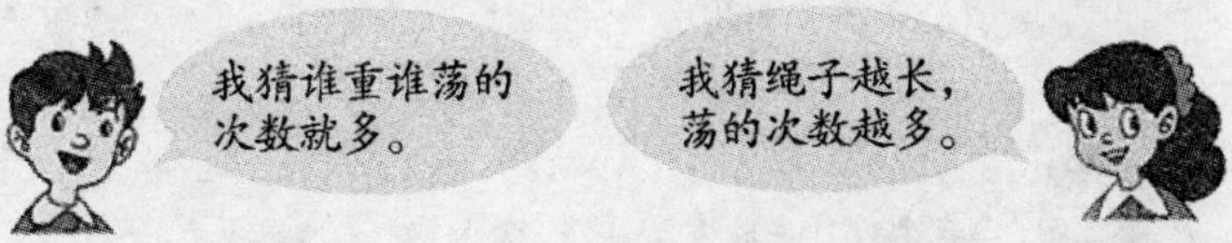

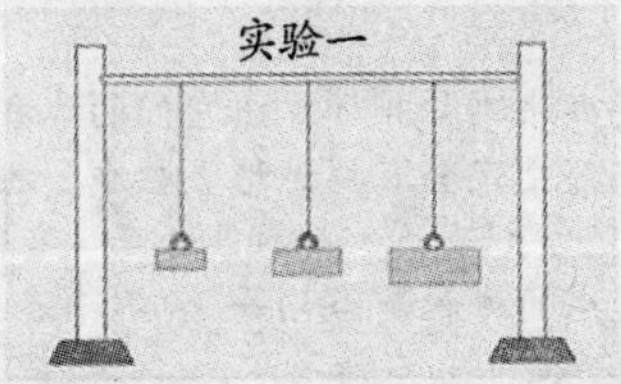

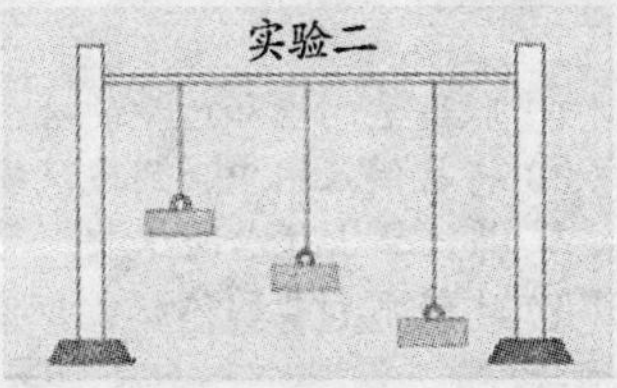

时间	15秒		
绳长	15厘米		
钩码	10克	20克	30克
次数			

时间	15秒		
钩码	20克		
绳长	10厘米	15厘米	20厘米
次数			

结论：在相同的时间内，荡秋千的次数与_______无关，与______有关。

图 2－33

如“荡秋千”一课（见图2－33）的现象属于物理学中的单摆现象。因此，设计本实践活动时，将数学科学与物理科学有机地整合在一起。学生在研究“荡秋千的次数与什么因素有关”的问题时，经历了“猜想—实验—验证”的科学研究过程，不但得出“在相同的时间内，荡秋千的次数与物体的质量

综合应用

有趣的溶解现象

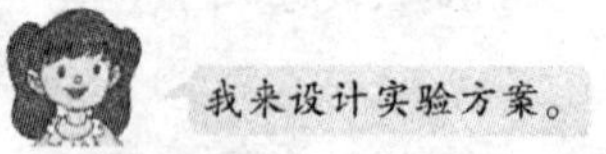

（1）取适量的水和适量的盐，想办法测量并计算出它们的体积。

（2）将盐倒入水中，用玻璃棒搅拌至完全溶解，形成盐水。测量并计算出盐水的体积。

（3）比较水和盐的体积之和与盐水的体积是否相等。

实验记录

水的体积	盐的体积	盐水的体积

通过实验我发现：________

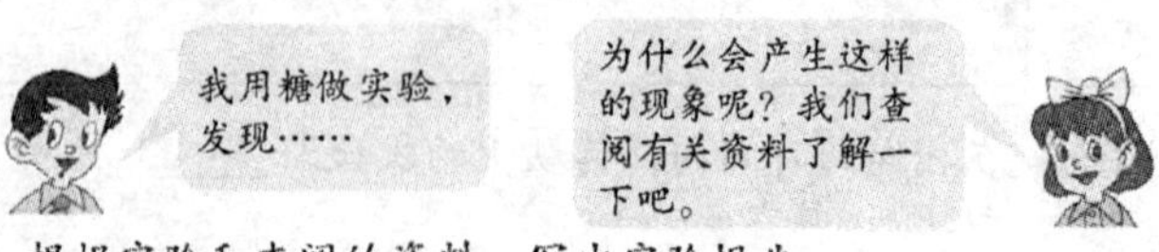

1. 根据实验和查阅的资料，写出实验报告。
2. 谈谈你在活动过程中用到了哪些数学知识。

图2－34

无关，与绳长有关”这一物理学结论，而且还体会了数学在解决物理学问题中的作用，积累了一定的数学活动经验。

“有趣的溶解现象”一课（见图 2－34）则体现了数学科学和化学科学的有机整合。学生在经历“提出问题—动手实验—测量计算—比较分析—得出结论—表达陈述”这一比较完整的小课题研究过程中，初步了解了溶解现象，积累了初步的小课题研究经验，进一步增强了数学应用的意识，感受到数学知识在解决其他学科问题时的价值。

三、和谐高效课堂教学的策略

由于实践与综合应用是一个崭新的领域。现从活动目标的拟订、活动过程的设计、活动内容的确定、活动时间的安排和活动效果的评价等方面对此做一个初步的探讨。

（一）活动目标的拟订——强调联系与综合，但需要依托具体的数学知识

实践与综合应用在总目标上非常强调联系和综合，具体到一节课或一个专题，究竟该“联系”到怎样的范围、“综合”到怎样的程度？这有一个很大的空间。不管活动涉及到哪个领域、哪门学科，采取哪些方式，要使活动有效，教学目标应该是具体和明确的，除了要让学生获得良好的情感体验、感受数学在日常生活中的作用以外，还必须找准活动的落脚点，考虑好以什么数学知识为依托，保持其应有的“数学味”。如“奇妙的回形针”活动，其活动的落脚点是要让学生说一说拼成了什么图形，并数一数用了多少个回形针，最终落到对图形的初步认识和百以内数的认识的知识点上。

（二）活动过程的设计——强调实践和体验，但需要有探索空间的“大问题”

实践与综合应用的教学究竟该如何展开？关键是要明确实践与综合应用的特点。“实践与综合应用”本质上是一种解决问题的活动，具有实践性、综合性和应用性。既然是解决问题的活动，就可以按照解决问题的程序分以下四个阶段展开：①进入问题情境；②实践体验；③解决问题；④表达和交流。

如“关注我们的活动空间”活动，围绕着现实问题“我们的活动空间是怎样的呢”，学生想到了去调查了解有关对小学生活动场地的要求，进而去测量自己的活动空间。通过统计和计算，分析目前的状况，并最终提出建议。整个活动都紧紧围绕着主题，使学生亲身经历了问题探究解决的全过程。

（三）活动内容的确定——强调以教材为线索，但要注意适当进行挖掘和拓展

实践与综合应用的素材究竟从哪里去找？活动内容的确定应该以教材为线索，但要注意适当进行挖掘和拓展。

事实上，即使以专题形式呈现的内容，教材也只是提供了数学活动的基本线索，给教师留有很大的自主性和选择性，教师要有主动处理教材的意识。如果从课堂实施的角度来看，目前教材提供的专题，像“找找周围的数”、“大蒜有几瓣”、“奇妙的回形针”等，主题明确，线索清晰，所需的材料也不复杂，课堂实施就比较容易；而有一些专题如“点击双休日”，虽然主题明确，但情境错综复杂；还有一些专题不仅主题笼统，涉及的数学知识不够明朗，而且教材呈现的脉络也不清晰，在课堂上就很难操作。因此，教师在研读教材时不妨逐个对专题进行分析，在此基础上进行分类整理，以便理清教学思路，取舍教学材料，确定教学策略。尤其是对于那些主题笼统、脉络不清、素材缺乏内在联系的专题，更需要发挥自身的创造性，要结合本校和本地的实际加以利用和再开发。

对于活动内容的确定，一方面，教师作为课程资源的使用者，可以直接利用教材提供的专题，也可以结合平时的教学，从教材的例题和习题中改编和延伸，深入挖掘教材所蕴涵的生活实践素材。另一方面，教师作为课程资源的开发者，还可以从生活事例、学生学习生成的资源以及学校与区域的特色资源中提炼和加工实践与综合运用的内容，甚至跨越学科寻找素材，因为对学生实践能力的培养不可能只局限在某一个学科之内，还需要了解其他相关学科的学习要求和进度，以避免不必要的重复和交叉，加重学生的负担。

（四）活动时间的安排——强调课内外结合，但课外延伸要适度和适量

实践与综合应用必须进课堂吗？课时不够怎么办？事实上，实践与综合应用的形式是多样的，如小调查、小制作、小课题研究等。而小调查、小课题研究等往往会花费更多的时间。可以采取课内、课外相结合的形式，或在课堂中完成，或以学生的“长作业”形式把完成时间延续几天、几周或几个月。“长作业”是实践与综合应用在课外的延伸。

另外，教师也可以利用夏令营、第二课堂活动、兴趣小组、春游等开展“实践与综合应用”。但课外延伸涉及方方面面的问题，无论是内容的选择还是具体时间的安排，都要符合学生的实际水平和当地的地域特色，同时不能加重学生的课业负担，要适度和适量。

（五）活动效果的评价——强调过程性评价，但需要关注方法和策略的优化

《标准》强调，对于综合运用的评价，很难在一次书面考试中完成。因此，教师应注重评价学生参与活动的过程，不宜把这一类活动或问题纳入书面考试（或测验）的范围之中。事实上，在实践与综合应用的活动过程中，学生往往会从自己的生活经验和知识基础出发，从不同的角度运用不同的思考方法。教师在课堂上最重要的是鼓励与尊重学生的独立思考，引导学生进行讨论和交流，培养他们良好的思考习惯和合作意识，在讨论和交流中促使学生主动接纳别人正确的观点和方法，修正甚至否定自己的观点，从而达到主动优化的目的。

（六）活动过程的指导——强调帮助，但需要把握干预的度

实践与综合应用领域的教学，注重突出学生主体，强调学生主动参与、乐于探究、勤于动手，同时也要求教师对学生进行有效指导。教师对活动过程的指导，强调对学生实施有效的帮助。

活动前，教师要针对落实活动任务、明确活动预期目标、确定活动时间和次数等方面进行指导。明确活动任务是综合应用保持高效率的关键，因此教师在活动前要进一步指导小组活动的分工，明确每个小组成员的任务，同时要指导学生确定每次活动的预期目标。

学生在实施活动的过程中会出现种种难以预测的情况，如用预定方法难以取得有价值的资料、课题研究方向偏离、课题难以深入研究、小组成员合作不愉快、出现新的研究课题等。这时就需要综合实践活动指导教师适时地、适度地给予指导，帮助学生指点迷津。同时，教师要帮助学生建立起临控机制，发挥好小组长的作用，指导小组长实施过程性的监控，作好记录。

活动后，教师指导学生整理活动成果，并以一定的方式展示出来。

综合应用活动实施过程指导和管理程度要视学生的年龄特征和开展综合实践活动的程度而定。对初次实施实践活动的低年级学生，教师要完整地、具体地指导活动过程，采取扶、放结合的管理策略；对比较熟悉实践活动实施过程和管理的高年级学生，教师要重视中途指导，采取学生管理、教师例行检查的管理策略。

这里需要特别说明的是，学生的数学实践活动与成人和数学家们的实践活动相比，也许显得十分幼稚甚至可笑。但其意义不在于他们的研究结果有多么准确和有多大的社会价值，而是在于他们在亲身经历中体会到数学是一

种普遍适用的知识，是人们交流信息的一种有效的、便捷的工具，他们在综合应用知识解决简单的实际问题的过程中积累经验、提升思维的品质。因此，实践与综合应用的内容更应从过程与方法及情感、态度和价值观方面加以评价，更多地关注学生在活动过程中的行为表现和情感体验，但同时需要关注方法和策略的优化，因为数学在提升学生思维品质上有着其他学科不能替代的作用。例如：学生能否主动运用数学知识解决实际问题？是否善于从不同角度运用多种方法解决问题？对结果有无反思的意识和习惯？是否积极参与讨论与表达？等等。

附：“实践与综合应用”领域“和谐高效思维对话”型课堂教学设计

设计一：

实践活动——大蒜有几瓣

栖霞实验小学　邵军

一、教学内容

《义务教育课程标准实验教科书·数学》（青岛版）一年级上册第111页。

二、教材分析

“大蒜有几瓣”是本册的第二个实践活动，是在学生学习了简单的统计知识之后安排的，参与该活动既可以巩固学生的统计初步知识，也是对本册知识的综合运用。学生在具体的活动中，进一步经历数学知识的应用过程，感受数学的价值，体会学数学、用数学的乐趣。

三、学情分析

大蒜是学生所熟悉的食品。不同地域种植的大蒜的瓣数不一样，即便是同一地方种植的大蒜，瓣数也不一样多。到底我们生活中的大蒜几瓣的更多一些呢？这对学生来说是一个很有趣的话题。因此，教师在确立“大蒜有几瓣”的问题后，要让学生讨论“怎样才能知道这一批大蒜的瓣数的规律”。引导学生通过讨论，想出办法，制订活动计划，感受解决问题的过程和方法。

四、教学目标分析

1. 通过让学生数一数“大蒜有几瓣”这一有趣的活动，激发学生参与统计活动的兴趣，感受统计方法的必要性。

2. 巩固学过的统计及其他有关知识，并通过实践活动，初步培养学生学会收集信息、整理信息，并借助简单的统计结果培养学生发现规律、分析问题的能力。

3. 让学生经历操作、观察等过程，体会数学与生活的联系，感受数学在解决实际问题中的作用，获得一些初步的数学活动经验；在与同伴合作解决问题的过程中，培养对数学的兴趣。

五、教学要点分析

教学重点：在实践活动中初步培养学生发现规律、分析问题的能力。教学难点：做好对大蒜剥皮和数瓣的方法指导。

六、教学准备

学生准备：本地大蒜若干头。

教师准备：本地大蒜若干头，实物投影仪，大蒜图片。

七、过程设计

（一）谜语导入

迹面：兄弟好几个，围着栏杆坐，大家一分手，衣服就扯破。（学生举手猜谜语。）

实物投影出示大蒜的图片。

【设计意图：通过猜谜语引出课题，能激发学生的活动热情。】

（二）活动一：提出问题

师：对于大蒜，你们都了解哪些知识？

（学生会说大蒜很辣、大蒜可以杀菌等。）

师：请同学们仔细观察这些大蒜，你们能提出哪些数学问题？

（学生提的问题可能会有以下几个：每头大蒜有几瓣？哪头大蒜的瓣数最多，有几瓣？哪头大蒜的瓣数最少，有几瓣？大蒜有什么作用？大蒜是怎样种出来的？等等）

【设计意图：对于熟悉的大蒜，学生的思维很容易活跃起来，对大蒜肯定会有很多疑问。教师要让学生在提出数学问题的过程中，体会到数学就在他们的身边，进而引导学生研究。】

（三）活动二：探索研究方法

师：今天我们一起来研究大蒜的瓣数问题，其余的问题我们先把它放在

问题口袋里，课后有兴趣再去研究。（板书课题：大蒜有几瓣）

师：下面请各组组长每人拿出一头大蒜，大家先估一估这头大蒜可能有几瓣，然后再一起来想办法验证一下，看谁估计得比较准确。

学生小组开始活动，寻找解决问题的办法。他们一定会掰开数。

【设计意图：主要是为了培养学生的估计意识，让学生自己寻找解决问题的策略。】

师：今天我们带来的这些大蒜到底最多的有几瓣，最少的又有几瓣，它们的瓣数有没有规律呢？我们可以怎样去研究？请各小组讨论一下。

小组讨论交流，教师巡视指导。

（学生讨论的结果可能是：①掰开大蒜数一数；②记录下每头大蒜的瓣数；等等。）

师：怎样做才能让大家一眼就看出你们小组研究的大蒜有多少瓣呢？

（学生讨论的结果可能是：①用符号表示蒜瓣；②用数字表示蒜瓣；③写上数，是几瓣就在几瓣上画图做好标记，最后比一比，数一数；等等。）

【设计意图：这一环节是最关键的，教师要让学生充分地去探索、去研究解决问题的方法，并且通过讨论、交流环节，培养学生的思维能力、语言表达能力、合作能力和创新意识。】

（四）活动三：自主探究，合作交流

按刚才讨论的办法，以小组为单位进行研究。

学生活动，教师巡视指导。

小组展示自己的研究结果，并说一说要表达的意思。

师：各小组都把自己研究的大蒜瓣数的情况展示出来了，那么，同学们能不能想个办法把我们班研究的大蒜瓣数的情况都展示出来呢？

学生讨论交流。

（学生讨论的结果可能是：①看一看我们班的每头大蒜的瓣数；②每个小组汇报，把全班的情况整理出来；等等。）

【设计意图：整理数据的方法很多，教师应充分尊重学生的选择，只要方法正确就要对学生给予肯定。因为每个组的大蒜太少，不容易发现规律，所以要全班汇总。】

（五）活动四：观察发现规律

观察一下今天我们研究的这些大蒜的瓣数，你们发现了什么？

学生思考，然后发言。

（学生的发言可能是：①我发现某个瓣数的大蒜头数最多；②我发现不是所有的大蒜瓣数都一样多；③我发现这些大蒜最多的瓣数是××瓣，最少的瓣数是××瓣；④我发现这些大蒜××瓣和××瓣的一样多；⑤我发现这些大蒜××瓣的比××瓣的多多少；等等。）

师：同学们还有什么问题吗？

【设计意图：观察、猜测、验证与交流等数学活动的开展，可以让学生真正地进行“数学探究”。】

（六）活动五：方法迁移，回归生活

师：用统计的方法，可以让我们了解一头大蒜一般会有几瓣。这种方法还能帮助我们了解什么？生活中还有哪些地方用到统计的知识？

【设计意图：数学实践活动的内容源于生活，又要实践于生活。因此，教师设计了实践活动延伸这一环节，主要意图是让学生用学到的学习方法，把数学学习从课内引向课外。】

（七）课堂小结

师：今天，你们学会了什么？

（引导学生谈出自己的收获。）

八、创新特色

在实践活动过程中，教师大胆地放手，给学生充足的探究空间，给予学生一个实实在在的自主实践的机会。一头大蒜到底有几瓣？面对手中的大蒜，教师没有急于让学生剥开数数，而是吊起他们的“胃口”，让他们先估一估。这样设计，主要是让学生经历“猜测、实验、推理”的过程。

设计二：

实践活动——我们身上的小秘密

福山区张格庄镇上官小学　巴美春

一、教学内容

《义务教育课程标准实验教科书·数学》（青岛版）二年级上册第29页。

二、教材分析

本实践活动是在学生从第二册教材中已经认识“米”和“厘米”的基础上开展的，旨在让学生通过合作测量，记录和了解人体的有关数据，感受人体的数学，形成初步的研究意识。该活动选取的主题视角独特、有童趣。人的身体上有许多有趣的数据，让学生测量自己身体上的这些数据，了解它们之间的关系，学生会很感兴趣。另外，教师引导学生运用前面学过的长度单位测量自己的身体，不仅加深了他们对长度单位“米”和“厘米”的认识，也为他们后面认识新的长度单位做好了铺垫。教师通过本次实践活动，引导学生对得出的数据进行分析比较，从而使他们知道人的拳头一周的长度与脚长基本一致、身高与一庹的长度基本一致的常识。

三、学情分析

学生在一年级已初步认识了长度单位“厘米”和“米”，并会进行简单的测量。在实践活动中，教师再次让学生测量自己身上的相关数据，学生对这样的活动很感兴趣，并积极投入，进而通过小组活动的方式分析整理自己所测量的数据，发现身上的小秘密。但是，刚上二年级的学生，其问题的分析总结能力还比较差，他们在分析整理测量过程中得到的数据时会出现问题。因此，在实践活动中，教师要深入学生之中，关注小组活动的进展情况，让学生知道测量什么、怎样测量、测量时应注意什么、怎样准确读出测量结果、如何记录等，引导学生有序地进行活动。

四、教学目标分析

1. 让学生通过测量身体各部分的长度，以及对这些数据进行分析比较，感受人体的数学。

2. 让学生主动参与小组学习，初步学会与伙伴合作交流，培养他们的合作意识和协作能力。

五、教学要点分析

教学重点：通过测量身体各部分的长度，了解它们之间的奇妙关系。教学难点：通过对多组数据的整理分析，感受人体的数学。

六、教学准备

每小组一根米尺，软尺，统计表。

七、过程设计

（一）故事设疑，揭示课题

出示课件导入新课（课件内容：早晨，刘丽的妈妈来找老师，想带刘丽去买一双新球鞋，可是刘丽正好在上课又不能去，这可怎么办？于是刘丽的妈妈让老师找来一根棉线，只见她悄悄地走到刘丽身旁，用棉线绕着刘丽的拳头围了一圈，说："老师，这样就可以了。"）

师：听完这个故事，你们有什么疑问吗？（学生自由交流。）

学生质疑：刘丽的妈妈想买鞋，可为什么要量刘丽的拳头呢？她买的鞋会合脚吗？

师：为什么量一量拳头一周的长度就能买鞋呢？拳头一周的长度和脚的长度有什么关系呢？这节课就让我们一起去了解一下我们身上的这些小秘密，来寻找答案。（板书：我们身上的小秘密）

【设计意图：利用生活中的一个小故事，引起悬念，设计疑问，激发学生的学习兴趣和探究欲望，提高学生学习的积极性和主动性。】

（二）知识搭桥，方法指导

1. 教师指导学生复习已经学过的长度单位米和厘米，以加深他们对长度单位的认识。［课件出示：在括号里填上适当的长度单位①一棵大树高约5（　）②小明身高128（　）③一张床约2（　）④我的铅笔盒长约20（　）］学生看课件回答交流。

2. 学生交流课前收集的有关身体的一些小秘密。

3. 教师引导学生测量的正确方法并加以指导。

（1）小组代表到前面边演示边交流利用米尺和软尺进行测量的方法。

（2）教师介绍利用软尺进行小组合作测量的方法，确定测量的步骤、内容、测量数据的记录等测量项目。

【设计意图：本环节教师通过对长度单位米和厘米的复习，以及让学生交流自己了解的身体的小秘密，确定测量项目和介绍测量方法，让学生在交流中感知，为学生后面的学习活动打下基础。】

（三）活动体验，探究规律

活动一：探究拳头一周的长度和脚长度的关系

1. 学生分小组活动。

明确活动要求：每组4名学生，测量每个学生的拳头一周的长度和脚的长度，做好记录，填在表一里。

表一

姓　名				
拳头一周的长度（单位：厘米）				
脚的长度（单位：厘米）				

2. 各组交流测量的数据，教师进行汇总。

3. 引导学生整理和分析数据，发现规律：拳头一周的长度和脚的长度基本一致。

4. 学生解疑，刘丽的妈妈买的鞋是否合脚？为什么？

（教师板书：拳头一周的长度⟷脚的长度相近）

【设计意图：教师为学生创设活动的探索空间，通过学生动手测量，让学生充分经历探索的过程，引导学生分析比较测量的数据，使他们自主发现其中的规律。调动学生合作学习的兴趣，培养学生的合作意识和协作能力，使他们形成初步的研究与探索意识。】

活动二：探究身高的长度和一庹长度的关系

1. 在学生已经知道身体的第一个秘密后，引导学生说出还想知道自己身体的哪些秘密。

先小组交流，再集中交流。让学生充分发言，互相交流自己所想知道的其他秘密。

2. 确定研究的问题：人身高的长度和一庹的长度的关系。（其他问题暂时放入问题口袋，留待小组后面研究。）

3. 学生明确活动要求后，分组测量，完成表二。

表二

姓　名				
身高（厘米）				
一庹的长度（厘米）				

4. 展示交流。

每个小组展示自己的测量结果，其他组进行评议，引导学生对每组测量的数据进行整理分析。通过学生测量与观察，发现身高和一庹的长度大致相等。

5. 活动小结：在同学们的认真测量和细心观察中，我们又发现身体的另一个秘密——身高和一庹的长度很相近。

板书：

身高←→一庹的长度

【设计意图：在教学组织形式上，以小组合作学习为主。学生在合作探究中交流自己的想法，倾听他人的意见，使思维的火花在交流中碰撞，问题在交流中迎刃而解。】

活动三：探寻问题口袋里的其他问题，发现身体更多的秘密

1. 学生交流，还想知道哪些秘密。（如头一周的长度、脚的宽度、腿粗、胳膊的长度、脖子一周的长度、手的长度……）

2. 分组明确研究内容，再进行测量，做好记录，完成表三。

表三

学生 项目	1 号同学	2 号同学	3 号同学	4 号同学
头一周的长度				
脚的宽度				
脖子一周的长度				
手的长度				
……				

3. 学生交流新发现的身体的小秘密。

4. 想一想，这些小秘密帮我们解决了生活中的哪些问题？

【设计意图：在学生发现身高与一庹长度近似相等的基础上，教师让学生进一步了解更多的秘密。拓展学生的思维，培养学生的合作意识。】

（四）拓展应用，解决实际问题

1. 想一想，在生活中如果遇到下列的问题，你们会请身体的哪个小秘密来帮忙解决。

（1）想知道自己的身高大约是多少？

（2）画画的时候，怎样才能把人物的身体比例画得很匀称？

（3）在不想试穿裤子的情况下，怎样才能知道裤子的腰围是不是合适？

（4）想知道自己的手腕一周大约有多长。

2. 教师小结：身体上的这些秘密帮我们解决了许多实际生活问题，给我

们的生活带来了方便。

【设计意图：通过本环节的应用练习，学生将所学知识应用于实践中，学以致用，感受数学与生活紧密相连，数学来源于生活又服务于生活。】

（五）课堂总结

1. 教师总结本节课所学内容，评价学生的活动情况。

2. 学生交流本节活动收获。（发现身体的哪些秘密）

3. 学生评价自己及小组活动情况，交流想法。

【设计意图：师生间通过评价交流，进一步巩固活动内容，使学生学会公正地评价自己与他人，能够正确地认识自己，感受到数学在他们身边，增强学数学、用数学的意识。】

八、板书设计

我们身上的小秘密

拳头一周的长度←→脚的长度

相近

身高←——→一庹的长度

九、创新特色

数学教学要密切联系学生的生活实际。本次实践活动的取材就体现了这一点，新颖独特，有童趣。本课设计努力体现以下特色。

1. 体现“以学生为主体”的课堂教学理念，自始至终学生都是活动的主体。学生之间相互量一量拳头一周的长度和脚的长度，身高和一庹的长度，他们思维的火花在相互碰撞，他们之间也在相互启发。

2. 学生在解决问题的过程中，体会到与他人合作的重要性。学生在测量的过程中，会出现一些自己无法完成的测量活动，这样小组合作的优势就体现出来了。几个人共同完成任务，并通过合作活动认识到：小组合作测量的效率很高。在这个过程中，他们体会到与他人合作的重要性，从而获得积极的数学体验。

3. 体现数学与生活的紧密联系。教学从开始的新课导入到让学生发现生活中的数学问题，使他们感受到数学与生活的紧密联系，生活中处处有数学，处处用数学。

十、专家评析

教师以生活中的一件小事导入课题，让学生真切感受到数学就在我们身边，激起学生的探究欲望。为了顺利完成所探究的问题，教师引导学生复习巩固了“米”和“厘米”的知识以及测量长度的方法，让学生在交流中感知。之后教师充分尊重学生的探究欲望，让学生质疑、交流方法、小组动手、实践验证、小组交流、总结板书，每一环节环环相扣，圆满完成了在兴趣引领下的探究实践活动。最后，为了体现人人学有价值的数学和数学来源于生活又服务于生活的理念，教师设计了拓展应用这一环节，把本节课推入新的高潮。本节课教师安排了多次小组活动，学生在小组合作探究中不仅学到了数学知识，更学会了与他人合作的方法和技巧，提高了人际交往能力，培养了团队精神和责任感等。

设计三：

综合应用——荡秋千

海阳市凤城街道中心小学　刘云霞

一、教学内容

《义务教育课程标准实验教科书·数学》（青岛版）三年级下册第71页。

二、课标分析

《标准》提出使学生“经历观察、操作、实验、调查、推理等实践活动；在合作与交流的过程中，获得良好的情感体验；获得一些初步的数学实践活动经验，能够运用所学的知识和方法解决简单问题”，“感受数学在日常生活中的作用”。依据课标，“荡秋千”一课要引导学生在具体的实践操作中积极思考，主动与同伴合作，使学生学会合作探究，同时了解数学在日常生活中的简单应用，获得积极的数学学习情感。

三、学情分析

虽然大部分学生具有一定的荡秋千的经历，但并没有注意荡秋千活动中的学问，也没有与数学联系起来。因此，荡秋千这样的实践活动，会激起学生的好奇心，激发学生的探究欲望。估计在实验过程中，学生可能会因为不够细心或急躁等原因影响实验结论的得出，但只要学生认真合作、仔细观察，都会发现在相同的时间内，荡秋千的次数与物体质量无关、与绳长有关。

四、教学目标分析

1. 在亲身实践中，培养学生发现问题、分析问题、解决问题的能力。

2. 使学生经历“猜想—实验—验证”的研究过程，获得一些初步的数学活动经验，体会数学在解决实际问题中的作用，培养他们对数学的兴趣。

五、教学要点分析

教学重点：使学生通过实验操作，分析研究发现在相同的时间内，荡秋千的次数与物体质量无关，与绳长有关。教学难点：使学生能仔细缜密地制订方案，并认真操作实验分析数据，最终得出结论。

六、教学设计策略

在本课的设计中，教师课前布置学生做荡秋千的游戏，让他们获得荡秋千的游戏体验后，教师在课堂上为学生提供丰富的操作材料，让他们采用动手实践、合作探索的方式，经历“猜想—实验—验证”的过程，教师适时进行点拨与引领，使学生通过总结交流形成结论。

七、课前准备活动

1. 让学生通过上网、查阅资料、采访等方式调查荡秋千的游戏起源，了解“荡秋千”游戏的渊源。（荡秋千是中华大地上很多民族共有的游艺竞技项目。秋千的起源，可追溯到几十万年前的上古时代。那时，人类的祖先为了谋生，不得不上树采摘野果或猎取野兽。在攀缘和奔跑中，他们往往抓住粗壮的蔓生植物，依靠藤条的摇荡摆动上树或跨越沟涧，这是秋千最原始的雏形。1991 年，全国少数民族体育运动会将荡秋千列为表演项目，后来荡秋千又被列为比赛项目。秋千这种有着几千年历史的民俗运动，至今仍保持着旺盛的生命力。）

2. 课前荡秋千游戏：①教师在操场上设计两个高度相同的秋千，一个绳长，一个绳短。②在教师的带领下，每个学生利用体育课的时间，先后来荡一荡两个秋千，每个秋千荡 5 分钟，并记下自己每次荡的次数，谈一谈自己荡秋千的感受、感想。游戏目的一：使学生获得荡秋千的初步体验，为探究本课的知识积累感性的经验基础；游戏目的二：引导学生对两次荡秋千不一样的次数初步在心里形成质疑——为什么两次荡秋千时间相同次数却不一样呢？怎样才能在相同的时间内荡的次数更多呢？

八、过程设计

（一）情境导入

观看录像：3 个小朋友做荡秋千的游戏比赛。3 个秋千绳长各不相同，3 个小朋友体重明显不同。

师：同学们，3 个小朋友要进行 10 分钟的荡秋千比赛，结合你自己荡秋千的体验，猜猜在相同的时间里，谁会获得冠军呢？

同学们可以各抒己见，并说说自己的理由。估计会有两种答案：①荡绳长的秋千的那个同学得冠军。②体重越重的同学荡的次数越多。

教师在学生猜出两种答案后引导学生把思路梳理清楚，一种答案是比赛胜负取决于秋千的绳长，一种答案是比赛的胜负取决于秋千上的人的体重，即质量。（因为学生课前曾做过荡秋千的游戏，可能多数学生猜荡绳长的秋千的那个同学获胜）

【设计意图：教师通过学生熟悉和喜欢的游戏，引发学生的猜想和争论，从而激发学生探究的动机。】

（二）合作探索，实验验证

1. 熟悉实验材料，制订实验方案。

（1）师：同学们，到底哪个答案是正确的呢？是不是真理掌握在多数人的手里呢？这节课我们就再来玩玩儿荡秋千，看看荡秋千游戏里到底隐藏着什么奥秘好不好？瞧，老师给你们每个小组带来了一箱子小礼物，快打开看看是什么？

生：是门形支架；一组 3 根均长 15 厘米的线；一组 3 根长度分别是 10 厘米、15 厘米、20 厘米的线；（线的两头教师提前安上小钩）钩码：2 克、5 克、10 克、20 克、30 克的各 3 个；秒表一个。

（2）师：请同学小组间商量一下，我们该如何利用这些小玩意来证明我们的两种猜想哪种是对的呢？请大家讨论出一个实验方案。

学生分组活动时，教师要参与到小组活动中去，及时点拨和了解学生的思考情况。

实验方案一（胜负取决于秋千上的人的质量的猜想）：用 3 根相同长度的线分别勾住不同质量的 3 个钩码，看在相同时间内哪个钩码摆的次数多。

实验方案二（胜负取决于秋千的绳长）：用 3 根不同长度的线勾住相同质量的钩码，看在相同时间内哪个钩码摆的次数多。

【设计意图：教师用带礼物的形式让学生熟悉实验材料，增加学生探究的兴趣。三年级的孩子太小，还不具备自己制订实验方案的能力，所以在这里由教师把实验材料准备好，学生根据材料，合理分析，经小组讨论，在教师的引导下制订实验方案，这可以培养学生初步制订试验方案的能力和撰写实验方案的能力。】

2. 下发报告单（见文末尾附报告单），分工，实验。

(1) 分工。

教师引导学生进行小组实验分工：学生有的计数，有的摆弄器材，有的计时。

学生进行分工。

【设计意图：教会学生懂得有明确的分工，才会有完美的合作。】

(2) 实验一：绳长相同，钩码不同。

学生在组长的带领下进行实验。即选用 15 厘米的 3 根线分别吊起不同重量的 3 个钩码，统计 15 秒内钩码荡的次数。教师要参与到小组活动中，发现问题要及时提醒学生注意，并及时给予必要的帮助和指导。

估计学生在实验时会因为不小心出现很多的问题，要根据问题进行提醒。比如：①如何算做荡一次（正好一个来回）；②要从同一个高度开始荡起（可以引导学生把线都拉到与支架横梁水平的位置，然后松手），用力要均匀；3. 轻拿轻放实验材料；4. 填写好实验报告单；5. 为确保实验结果准确，要做 3 次同等条件的实验以证明结论的正确性，即绳长不变再换 3 个不同的钩码。

【设计意图：小学生好动，所以本课设计了这样的实验活动，让学生在实验中合作、探索、发现、总结，同时培养学生严谨的科学态度、合理科学的研究方法。】

根据情况，组织学生进行实验总结。

请一个小组为大家做演示实验，得出结论：在相同时间内，3 个秋千荡的次数一样多。

【设计意图：教师通过学生的演示实验，达到演示和总结的目的。】

(3) 实验二：绳长不同，钩码质量相同。

师：那如果绳长不同，钩码质量相同又会怎样呢？小组长带领同学们再来进行一次探讨。

小组长带领本组同学，用 10 厘米、15 厘米、20 厘米的线分别钩起相同质量的钩码进行实验，得出结论后，再更换 3 根不同长度的线进行实验两次。

教师根据学生的实验情况组织学生进行实验总结。

请一组同学为大家做演示实验，同学们一起交流看法，得出最终结论，即：绳越长，在相同时间内荡的次数越少；绳越短，在相同时间内荡的次数越多。

【设计意图：教师通过学生的演示实验，达到演示和总结的目的。】

3. 得出结论。

教师给学生一定的时间进行总结。

经过实验，学生分析数据可得出：相同的时间内，荡秋千的次数与人的质量无关，与绳的长度有关。

【设计意图：此时学生已经明白了，同一时间内"荡秋千"的次数到底与什么有关，此处是为了培养学生的综合分析总结能力，把两种实验结论用精辟的语言总结概括出来。】

（三）学以致用

利用实验结论，分析解决情境问题。

师：谁能得冠军？

生：荡绳子最短的秋千的那个小朋友。

师：如果要进行一次荡秋千比赛，你知道如何使自己在相同时间里荡得次数最多吗？

【设计意图：让学生用探索到的知识去解决实际问题，使学生感受到思考后的欢乐。】

（四）课后拓展

师：同学们，其实生活中还有好多类似我们"荡秋千"实验中的现象，课后大家再来仔细找一找。

【设计意图：教师通过对荡秋千这一游戏的研究活动，组织学生进行拓展延伸，寻找生活中类似的现象，让学生进一步体会数学与生活的紧密联系。】

（五）课堂总结

让学生谈谈自己的收获和感受或是疑问。

引导学生巩固探索到的结论，向学生进一步渗透合作、探索、科学的方法和探究的思想。

学生结合本课中的实验，谈收获，谈实验中的体会，也可再提疑问，并对自己在本课中的表现进行评价。

【设计意图：让学生体会到参与实践得出结论是主要的，学会运用科学的方法进行实验验证，与同伴合作交流更重要，本课正是要达到这样一个教学效果。】

附：实验报告单。

绳长相同，质量不同。

绳长	15 厘米		
时间	15 秒		
钩码	克	克	克
次数			

绳长	厘米		
时间	秒		
钩码	1 克	2 克	5 克
次数			

结论：在相同的时间内，荡秋千的次数与（物体的质量）无关。

绳长不同，质量相同。

钩码	20 克		
时间	15 秒		
绳长	10 厘米	15 厘米	20 厘米
次数			

钩码	克		
时间	秒		
绳长	厘米	厘米	厘米
次数			

结论：相同的时间内，荡秋千的次数与（绳长）有关。绳子越（长），荡的次数越（少）；绳子越（短），荡的次数越（多）。

九、创新特色

《标准》指出，数学实践活动课是“学生在老师的引导下，在对已有知识体验的基础上，从所熟悉的现实生活中发现、选择和确定问题，主动应用知识解决问题的学习活动”。这是开展数学实践活动的指导思想。围绕这一指导思想，本课的设计主要体现了如下几个特色。

（一）活动性

本节数学实践课引导学生人人参与，个个动手、动口、动脑，千方百计地设计活动情境，使学生多种感官参与活动，学生在活动中探索新知，在活动中应用、实践数学知识。如制订实验方案、小组合作进行实验等一系列的活动，都是建立在学生主动参与以及人人动手、动脑的基础上。

（二）操作性

美国教育家杜威提倡“让学生从做中学”。数学活动必须让学生真正“动”起来，通过自己动手操作、在实践中感知问题、发现问题，从而培养自己解决问题的能力。在本课中，学生需进行两个实验，这两个实验都是让学生在充分动手操作的基础上来完成的。而后，由一组做得好的学生来进行演示实验，为了让学生对两个实验能理解得更好，教师设计了课前的荡秋千游戏，这一切都是建立在让学生充分操作、获得感性经验的基础之上的。

（三）科学性

本课打破了传统的课堂教学结构，注重培养学生的创新意识和实践能力。整个过程从学生已有的生活经验的实际出发，通过“猜想与验证”的科学探究方法，让学生亲历了探究“荡秋千”的奥秘的过程，使他们从中学会了科学的实验方法，并体验了成功解决数学问题的喜悦。

1. 教师引导学生学习“猜想与验证”的科学方法，并使他们理解实践是检验真理的唯一标准的含义。本课在学生体验荡秋千游戏的基础上，通过学生的比赛，教师引导学生探究荡秋千的奥秘，让学生学会了基本的科学思想——“猜想与验证”。

2. 教师引导学生学习初步的实验过程。比如制订实验方案、实验后填写报告单，并最终形成结论，这些都渗透了一些科学思想。再如，让学生感受到只有通过多次实验才能得出正确结论的科学思想，这是对学生成长过程中不可或缺的实验观的培养。

（四）合作性

在这节课里，教师注重了学生对知识的探究，更注重对学生合作意识的培养。比如实验前的分工，再比如实验过程中的配合，这些环节让学生能体验到合作的重要性，从而学会与他人合作，共享合作的快乐。

设计四：

综合应用——饮食与健康

龙口市新港路学校　王同芬

一、教学内容

《义务教育课程标准实验教科书·数学》（青岛版）四年级上册第88页。

二、教材分析

“饮食与健康”是四年级上册一节综合应用课。当前小学生的偏食现象特别严重，这已严重影响了儿童的身心健康，引起了学生家长和社会的广泛关注。饮食与健康包含的内容是比较多的，如包含食物中有哪些营养，怎样合理安排营养均衡的膳食，养成良好的饮食习惯，注意饮食卫生，谨防食品的污染及食物中毒等内容。本节课的设计意图是：培养学生应用数学知识解决实际问题的能力，提高他们的数学素养。本节课的内容是在学生学习了统计及小数有关知识的基础上安排的，目的是引起学生对自己饮食情况的关注，从而使他们形成良好的饮食习惯。

三、学情分析

由于现在普通家庭的经济状况都比较好，在孩子饮食问题上就存在许多错误认识。一种情况是学生家长为避免孩子出现营养不良的情况，让孩子天天大鱼大肉地乱吃，结果孩子营养严重过剩，孩子中肥胖者增加；另一种倾向是学生挑食，造成能量摄入不均衡，导致营养不良的后果。所以对学生加强饮食健康的教育已迫在眉睫。本节课授课对象是小学生，他们活泼好动，具有极强的好奇心。因此，教师在备课时可以让学生凭借网络、书籍等多元化渠道获取感兴趣的信息，让他们通过自己动手调查收集相关资料，自主认识饮食与健康的关系，从而养成良好科学的生活习惯。

四、教学目标分析

1. 让学生学习用分类的方法认识身边熟悉的食物，培养他们给食物分类的能力，能够用简单的图表进行统计，锻炼学生整理资料和评价结果的初步能力。

2. 激发学生研究食物所含营养成分的兴趣，培养他们科学的饮食习惯。

3. 引导学生通过电脑网络等渠道，查阅相关的知识，并利用所学习的知识提出合理的饮食方式。

4. 让学生在系统的调查活动中，获得初步的用数学方法研究问题的经验，培养他们的应用意识。

五、教学要点分析

教学重点：让学生通过收集资料的过程来了解各种食物的不同营养成分，并能用自己的语言进行描述。教学难点：培养学生自主调查收集资料和科学探究的能力。

六、过程设计

（一）谈话导入

师：同学们，健康的饮食能提供人体生长、生存所需要的基本营养，让我们有强健的身体、充沛的精力。人人都想拥有健康，可怎样的饮食才算科学合理呢？这节课我们就一起来寻找答案。我们先来做个小调查，请同学们想一想，今天你都吃了些什么？

（生答略）

师：如果只吃爱吃的东西，不爱吃的就不吃，会导致什么严重的后果呢？（营养不良）

师：是啊，这样饮食是不科学的。因为各种食物中含有我们人体所需要的多种营养素，营养素是对我们身体健康起重要作用的物质。就像小树成长需要从土壤里吸收养分一样，我们人类要从食物中获取各种营养。下面让我们一起来研究饮食与健康的密切联系，了解不同食物的营养价值，养成科学合理的饮食习惯。

【设计意图：教师以轻松的谈话方式引入，让学生初步明确科学饮食的具体意义。】

（二）讲授新知

活动一：交流饮食习惯，提出研究课题。

1. 师：大家想吃一次自助餐吗？看看今天餐厅为我们准备了哪些菜？

（点击课件，屏幕上出现一个大圆盘，大圆盘上有各种各样的菜。）

教师提出活动要求：请根据自己的需要来选择早餐、中餐、晚餐。（学生自选三餐，教师巡视。）

【设计意图：教室两旁摆放了长桌和食物图片，布置出了自助餐厅的场景，让学生有了更真切的感受。】

2. 师：谁愿意把自己选的三餐端到教室前面来给大家看一下？（几个学生将自己选的三餐图片在实物投影上展示）请同学们简单讨论一下，这样的选择是否可以满足我们身体生长的需要呢？

【设计意图：让学生根据头脑中已有的营养学和生活常识互相评价。此时，教师不必作批评性的点评，只是让学生展示自然状态下的选择。让学生自由选择自助餐的方式，创设了轻松的氛围，极大地调动了他们的积极性，为下面的活动和学习打下了好的基础。】

3. 师：那么，到底该怎么吃可以满足我们身体的需要呢？今天老师特意请来一位营养师，营养师专门研究食物中的营养素，教人们"吃什么、怎么吃、吃多少"，让我们的身体健健康康。

课件配音展示：

同学们，这是一个食品营养均衡宝塔，我们人体所需要的食物都在宝塔里。第一层是塔底，即碳水化合物，包括人体最不可缺少的谷物做的主食；第二层由水果和蔬菜组成；第三层由肉类组成，包括鱼、虾；第四层由奶类、豆类组成；第五层由油、脂肪组成。我们一日三餐中，这宝塔中的食物一种都不能少哦！这一日三餐怎么安排呢？早餐一定要吃得饱，除了吃主食以外，主要摄入牛奶和水果，这样工作学习精神好。中餐一定要主食副食搭配均衡，荤素搭配，营养全面。晚餐正相反，应吃得清淡，吃一点饭或粥，一点蔬菜，睡前再喝一杯牛奶。这样呀，我们的营养就足够了。

4. 师：听了营养师的介绍，很多同学已经迫不及待地要把自己刚才选的自助餐调整一下了。那好，赶紧调整吧。

5. 学生再次交流展示，并说明调整的原因。

【设计意图：通过营养师的介绍，学生在听、看、问、说中树立了正确的认识，初步了解了一些科学的营养学知识，变凭喜好选择三餐为科学合理地安排自己的一日三餐，初步培养了学生饮食要合理、营养要均衡的科学态度。】

活动二：制订调查计划。

1. 师：在自助餐厅旁边，开了一家有趣的"健健餐厅"。这里的服务员可非同一般，大家可要注意观察。（这里的服务员可了不起了，个个都是小营养师呢，能够根据客人的身体需要来配营养餐。服务员通过调节客人的饮食，使客人变得健康。）

【设计意图：把枯燥乏味的营养学常识巧妙地融合到直观形象的动画演

示中，让学生在愉悦的观赏中不知不觉地了解了营养学的常识，提高了学生对科学饮食的认识。】

2. 师："健健餐厅"经理发出招聘启示：我们想开一家连锁分店，还想在我们班聘请一些有经验的、营养知识丰富的餐厅小服务员。谁想应聘呀？但是，想要成为合格的餐厅服务员，必须具备丰富的营养知识，这就需要同学们课后多调查了解一些有关饮食与健康方面的知识。为了使我们的调查活动有目的、有价值、有意义，必须先制订一份周密可行的调查计划。下面我们就以小组为单位，充分讨论，再结合自己的喜好，明确调查的内容及具体工作的分工。

要求：①明确调查内容；②明确工作分工；③明确调查时间；④明确获取信息的渠道与真实性；⑤设计出调查记录表；⑥有条理地记录所调查的信息。

【设计意图：这一环节强烈地激发了学生的兴趣，寓教于乐，使他们回味无穷。教师让学生从课堂中走出来，回到生活中去，体验从课内学习到课外的实践应用以及知识与生活紧密联系，以此指导学生生活，这些充分地体现了综合应用知识的生活性，不仅加强了学生的印象，最重要的是，使他们真切地知道了饮食与健康的紧密联系，相信他们在今后的生活中会吃得更健康！】

3. 进行小组活动时，学生分成了4组，分别研究不同的主题。美食组调查的是"食物的种类与营养"，营养组的活动主题是"我是小小营养师"，健康一组进行的活动是"饮食卫生小调查"，健康二组进行的活动是"饮食习惯小调查"。

活动三：学生进行资料收集与调查。

【设计意图：教师引导学生开展查阅书刊、网上搜索、向专家咨询等活动，收集到真实可靠的数据，填入调查记录表中，为课题的研究提供理论支持。】

活动四：交流分析调查情况。

师：同学们分成了4组，分别研究不同的主题。下面我们把同学们的活动情况和活动成果来分享一下

1. 美食组。

师：刚才美食组的同学向我们介绍了食物的种类与营养，说得很好。老师还知道在维生素大家庭中还有很多成员。如果你食欲不振、消化不良、胃

肠不舒服，那可能就是缺少了维生素B，它存在于糙米、鱼瘦肉中。维生素C能增强人体抵抗力，促进伤口愈合，鲜枣、橘子、番茄和蔬菜中都含有一定数量的维生素C。再如维生素D能促进我们的骨骼发育，缺少它我们就会得佝偻病，维生素D可以从鱼肝油、动物的肝脏、蛋黄中摄取。

2. 健康一组。

师：食物中含有这么多的营养，那你们在摄入这些营养时，注意饮食卫生了吗？我们一起来听听健康一组的调查情况。

3. 健康二组。

师：同学们，今后我们一定要注意平日的饮食卫生，做到饭前便后洗手，不吃过期的、变质的东西。在我们周围的同学中，有不少"小胖墩"和"小豆芽"，他们的胖与瘦和他们的饮食习惯有关系吗？下面来听健康二组同学的调查情况。

师：谁能结合自己的实际来谈谈你有哪些不良的饮食习惯，今后打算怎样做？

4. 营养组。

师：我们了解了这么多的饮食与健康方面的知识，那我们的一日三餐是否注意了营养的合理搭配呢？下面由营养组介绍他们的活动主题"我是小小营养师"。

师：同学们想不想也成为一名"小小营养师"呢？同学们还要注意有些食物不能同时吃，否则会在体内产生化学反应，给身体带来不良影响。比如鸡蛋与豆浆、牛奶与巧克力、黄瓜与花生、香蕉与芋头，等等。谁还知道哪些食物不能同时吃？

【设计意图：学生交流汇报时，教师要引导学生做认真的倾听者，这是为了检验学生课后调查收集资料的能力，同时教师要对学生的口报加以及时的评价，并引导学生提出自己的看法与建议。】

活动五：形成调查报告。

师：我们知道了饮食与健康的密切联系，了解了食物的种类与营养和卫生科学的饮食习惯。接下来，请同学们再以小组为单位，结合调查结果和我们的交流内容，写出一份调查研究报告。（如上所述，结合每组同学汇报内容加以整理即可。）

【设计意图：形成调查报告是本次综合应用活动的最后一个环节，教师要引导学生把研究问题的过程、得出的结论，以及自己对一些问题的看法和

建议，写成有说服力的调查报告。教师要对写调查报告的格式、内容及方法进行必要的指导。】

七、创新特色

本节课的设计内容以学生的现实生活为主要基础，贴近学生的生活实际。饮食是每一个孩子每天都要面对的事情，因此，以“饮食与健康”为话题引导学生开展调查研究活动，对学生来说是一件既有意义又感兴趣的事情，可以使他们逐步树立起关注饮食健康、关爱自我、珍爱生命的意识。同时，教师引导学生认识了养成良好的饮食卫生习惯的重要性，认识了不挑食、营养全面对小学生的成长是非常重要的，培养了学生对饮食的科学态度。

第五节　整理与复习

整理与复习，是指让学生通过自己动手实践、操作，对已学过的知识和技能进行重新学习，归纳整理，巩固已学的数学知识，深化已掌握的数学技能。它不是对已学内容的简单重复，而是学生在已掌握知识基础上对原先学习过的数学知识进行高层次上的再学习，它更多地是一个加深理解数学知识、扩大数学知识联系、进一步提高数学知识掌握水平、提高数学知识应用能力和技能的过程。因此，有关这一内容的教学对实施和谐高效课堂、促进学生素质全面发展具有重要意义。

一、教材的编写思路

青岛版教材在编排整理与复习这部分内容上设计了一条全新的编写思路，即以回顾为切入点，以解决问题为载体，以沟通数学知识之间的内在联系为目标，以对数学学习策略与方法的总结与提升为灵魂，全面实现了整理与复习课的巩固深化双基、提升策略与方法、形成学生良好认知结构的功能。其编写思路与特色如下。

（一）先行回顾，再作整理

青岛版小学数学教材的总复习的切入点大多是如下的话语：“这学期我们学习的内容有……”、“这学期我们学习了……”。教材这样设计，目的是引领教师的教和学生的学，即总复习的学习方式首要是先对这学期所学习的内容进行回顾。这里的回顾是简要的、粗线条的，学生在说出部分单元的名字或重要的知识点之后，面对回顾中所说的这么多内容，必然会感到所学的内容多、乱、杂，会感到无从下手，不知道从那里进行复习，他们迫切需要对这些内容进行梳理，此时对整理的需求也就应运而生。而教材中“这学期学习的内容真不少，我们回顾一下吧”的话语巧妙地将复习的重心由回顾转入到了整理的环节。另外，教材的这一设计思路还向学生渗透了一种学习的策略和习惯，即要定期对前面所学的内容进行回顾、整理与反思，从小养成良好的学习习惯。

（二）以解决问题为载体，在解决问题的过程中复习相关知识

青岛版教材对低、中、高三个年级段总复习这部分内容的编写各具特色，但其共同特点是以解决问题为载体，让学生在解决问题的过程中复习数学知识。如一年级上册总复习（见图2－35）在结构和呈现形式上与整套教材一脉相承，风格一致。承袭了青岛版教材“问题情境—建立模型—解释与应用”的编写思路，即：“情境（雪山乐园）—提出问题、解决问题（回顾整理）—拓展与应用（综合练习）”三位一体，使学生在综合情境图中发现数学信息，根据这些信息提出数学问题，在解决这些数学问题的过程中对全册内容进行整理与反思，从而达到复习、巩固、提高的目的。

图2－35

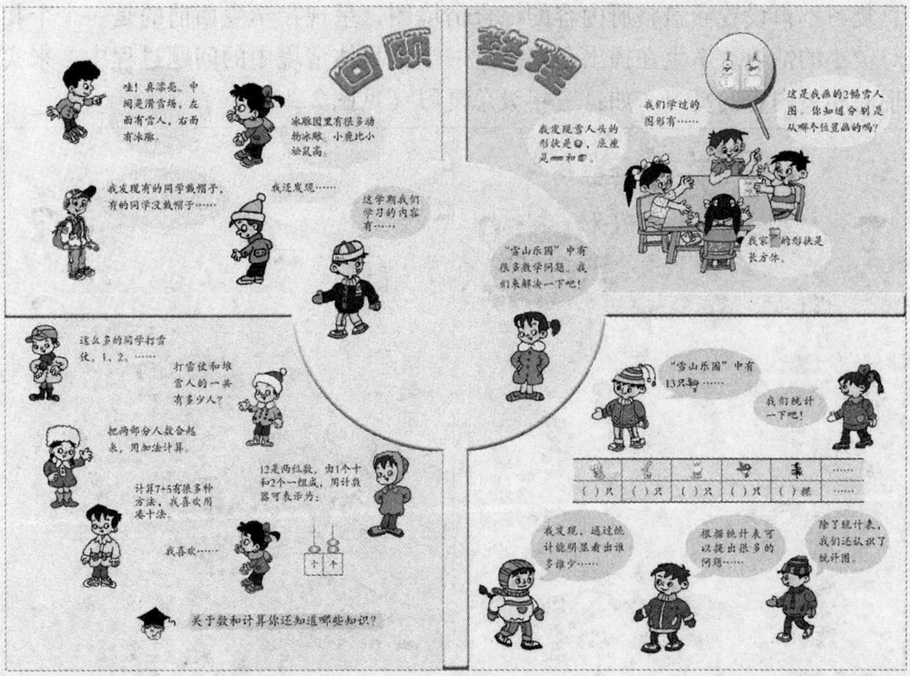

图 2－36

如学生看到打雪仗和堆雪人的情形，自然会产生诸如“打雪仗的和堆雪人的一共有多少人”的问题。而学生在解决这一问题的过程中，一方面复习了加法的意义，另一方面复习了20以内数的进位加法的计算方法。在总复习中，像这样的综合情境图还有一年级下册教材中的“儿童乐园”、二年级教材中的“过年”、“奥运在我心中”。同时，“板块式呈现，分领域整理”也是青岛版小学数学教材中总复习这部分内容的一大特色。教材中总复习的回顾整理部分，用线条、色块所划分的板块，将本册所学的内容按数与计算、统计、几何等领域进行了整理。如“回顾整理”（见图2－36）是根据综合情境图（见图2－35）中的信息，按板块由中心向四周辐射。中心部分是对全册的回顾；左上角板块主要复习分类、比较、方向与位置等内容；左下角是有关对20以内数的认识、加减法的意义、20以内数的加减计算的知识；右上角板块复习图形的认识与观察物体等方面的内容；右下角板块复习有关统计的一些知识。使学生对整个回顾整理的内容清晰明了，一目了然。

由于学生经过低年级的学习，已具备了一定的整理知识的能力，所以从三年级开始，对总复习这部分内容的编写在结构上发生了变化。即中年级的总复习不再设置涵盖整册内容的综合情境图，呈现在学生面前的是一个个相对较小的情境，学生在提出和解决这一个个具体情境中的问题过程中，来实现对相关内容的复习。如：三年级总复习（见图 2－37）

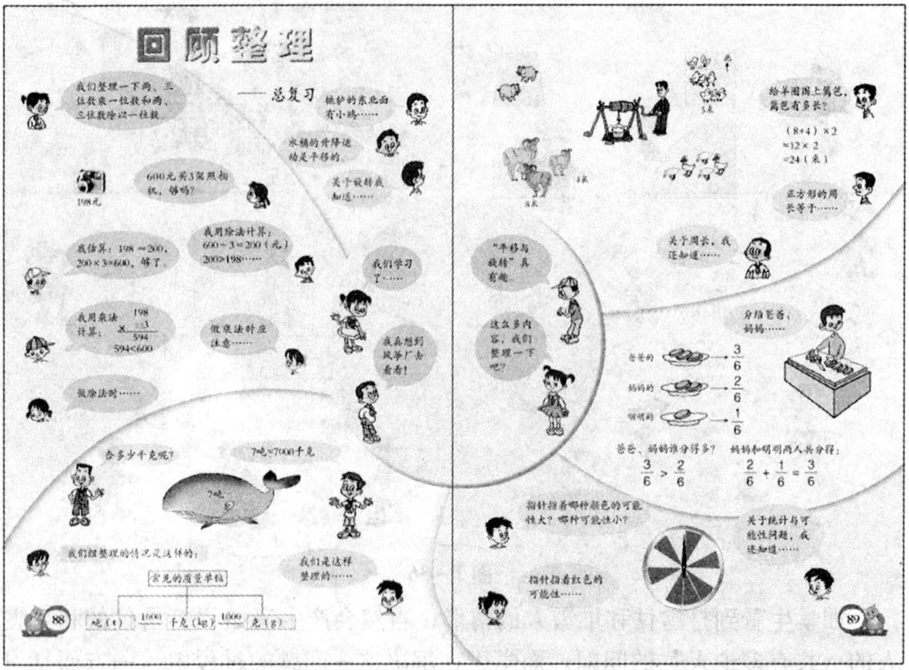

图 2－37

教材左上角部分提供的信息是“照相机 198 元一架”，问题是：“600 元买 3 架照相机够吗？”学生在解决这一问题的过程中，一方面可复习乘法估算、除法口算及笔算乘法，同时引出了对除法计算方法的复习；另一方面可以展示他们解决问题的不同策略。通过解决鲸鱼的体重“7 吨合多少千克”的问题，复习吨、千克、克等知识、通过解决教材右上角情境中上升的水桶、转动的辘轳、鸡舍的位置、羊圈所围篱笆的长度、羊圈占地的大小等问题，复习平移、旋转，方向与位置知识以及长方形、正方形的周长与面积的相关知识；通过解决分火腿肠的问题复习分数的内容；通过解决转盘中指针转动的问题，复习可能性的有关知识等。

（三）沟通数学知识之间的内在联系，形成良好的认知结构

学生在平时的学习活动中学到的知识大都是零散的，学生的知识结构中

的知识往往是以“点”的形式呈现。当学生需要解决问题时，往往不能有效地从知识结构中检索出有用的知识，就像从一个堆满货物的、杂乱无序的仓库中，很难找到需要的东西一样。回顾整理环节的目的之一，就是将学生知识结构中以“点”呈现的知识连成“线”、结成“网”，进而优化学生的认知结构，使学生的知识结构更加网络化、科学化，便于学生根据需要及时有效地检索、提取有关知识。基于这一认识，在高年级的总复习中没有综合情境图，也不是让他们以解决一个个具体情境中的问题的形式展开复习，而是依据数学知识之间内在的联系，将知识以网络图或表格等形式呈现出来，意图是沟通知识之间的内在联系，使其形成知识网络，进而使学生建立起新的认知结构。如四年级教材中的回顾整理。（见图 2－38）

图 2－38

青岛版教材在对有关小数内容的回顾整理中，采用了小数和整数对比进行整理的方法：左边用5个集合图分别呈现了整数的计数单位、读法写法、大小比较的方法、运算律、加减计算方法，右边对应出现了5个空白的集合图，意图是让学生根据整数的有关知识来整理小数的相关知识，从而沟通整数和小数的联系。如，通过横向对比整理整数和小数的计算方法，使学生认识到：整数和小数的计算方法在本质上是相同的，都是把相同计数单位的数相加减；通过对整数和小数运算定律的比较，可以知道整数的运算定律完全可以推广到小数。通过这种既有纵向（整数或小数）又有横向（整数的大小比较与小数的大小比较）的对比整理，一方面可以使学生抓住整数和小数在本质上的一致性，加深对这些知识的理解，另一方面使他们形成了合理的知识网络，优化了认知结构；同时还可以培养学生分析、比较、类比、迁移、抽象、概括的能力，提升了他们整理知识的方法。

再如，五年级下册总复习是对小学五年所学数学知识和方法的系统整理和提升。这部分内容的编写改变了传统总复习的编写模式，将总复习分为“知识与技能”、“策略与方法”两大部分。“知识与技能”部分又分为“数与代数”、“空间与图形”、“统计与概率”三个领域，每一个领域又被划分成几个板块，如“数与代数”领域分为“数的认识”、“数的运算”、“量的计量”、“比与比例”、“式与方程”等几个板块，每个板块又分为“回顾与整理”、“讨论与交流”、“应用与反思”三个栏目。这样的编排体系，优化了知识结构，将分散的内容连成线、串成片、织成网，有利于学生形成较为完整的认知结构。如“数的运算”（见图2-39）教材设计了4个具有典型性和思考价值的问题。

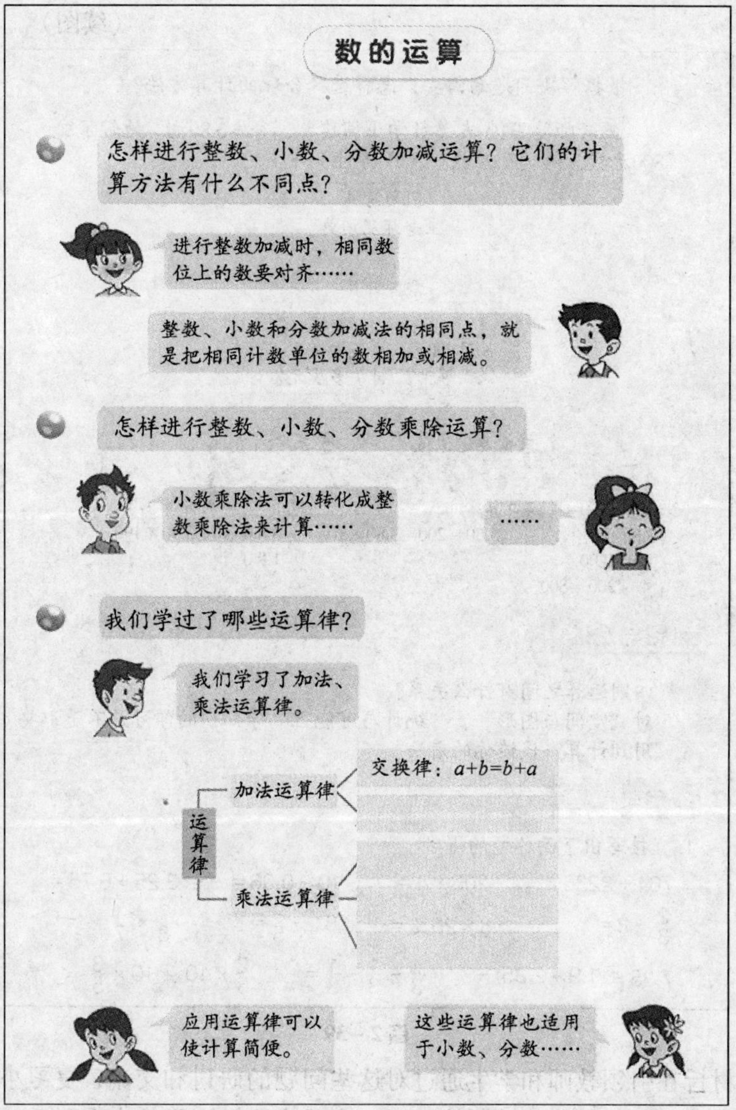

数的运算

怎样进行整数、小数、分数加减运算？它们的计算方法有什么不同点？

进行整数加减时，相同数位上的数要对齐……

整数、小数和分数加减法的相同点，就是把相同计数单位的数相加或相减。

怎样进行整数、小数、分数乘除运算？

小数乘除法可以转化成整数乘除法来计算……

……

我们学过了哪些运算律？

我们学习了加法、乘法运算律。

运算律

加法运算律

交换律：$a+b=b+a$

乘法运算律

应用运算律可以使计算简便。

这些运算律也适用于小数、分数……

（续图）

根据解决问题的需要，怎样选择合理的计算方法？

王老师要买190本《数学小词典》，每本3.80元。她带了800元钱，够吗？应找回（或再付）多少元？

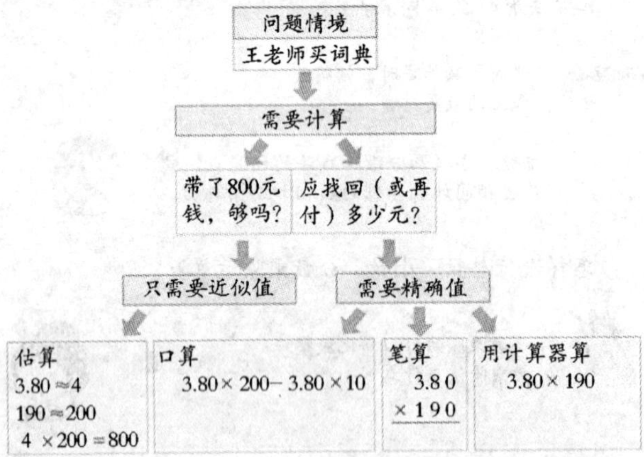

讨论与交流

● 四则运算之间有什么关系？

对“空间与图形”、“统计与可能性”等知识的学习是不是都要用到计算？谈谈你的看法。

应用与反思

1. 直接写出下面各题的得数。

$764+2236=$　　$205\times4=$　　$10-0.06=$　　$3.25+6.75=$

$\frac{2}{3}\div3=$　　$8\times25\%=$　　$81\div\frac{9}{5}=$　　$\frac{7}{8}\times\frac{1}{7}=$

$7.35-(1.9+2.35)=$　　$\frac{4}{3}-\frac{1}{3}\div\frac{1}{3}=$　　$\frac{2}{5}\times10+10\times\frac{3}{5}=$

图 2 – 39

教材旨在引领教师和学生通过对这些问题的研讨和交流，复习小学阶段学过的整数、小数和分数等运算知识，沟通这些知识间的内在联系，从而达到融会贯通、加深理解、提升认识的目的。如第一个问题是：“怎样进行整数、小数、分数加减计算？它们的计算方法有什么相同点？”通过这一问题，一方面引导学生复习整数、小数、分数的加减计算方法；另一方面通过分析、比较、抽象和概括，使学生认识到：不论整数加减计算中的相同数位对齐、小数加减计算中的小数点对齐、分数加减法中的同分母分数才能直接相加减，它们的相同点都是把相同计数单位的数相加或相减。课程标准关于计算教学的一个重要目标是让学生根据解决问题的需要，学会选择合理的计算方法。这一要求在第4个问题“根据解决问题的需要，怎样选择合理的计算方法”中得到了较好的体现。学生在五年级的小学数学学习中已经掌握了口算、笔算、计算器计算等计算方法，但是，对于为什么要学习这么多的计算方法、它们各有什么用处、怎样根据解决问题的需要选择合理的计算方法等问题，学生并没有形成清晰的认识。青岛版教材选择了一个恰当的时机，在五年级下册总复习里结合“数的运算”的回顾整理来解决这一问题。首先，教材呈现了一道“王老师买词典”的题目，然后，以“问题情境”为切入点，以解决题中两个问题为线索，设计了一个选择计算方法的“流程图”。通过这个流程图，学生明白了：对计算方法的选择，取决于解决问题的需要。解决第一个问题，取近似值就可以，用估算的方法比较合适；解决第二个问题，则需要取精确值，可根据自己的计算能力或爱好，灵活选择计算方法，口算、笔算或用计算器计算都可以。解决这一问题的过程，旨在让学生理解：为什么要计算（解决问题的需要），取值要求是什么（需要精确值还是近似值），怎样选择计算方法（估算还是口算、笔算、计算器计算）。这样设计，不仅让学生复习巩固了估算、口算、笔算、用计算器计算等小学阶段学过的各种计算方法，更重要的是让学生更深入地理解了不同计算方法的特点和价值，学会了根据解决问题的需要，灵活合理地选择计算方法。

（四）注重策略和方法的总结与提升

我们知道，数学学习最终给孩子留下的不只是数学知识与技能，更重要的是通过数学学习所获得的分析问题的思维方式、解决问题的策略方法，这便是孙晓天教授所说的学习数学的后劲与长效。青岛版小学数学教材除在平时的学习中注重对学生渗透学习数学的策略和方法外，在总复习部分也特别强调对学习策略与方法的提升与概括，以提升学生的数学素养。

（五）凸显总复习的辐射功能

青岛版数学教材总复习采取的是引领、提示、点拨、指导的复习方式。即整理部分是条线、是个纲，而整理部分所辐射的内容是一大片、是个网。如在一年级上册总复习（见图2－35）中以“我发现有的同学戴帽子，有的同学没戴帽子……”这句话引入对分类知识的复习，以“我们学过的图形有……”引入对本学期认识的长方体、正方体、球体、圆柱体等知识的复习。再如，在三年级总复习中（见图2－37），教材只展现了乘法估算、除法口算、乘法笔算的知识，而相对应的除法估算、乘法口算、除法笔算则要通过师生的复习挖掘出来，以“辘轳的东北面有小鸡……”这句话引入对东南、西北等八个方向和线路图等方面的内容的复习。教材这样编写的意图是复习时将更大的空间留给教师和学生，让教师和学生透过这些提示性的话语，挖掘整理出复习中没有显现的更多的内容，从而实现总复习纲举目张的辐射功能。

二、“和谐高效思维对话”型课堂的教学策略

（一）教学策略

1. 创设情境，导入复习。

教学目标：使学生沟通知识与现实生活的联系，激发他们的兴趣，启迪他们的思维，提高他们的复习效率。

操作要领：将现实生活与复习的数学知识相关的场景生动地展现在学生面前，教师简明地、艺术地点出知识与情境的联系，引导学生进入积极的复习状态。

2. 回顾整理，构建网络。

教学目标：让学生自主地对复习的数学知识进行创造性的回顾、整理、交流后，梳理成知识网络，并初步内化为良好的认知结构。

操作要领：先引导学生通过阅读、回忆等形式再现知识点，并对知识点进行创造性的整理；然后让学生通过各种方式交流展现整理成果，教师借机引导学生进行知识系统的再构建，进而使他们形成良好的认知结构。

3. 重点复习，强化提高。

教学目标：以多种形式的学习活动，促进学生认知结构的进一步生成，并培养他们的创新意识，提高学生运用知识解决实际问题的能力。

操作要领：教师先呈现能代表知识块重点和难点的典型例题、习题，引导学生进行析疑解难和重点强化；再呈现具有综合性、探索性、开放性、解决问题等有层次的问题情境，让学生综合运用知识解决实际问题。

4. 自主检评，完善提高。

教学目标：使学生通过自我检评、自我鉴定、自我反思，进一步完善认知结构。

操作要领：呈现有针对性的、有典型性的测试题，让学生独立解答后，进行多种形式的评价。

（二）策略解读

第一环节　创设情境，导入复习

设置这一环节，主要目的是凝聚学生的注意力，激起学习兴趣，引发思维，让学生积极主动地、灵活有效地回忆知识点，构建知识体系。

创设情境：教师要根据复习的内容，准确捕捉数学知识与生活的本质联系，将“非数学因素”（颜色、声音、形象、情节等）与数学因素有机结合，创设出鲜活的数学情境并呈现在学生面前，激发学生复习的愿望，启发学生对所学知识进行有机的整理。

导入复习：这一步是学生由欣赏情境的非数学因素，转入关注情境的数学因素，从而进入复习的关键一步。教师要善于抓住时机，找准知识与生活的本质联系，巧妙地将学生的注意力从关注外部形象引到思考内在联系上，水到渠成地引导他们进入数学知识的复习。

第二环节　回顾整理，构建网络

本环节的主要目的在于引导学生对已学过的知识进行列举、比较、分类、整合，弄清知识的来龙去脉，沟通其纵横联系，使之条理化、系统化，帮助学生建立起良好的认知结构。这是复习课的关键环节，此环节分为两个层次。

1. 自主整理，实施创造。

此层次主要是让学生根据自己的学习状况，自主进行对知识的整理，并在整理中进行知识的再创造。

教师先引导学生进行知识点的罗列。由于每个课题都有许许多多的知识点，在整理时有些知识在学生头脑中很快就会再现，而有些知识可能被遗忘，因而进行知识点罗列时，教师要引导学生利用回忆再现或看书等手段，全面地收集出与课题有关的所有知识，准确地搞清楚每一知识点的具体意义，这是进行知识系统化整理的重要基础。

当学生收集出与课题有关的知识点并明确了每个知识点的意义后，教师首先是要让学生对这些知识点加以整理，实施再创造，而不是通过练习去巩固。也就是学生要对知识点进行归纳、分类、整合，即进行使知识系统化的过程，这是学生反思学习成果、深化认识的重要环节，教师要给予学生比较充裕的时间和空间。教师整理时要完成两项任务：一是将各纵向的知识点有机地联系起来，组成由简单到复杂的结构链；二是把各横向的知识点有效地分化开来，组成一个整体。让学生把所学的分散的知识“竖”成线、“横”

成块，使之系统化、条理化，帮助学生有效地构建科学的知识网络，这些形成的“线”和“块”就是学生创新的成果，其间应用的思考方法主要是“分类”、“归纳与概括”等。整理形式一般采用“树枝图”、表格、图画等学生所喜爱的形式。整理的结果力求简单、明确，使人一目了然。

2. 交流矫正，优化再建。

在学生自主整理后，教师要给予他们充分交流展示整理成果的机会。交流时，学生可以用自己的语言，也可以借助实物、图表和一些外显的动作行为来阐述自己的整理成果和思维过程，形式有同桌间的展示、学习小组里的交流、面向全班同学的汇报等，主要目的是创造更多的学习资源，让那些不一样的认识、不一样的学习成果、不一样的学习方式、不一样的思维模式得到充分的碰撞，使学生在交流碰撞中相互矫正、相互补充、相互借鉴。

在学生充分交流的基础上，教师要恰如其分地进行引导和点拨。如果学生的整理结果能揭示知识之间的联系，形成较为完整的知识系统，教师就完全可以用学生的“作品”帮助学生梳理知识；如果学生的“作品”还不能满足“形成知识系统”这一目标的需要时，教师应积极进行引导、质疑、补充，帮助学生不断完善“作品”，准确建立起各类知识的纵向与横向的联系，让学生初步形成较为稳定的知识系统。

在帮助学生完善知识系统后，教师要给他们留出一定的自主时间，让学生结合自己的实际情况进行自我内化吸收、自我矫正完善，对他们实施第二次创造优化。

第三环节　强化重点，拓展深化

本环节的主要目的在于根据知识的重点、学习的难点和学生的弱点，有针对性地对学生进行强化练习，进一步帮助学生释疑解难、查漏补缺，既使学生形成稳固定型的认知结构，又让学生的学习能力和解决实际问题的能力得到进一步提高。此环节分为两个层次。

1. 分层练习，重点突破。

在学生已经初步形成知识系统的基础上，一方面教师要针对学生在整理、交流中出现的疑难问题作进一步的强化分析，帮助学生解答疑点，弥补缺漏，让学生更全面地、更准确地掌握学习内容，这个目的可借助有针对性的典型问题或典型例题来达到，重在设疑、答疑和析疑。另一方面教师要根据知识的重点和难点，选择具有针对性的、典型性的、启发性的和系统性的问题，引导学生进行强化练习，目的是进一步强化学生的认识，巩固学生的所学，有效地促进他们知识系统的构建。练习时，教师可通过题组的形式呈现练习内容，在练习内容上要注意知识的纵横联系，在练习形式上要注意抓一题多变，同时在练习中还要注意练习题的层次性以及对不同层次学生设置练习的针对性。

2. 拓展延伸，整体深化。

复习的目的除了要让学生重温学过的知识、强化技能外，更重要的是让学生应在原有知识的基础上实现提高与发展，将旧知识生发，以培养他们的创新意识，提高他们运用知识解决实际问题的能力。因而在复习时，教师还要注重对知识创新点的准确把握，围绕知识的创新点，去积极有效地组织练习，强化突出练习的综合性、灵活性和发展性。所谓创新点，即是所复习的知识与生活的实质性联系，与其他相关知识的实质性联系以及先后知识的实质性联系。寻找这些联系的过程是创新的过程，也是拓展深化的过程。在内容上，教师要结合复习的实际，在知识的"高度"、"宽度"上适当向外拓展延伸；在形式上，教师要以综合性练习、探索性练习、开放性练习、解决问题练习为主。拓展深化时，教师要以《标准》为依托，不可任意提高标准，增加学生学习的难度。

第四环节　自主检评，完善提高

本环节的主要目的在于通过检测，给学生一个准确的评价，让学生正确地评价自己、正确地评价别人，进一步激励学生在知识、技能、情感态度上的自我完善。此环节分为两个层次。

1. 自主检测。

本层次主要是让学生通过完成一组具有针对性的、典型性的题目，来进行自我检评、自我鉴定。

2. 评价完善。

在自主检测结束后，教师要根据学生检测的情况进行总结，既要系统地归纳整个课题所学的内容，让学生知道自己哪些知识已经掌握，哪些方面还有待加强；还要针对学生情感领域进行总结，对学生学习的状态、运用知识的能力、创新精神、学习习惯等方面进行恰如其分的评价，主要评价形式有学生自评、互评、教师评等。

三、教学中要注意的问题

明确了教材的编写意图和教学策略，有利于教师在教学实践中把握并积极开展复习课教学的研究。在实际教学中，要注意以下几方面。

（一）明确整理与复习的教学目标，把握好教学方向

整理与复习课教学的整体目标是：通过整理与复习，使学生获得的数学知识更加巩固，能运用所学的数学知识解决实际的数学问题，全面达到数学教学的目标要求。在教学中，教师首先要根据整理与复习的具体内容，明确每节课的整理和复习的总目标，树立“一切为了学生的发展，为了一切学生的发展”的教学发展观，根据学生掌握知识与能力的程度不同的情况，对不同层次的学生确定不同的教学目标。教师通过不同目标的实现过程，让不同层次的学生在自主学习、合作学习、探究学习、合作交流中都能得到不同程度的发展以提高每个学生掌握数学知识的水平和应用数学知识的能力。

（二）明确整理与复习的任务和要求，发挥学生的自主能动作用

确定好任务和要求是课堂教学取得成功的关键所在。因此，整理与复习课的教学必须明确课堂教学的任务和要求，充分发挥学生的自主能动作用，这样才能更好地提高整理与复习课的教学效果。小学数学整理与复习课要完成以下几点教学任务和要求。

1. 让学生自己动手、动脑对学习的数学知识内容进行收集、整理、归纳，通过开展讨论交流、分析比较等学习形式，感受到不同数学知识之间的内在联系以及异同，体会数学知识在不同实际问题中的应用，使学生在实践、思考等自主学习的过程中达到巩固知识、培养能力、形成技能的课堂教学效果。

2. 引导学生在已有知识的基础上，拓展所学的数学知识的空间，加深对所学的数学知识的理解，深刻理解数学知识的内涵，进一步提高学生应用数学知识解决实际问题的能力和技能。

3. 抓住学生知识和技能上的缺陷，着重引导学生在整理与复习的过程中发现自己在知识和技能上的缺陷，让他们通过深入探究学习，合作交流，及时弥补自己在这部分知识和技能上的缺陷，从而全面掌握数学知识，形成数学技能，达到数学课堂的教学目标。

4. 引导学生进一步经历数学知识的形成和应用过程，提高学生理解和应用所学数学知识解决简单实际问题的能力，培养学生的创新意识和创新精神，让学生在应用知识解决问题的过程中进一步体会数学的价值。

（三）制订整理与复习计划，使教学更有条理和针对性

一个好的教学计划会让教师的教学工作开展得有声有色，使教学效果事半功倍。因此，教师要合理安排好每一节整理与复习课，制订好整理与复习

计划，有计划地、有条理地、有针对性地开展教学活动，充分调动学生学习的积极性，发挥学生的主体作用，深入研究探讨数学知识，培养学生的数学能力。

如一年级上册整理与复习计划，可以这样安排。（总课时为4课时）

课　时	复习内容
第一课时	1. 20以内数的认识（重点是数的组成、数的顺序、序数） 2. 20以内数的加法和10以内数的加减法（重点）
第二课时	解决问题（重点用减法来计算的题目）
第三课时	1. 认识图形、图形与位置　2. 分类与比较、统计
第四课时	根据复习情况，查漏补缺

这样安排既方便于学生自主收集资料，积极开展整理与复习的活动，又能体现出小学一年级数学上册各部分知识之间的联系与区别，让学生通过分析比较、归纳综合等，深入理解和掌握数学知识，拓展学生的数学知识空间，培养和提高学生的数学思维能力以及应用知识的技能。

（四）既要全面整理与复习数学知识，又要突出整理与复习的重点

学生在整理与复习课上要对所学的知识进行全面的整理与复习，系统地整理和应用所学的数学知识，达到知识再现和再利用的要求。教师在教学中不能漫无目的，要确定整理与复习的重点，做到"有的放矢"，突出复习的重点，这样才能达到整理与复习课的预期效果。

如一年级上册期末的整理与复习课内容是"20以内的数"，由于学生对数数、读数、写数、比较大小比较熟悉，复习时不需要花太多的时间。对这部分内容的整理与复习侧重20以内数的顺序（使学生更加熟悉0～20各数的排列顺序，以及各数之间的相互关系）、数的序数的含义（使学生进一步巩固11～20各序数的含义）和20以内数的组成（掌握11～20各数是由1个10和几个1组成）。"20以内数的加法和10以内数的加减法"则是一年级上册的整册重点，是学生学数学的最基础的知识。因此，教师在整理与复习时要侧重于这部分内容，教学中要提倡多样化算法，让学生根据已学知识选择自己喜欢的方法，迅速地、准确地进行计算，并使他们能根据实际问题说出解决实际问题的方法，最终得出正确的结果。

（五）充分发挥学生的主体作用，使他们形成良好的学习习惯

数学教学是师生交流、互动与共同发展的过程，学生是数学活动的主

体，教师是数学活动的组织者、引导者与合作者。教师要根据学生的具体情况，对教材进行有效的利用，创造性地设计教学过程，组织学生动手实践、自主探索、合作交流，给学生提供适当的帮助和指导。因此，在整理与复习课的教学中，教师要不断创设有意义的数学问题情境或数学活动，组织引导学生动手实践、自主探索、合作交流，激励每一个学生在已有知识的基础上再深入研究思考，让学生把所学的数学知识自主进行整理、归纳、总结，从而比较系统地掌握数学知识，提高数学能力，达到巩固知识、发展能力的整理与复习效果。同时，要培养学生养成自主学习、探究学习、合作交流、勤于思考等良好的学习习惯。

（六）精心设计练习，提高整理与复习的效率

整理与复习课离不开必要的练习，这就要求教师必须精心设计学生的练习。教师通过让学生进行有效的练习，切实提高整理与复习的教学效率，巩固学生已掌握的数学知识，提高学生的数学能力和技能，培养学生的创新精神和创新意识。

首先，整理与复习课的练习不能简单重复新课学习中的习题，要避免让学生进行简单机械重复的无效劳动。其次，整理与复习课的练习既要重视有针对性的单项练习，也要注意综合性的练习，要有一定的综合性和挑战性。再次，整理与复习课的练习在内容和要求上要具有一定的开放性，让不同层次的学生在整理与复习课的学习过程中获得不同的发展，培养学生的创新能力和创新意识。

总而言之，教师必须精心钻研教材，把握好新课程理念，开展好整理与复习课的教学，让学生能把要整理与复习的内容根据自己的认知特点和理解方式对已激活的知识内容进行重新组织，在头脑里形成自己的知识结构，并将重新组织的知识牢记下来。这样对小学生掌握数学知识、形成数学技能、提高数学知识应用能力、提高数学课堂的教学效果，都将会起到很大的促进作用。

附："整理与复习课""和谐高效思维对话"型课堂教学设计

设计一：

方位与图形的回顾与整理

芝罘区南通路小学　郝金裕

一、教学内容

《义务教育课程标准实验教科书·数学》（青岛版）一年级下册第三单元《农夫与牧童——方位与图形》的整理复习。

二、教材分析

本课是在学生初步感知东、西、南、北四个方向和简单认识长方形、正方形、平行四边形、三角形、圆形的基础上进行综合整理复习的。因为对这些平面图形认识的教学是建立在学生初步认识立体图形的基础上的，所以本课教师把立体图形（长方体、正方体、圆柱和球）和平面图形（长方形、正方形、平行四边形、三角形和圆）结合在一起进行复习，这样可以很好地帮助学生认识理解图形，使他们形成良好的认知结构。

三、学情分析

这是一节将方位、物体和图形整合在一起的复习课。多数学生会根据特定环境利用东、西、南、北来描述物体的方向，也能较好地说出物体——立体图形（长方体、正方体、圆柱和球）和平面图形（长方形、正方形、平行四边形、三角形和圆），并能区分立体图形和平面图形，但是对两者之间的联系理解得还不是很深。本节课的复习整理，使学生对这些图形理解得更深刻。进一步的练习，使学生能更准确地利用这些方向词语来描述位置，从生活中能很快找到相应的图形，并能准确地数出相应的数量。

四、教学目标分析

1. 使学生能较好地利用东、西、南、北这些词语准确地描述物体的方向。

2. 通过分、摆、画各种图形，使学生直观感受各种图形的特征以及相互的联系、能够很快地辨认和区别这些图形。

3. 使学生感受数学与实际生活的联系，培养学生的空间概念、创新意识以及观察与动手操作等能力。

五、教学要点分析

教学重点和难点：复习巩固方位、立体图形和平面图形，建立空间观念。

六、教学准备

各种形状的物体和图形卡片、多媒体课件、实物投影仪。

七、过程设计

（一）情境引入，方位复习

1. 师生谈话，激发兴趣。

师生交流：小朋友们，你们喜欢看动画片吗？都喜欢看什么动画片？刚才有同学说到喜欢看《西游记》，下面我们就一起来看看好吗？

2. 引领观察，复习方位。

（1）课件播放：唐僧师徒四人背对东升的太阳走在西去取经的道路上，周围有山有水（山在正北方向，湖水在正南方向），有背景音乐。然后定格画面，教师提出相关问题。

师：请同学们仔细观察画面，你们都看到了什么？

从东方冉冉升起的红太阳、唐僧师徒四人、高山、湖水……

（2）教师提问：太阳是从什么方向升起的？你们知道唐僧师徒是朝哪个方向行走吗？根据你们的观察，高山在什么方向？湖水呢？

（3）师生总结：这就是我们学习过的四个方位。

你们知道自己现在面对的是哪个方向吗？（根据实际情况，确定教室的方位。）下面我们来玩儿一个找座位的游戏，好吗？

根据老师带有方向词的描述，学生找相应的同学或根据描述找座位。

①张明的东面是谁？②王宏现在到李强的北面座位坐好。③……

【设计意图：以往的复习课上学生都会感到枯燥无味，为了解决这个问题，教师很好地利用了“动画片——西游记”这一学生喜爱的素材，通过师生的交流、情境的创设，复习知识的呈现过程自然流畅，较好地激发了学生参与活动的积极性和主动性。教师一上课就安排了一个游戏，使课程一开始，就很好地激发了学生的学习热情，使他们被很好地吸引到课堂教学中来了。】

（二）活动操作，回顾图形

1. 活动一：分礼物，回忆所学立体图形。

(1) 师：今天为了奖励大家的表现，老师带来了一些礼物，想知道是什么吗？礼物放在袋子里，快闭上眼睛，每人随意拿一个。（课件播放轻音乐。）

(2) 师：小朋友们摸摸看，你们的礼物都是什么形状的呀？学生摸着自己的礼物，说出各是什么形状的。(包括长方体、正方体、圆柱体、球。)

教师根据学生的发言，随意贴出相应的图形图片。

在你们教师的身边哪些物体的形状也是这样的？学生通过自己的观察和知识积累，寻找相应的物体。

【设计意图：能得到礼物是每个学生都渴望的。在这里，教师用礼物来奖励学生前面的良好表现，让学生感到十分亲切。教师不但对上一个环节做了总结，而且很好地引出所要复习的立体图形，使学生对后面的学习充满了兴趣。】

2. 活动二：体会“体”和“面”之间的关系。

(1) 师：摸一摸你手里的礼物，有什么感觉？让学生触摸物体表面，感知“体、面”的不同，同桌互相交流自己的感觉。在此基础上全班交流。

(2) 师：从这些物体中，你们能找到哪些我们已经学习过的图形？你们是从哪个物体上找到的？能指给大家看看吗？

让学生自主活动，通过观察、探索、交流，从物体上找出相应的图形。

结合学生汇报，学具说明：①从长方体上得到长方形；②从正方体上得出正方形；③从圆柱体上得到圆。教师通过直观演示，让学生更深地理解“体、面”之间的关系。

随着学生的交流，教师随意贴出相应的图形卡片。

(3) 除了这些，我们还学习过哪些图形呢？学生回忆交流出：平行四边形和三角形。(贴出卡片。)

你们知道它们存在于什么样的物体上吗？为了更深地体会“面”和“体”之间的关系，教师可以出示三棱锥（万花筒）和斜三棱柱（有两个面是平行四边形）等物体，让学生指认物体上相应的平面图形。

(4) 找一找，在我们身边，哪些物体的面是这些图形呢？小组互相说一说。

【设计意图：学生已经认识了各种平面图形，但对体和面的关系理解得还不透彻。教师通过形象的学具演示揭示了体和面的关系。在小组活动中，教师让学生通过观察、探索、交流，进一步体会体和面的关系。“你们知道

它们存在于什么样的物体上吗”这个问题，为培养学生的创造性思维提供了广阔的空间。】

3. 活动三：给图形分类，体会立体图形与平面图形的不同。

(1) 师：你们能给黑板上的这些图形分类吗？你们是怎么分的？为什么这样来分？说说你们的理由。

通常分为两类：立体图形一类，平面图形一类。

(2) 连线游戏：老师这里还有一些图形，你们都认识它们吗？（课件出示多个图形，立体图形和平面图形的都有，数量1~2个。）你们能把它们送回“家”吗？

【设计意图：如何对学生的已有知识进行强化和巩固呢？教师首先放手让学生自己想办法给这些图形进行分类，这有利于培养学生的自主解决实际问题的能力。接着，教师安排的连线游戏不但激发了学生的学习兴趣，也让学生对图形的认识能力更增进了一步。】

4. 活动四：图形的拼组。

(1) 师：老师这里有一些有趣的图片，想看看吗？你们知道他们是由什么图形组成的吗？(课件出示由各种图形拼组成的图案。)

学生仔细观察，认真数，完成作业纸反面的作业。

(学生在作业纸上独立完成，反馈)

(2) 师：大家做得既对又快。下面我们也来当一个小小的设计师，设计一件自己喜欢的东西，好吗？可以利用你们手里的物体来摆一摆，也可以用笔来画一画，还可以用七巧板来拼一拼。看看哪个同学的作品最漂亮，最有创意。

教师允许学生离位欣赏，在学生广泛参观的基础上，进行评价，让学生各自说说自己用什么图形拼成了什么物体。

师：同学们，数学就在我们的身边，只要你们拥有一双善于观察的眼睛，一定会拥有丰富的知识。

【设计意图：学生的数学学习活动应当是一个生动活泼的、主动的和富有个性的过程。教师在设计上采用了开放式的数学，让学生采用自己喜欢的方式进行活动，使学生的个性得到了发展，创造欲望得到满足。教师让学生离开座位参观，给学生的互相学习提供了机会；再通过对作品的展示和评价，让学生学会自我欣赏和互相欣赏，有利于对学生自信心的培养。】

八、板书设计

方位和图形的整理复习

东、西、南、北　　立体图形　　　　　　　　平面图形

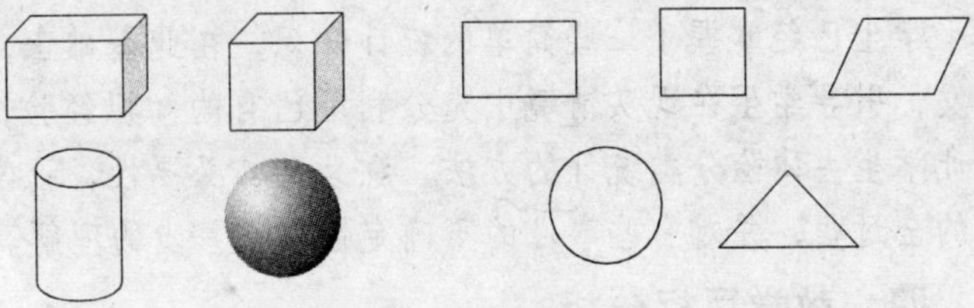

九、创新特色

数学是具有独自魅力的，关键是教师如何引导学生去发现，去享受这份魅力。方位与图形的整理是一节复习课，通常的复习课给人的感觉是枯燥无味。但是，如果教师在教学过程中能寓数学思考、数学方法于活动中，教学就会富有吸引力，就能更加体现数学的价值。因此，本节课的设计融生活性、趣味性、知识性于一体，一直都围绕着学生的活动来进行，以引导学生思考为主轴，让学生在动手中动脑，在实践中发现，在发现中反思，在反思中获得体验，在体验中获得方法，彰显数学教学的价值。本节课在教学过程中，创设了一个个和谐有趣、具有数学思考价值的活动情境，引导学生主动参与，给足材料和时间，让学生在高涨的热情下和谐有序地操作，在操作活动中，学生的空间概念得以建立，图形印象得到了充实丰富。

设计二：

统计与可能性单元复习

福山区西关小学　王燕

一、教学内容

《义务教育课程标准实验教科书·数学》（青岛版）二年级上册第九单元信息窗1、信息窗2。

二、教材分析

本课内容是在学生已经从前几册教材中学习了收集、记录、分类整理信息以及初步体会了有些事情的发生是确定的，有些是不确定的，并能用“可能”、“不可能”、“一定”等词语描述生活中一些事件发生的可能性的基础

上安排的。本课将继续强化“可能性”，充分利用学生已有的统计知识，进一步提高他们的统计能力，为他们更好地学习复式统计等知识打下基础。

三、学情分析

学生已经掌握了一些简单的统计知识，在此基础上，教师从学生的实际出发，引导学生在现实情境中充分利用已有的知识经验，有步骤地、有层次地让学生去体验分类统计的方法、意义及其必要性，让学生充分经历分类统计的全过程，并对有些事件的不确定性有进一步的理解。

四、教学目标分析

1. 使学生能按不同的标准对事物进行正确的分类。

2. 通过体验确定事件与不确定事件，使学生会用“一定”、“不可能”、“可能”来描述事件发生的可能性。

3. 借助生动形象的情境，激发学生参与统计活动的兴趣，培养他们的实践能力和合作学习意识。

五、教学要点分析

1. 使学生会用不同的方法进行正确分类。

2. 使学生能用本节所学的知识解决相应的数学问题。

六、教学准备

实物投影仪、统计表卡片、多媒体课件。

七、过程设计

（一）设境激趣，回忆梳理

师：同学们，能告诉老师你们喜欢的奥运冠军是谁吗？

生：射击冠军杜丽。

生：羽毛球冠军林丹。

生：举重冠军刘春红。

生：美国游泳冠军菲尔普斯。

生：百米冠军牙买加选手博尔特。

……

师：请把你们课前收集的有关他们的图片放在展示台上，咱们一起欣赏，好吗？（多媒体出示多位冠军获奖镜头。）

师：同学们，欣赏完这一幅幅奥运英雄的图片，再请你们回忆一下，上两节课我们一起学了哪些方面的内容?

生：一节是“统计”，另一节是“可能性”。

师：能再具体地说说这两个内容吗?

生：“统计”就是按不同的标准进行分类。

生：“可能性”是指有些事件的发生是确定的，有些事件的发生是不确定的。

师：请你们围绕与奥运冠军有关的内容提出与统计、可能性有关的问题。看着这些图片，你们想到了什么?

生：29 届奥运会有多少奥运冠军?

生：中国奥运冠军有多少人?

生：只要努力，就一定能有收获。

生：运动员比赛成绩一定与天气有关。

生：下届奥运会，刘翔一定拿金牌。

生：参加比赛的运动员心态一定要好。

……

师：同学们的想法很多。请各小组选出你们感兴趣的问题进行讨论并解决。

【设计意图：本环节以学生感兴趣的、较熟悉的奥运内容为载体激趣引入，展开教学，让学生感受到数学其实就在他们的身边，从而对数学有一种亲切感，激发学生学习数学的兴趣。】

(二) 展示交流，构建框架

师：各小组选出代表交流讨论结果。(投影仪展示)

1. 统计。

组 1：我们小组按性别分类统计出这些冠军的人数。

我的分类方法	我的统计结果
按性别	86 人

组 2：我们小组按运动项目分类统计出冠军的人数。

我的分类方法	我的统计结果
按运动项目	86 人

组3：我们小组按不同国家分类统计出冠军的人数。

我的分类方法	我的统计结果
按不同国家	86人

组4：我们小组按年龄分类统计出冠军的人数。

我的分类方法	我的统计结果
按年龄	86人

……

师：请同学们观察各小组的统计表，说说你们有什么想法？

生：各小组按不同的分类标准进行统计，但结果一样。

生：我觉得这些分类标准有的很简单，有的比较麻烦。

生：我喜欢按性别不同这个标准来统计。

教师引导学生小结：同学们的想法非常好。按不同的标准分类统计，结果一样，而且可以选择你们喜欢的分类标准。

2. 可能性。

组1：只要努力，就一定能有收获。如果不努力，不可能有收获。

组2：运动员的比赛成绩可能与天气有关。这要看是什么比赛项目。如果是室外项目，成绩可能会受到天气的影响。

组3：下届奥运会，刘翔不一定拿金牌。但我们认为他拿金牌的可能性很大。

组4：参加比赛的运动员心态一定要好。如果心态调整不好，比赛成绩一定不理想。

师：以上事例，说明了什么？

生：说明有些事件的发生是确定的，有些事件的发生是不确定的。

生：有些事件发生的可能性大，有些事件发生的可能性小。

【设计意图：本环节数学教学活动充分建立在学生已有的认知基础之上。让学生在已有的认知基础上讨论、发表各自不同的观点，最后得出事件发生的不确定性，并让学生很自然地体验出不确定事件发生的可能性有大有小，为学生学习新知识奠定了良好的基础。】

（三）实践应用，拓展延伸

1. 基本练习，同化迁移。

（1）读故事，根据故事的意思在（　　）里填上“可能”、“一定”或“不可能”。

在一个茂密的大森林里，住着一群可爱的动物。它们朝夕相处，非常友爱。可是，调皮的小猴子经常捣乱。大家商量用抽签的方法来决定小猴子的去和留。一张纸上写着“去”，一张纸上写着“留”。小猴子（　　）摸到“去”，也（　　）摸到“留”。狡猾的狐狸一心想让小猴子离开，就偷偷地把“留”这张纸条也换成了“去”。这样一来，小猴子不管摸到哪一张，它（　　）会离开，（　　）留下。好心的小羊帮小猴子想出一个好办法。抽签前，小猴子抽出一张，（　　）是“去”。但是它没有把纸打开，而是一下子把它吞到肚子里。熊猫法官打开剩下的纸条，一看，是“去”，就想，小猴子抽到的（　　）是“留”。

（2）说说可以用哪些分类方法统计：学校图书馆有多少本图书？你们喜欢哪一种分类方法？

2. 变式练习，发展能力。

咱们班的数学作业，同学们写得都很认真。那么作业得到优秀、良好、达标、不达标评价的分别有多少人？

（1）说说可以用哪些不同的分类标准进行统计？你们喜欢哪一种？

（2）预测：同学中得到各种评价的人数，用上“可能”、“一定”或“不可能”几个词，并说出理由。

【设计意图：两个层次的练习，让学生更好地体验统计与可能性，为他们进一步学习统计与可能性知识打下良好的基础。】

八、板书设计

统计和可能性

统计：分类方法不同，结果相同。

可能性：有些事情的发生是确定的，有些事情的发生是不确定的。

九、创新特色

（一）设境激趣，联系生活

上课伊始，教师选取学生感兴趣的奥运话题。如：“同学们，能告诉老师你们喜欢的奥运冠军是谁吗？”“把他们的图片拿出来，我们一起欣赏。”然后，屏幕出示奥运冠军领奖的镜头。这样的导入消除了学生的紧张情绪，把学生的学习兴趣调动起来。真实的情境体现了数学与生活的联系，使学生感受到数学与生活的关系。

（二）注重基础，适时渗透

在教学中，教师重视学生对基础知识的理解，并适当对知识进行逐层渗透。如让学生根据信息自己提出与本节有关的问题或说出自己的想法，然后以小组为单位选出自己喜欢的问题进行解决。这样，学生将从数学的视角去提问题、理解问题并解决问题。特别是学生认为“下届奥运会，刘翔一定拿金牌”这件事情不确定，但他拿金牌的可能性大。这个设计自然地把以后要学到的可能性的知识——不确定事件的大小对学生进行了适当的渗透，使学生真正达到学其一而知其二的目的，进而培养学生解决数学问题的能力。

（三）特色练习，拓展延伸

本节练习分两个层次。教师通过巩固基础知识，让学生体验统计的过程，体会统计的必要性，让学生学会有序观察和思考，为他们进一步学习复式统计等知识打下基础。学生通过对有些事件发生的不确定性这个知识点的充分体验、深刻认识、透彻理解，顺利地进入了对不确定事件发生的可能性大小这个知识点的延伸部分，整个教学过程可以说顺理成章，水到渠成。

十、专家评析

本节复习课的设计体现了以下特点。

（一）知识系统化

教师针对知识的重点、学习的难点，通过学生感兴趣的奥运内容，引导学生把有关统计与可能性的知识进行回忆、整理、分类、综合，使他们在头脑中形成一个完整体系，这样有利于学生主体性的发挥。把学习的主动权交给学生，让学生主动参与，体验成功，同时也培养了他们的概括能力，让他们把各知识点分类整理，形成完整的网络，构建完整的知识体系。

（二）练习生活化

学生的数学能力不仅仅体现在其掌握数学知识的多少，还体现在他能否运用数学知识、数学思维去解决实际问题。本节复习课练习的设计联系生活实际，具有综合性、灵活性，有利于培养学生的实践能力，使学生的思维能力得到更好的发展。

设计三：

两位、三位数除以一位数（二）复习

开发区第一小学　张国红

一、教学内容

《义务教育课程标准实验教科书·数学》（青岛版）三年级上册第四单元复习课。

二、教材分析

本单元是在学生学习了两、三位数除以一位数的口算、估算及简单笔算后进行教学的，是学生以后学习除数是两位数除法的基础，因此教师要引导学生在解决问题的过程中理解算理、掌握算法、准确计算，同时密切联系学生的生活实际，培养学生的估算意识，进一步提高学生利用多种策略解决问题的能力。

三、学情分析

学生已经掌握了简单的两、三位数除以一位数的计算，对较复杂的该类知识，如被除数的百位、十位或个位不够商 1 的除法计算会产生浓厚的探求欲望，教师通过多种练习，让学生找出解这类题的策略。在设计复习题时，要从学生的实际出发，采用多种学习方式，充分调动学生的求知欲望，采取由简到繁、由易到难的方法，提高学生分析问题、解决问题的能力。

四、教学目标分析

1. 通过口算、判断、选择等题目，提高学生的计算速度及准确率，使他们熟练掌握较复杂的两、三位数除以一位数的算法。

2. 让学生根据所学的除法知识解决实际问题，体验计算策略的多样性，并灵活运用估算判断结果的准确性，养成良好的估算习惯。

3. 在解决具体问题的过程中，让学生认识混合运算在解决实际问题中的意义，明确运算顺序。

4. 创设生动形象的教学情境，探索新型的课堂教学模式，激发学生的合作意识和参与意识。

五、教学要点分析

教学重点：熟练两位、三位数除以一位数的笔算方法。教学难点：商中间或末尾有 0 的计算。

六、教学准备

多媒体课件、投影仪、光荣榜统计表。

七、过程设计

（一）创设情境，激情导入

1. 师生谈话，激发兴趣。

师：第29届奥运会刚刚落下帷幕，你们知道中国运动员获得了多少块金牌吗？看了运动员的表现，你们想说什么？

根据学生的回答，教师小结：各国运动员发扬奥林匹克自强不息的精神，奋勇拼搏，取得了骄人的成绩，赢得了全世界人民的赞誉。本节课我们也来进行一次数学竞赛，希望大家学习奥运精神，大胆参与，为小组争光，最后看哪个小组获胜。

2. 观察课件，把握内容。

（1）练习内容有口算、判断、改错、基本计算、选择和解决问题。

（2）请大家观察屏幕，说一说有哪些比赛内容？

（3）比赛规则：听从指挥，遵守时间，互相团结，大胆参与，争取取得优异成绩。

【设计意图：该教学情境能联系到大家共同关注的奥运会，深深地吸引了学生的注意力，激发了学生的学习兴趣，培养了学生的参与意识和竞争意识，为下一步教学的顺利进行创造了条件。】

（二）回顾知识，展现自我

1. 竞技比赛（课件出示各题目）。

第一题：口算。

（1）共有4组口算题，每组3道，各小组选一位同学回答，评出算得又快又准的同学，在光荣榜上给他所在的小组添一面红旗。

（2）让学生说说在计算 $450 \div 9$　$210 \div 7$　$720 \div 8$ 时要注意什么？有什么方法算得更快？找出规律。

第二题："小小诊所"指出错在什么地方，如何改正，每组一道。学习要求如下。

（1）同桌交流，选出各组代表回答问题。

（2）引导学生发现规律。

$81 \div 2 = 4 \cdots\cdots 1$　　错在个位没有商0，应得 $40 \cdots\cdots 1$。

836 ÷ 4 = 29　　　　错在十位没有商 0，9 应该写在个位上，应得 209。

750 ÷ 6 = 12……3　没除完，应得 125。

346 ÷ 5 = 68……6　余数 6 比 5 大了，应商 9，得 69……1。

（3）根据学生的回答，为获胜小组添一面红旗，提示学生还可以用估算的方法检验结果的准确性。

第三题：先估算，再计算。让学生独立在本子上完成。

（1）要求学生不要出现第二题中的错误，尽量用竖式完成。

（2）把一份学生的答案利用投影展示，其他学生采用同位交换的方法批改，以互相促进。

（3）统计各组获胜的人数，为获胜人数最多的小组添一面红旗，同时鼓励有进步的学生。

第四题：选择题（选择正确答案的序号填入括号里）。

（1）609 ÷ 6 的商中间有（　）个 0　　〔①2　②1　③0〕

（2）538 ÷ 7 的商是（　）位数　　〔①3　②2　③1〕

（3）340 ÷ 2 的商的末尾是（　）　　〔①1　②4　③0〕

（4）□ ÷ 5 = 30……4，□内应该是（　）　〔①154　②145　③34〕

各组选一个学生回答，给获胜者所在的小组添一面红旗。

【设计意图：这 4 组题非常典型，学生完成时容易出现问题。每组选一个学生回答，充分调动了学生的积极性，培养了各组学生的参与意识、合作意识和竞争意识，活跃了课堂气氛，加深了学生的印象。4 道题目由浅入深，循序渐进，能够达到巩固学生所学知识的目的。】

2. 实际应用（课件显示走进奥运会馆的情境图）。

（1）让学生仔细观察情景图，看看有哪些信息，能提出什么问题？

（2）解决 5 个问题。

第一题：

指定学生读出信息和问题："拉拉队有 4 组，共 520 人，平均每组有多少人？"选第一组的代表到黑板上解答，并说出用什么方法、如何列式、怎样计算、同时注意商是三位数、末尾的 0 不要丢掉等一系列问题。其他学生在本子上完成，然后集体订正。设计该题的目的是巩固被除数的个位是 0 的除法。

第二题：

让不太认真听讲的学生读出题中已知的条件："为获奖选手准备了 626

朵鲜花，每6朵扎一束。”问题是：“最多能扎几束？”

学生在本子上完成，选第二组的一个学生上黑板解答。教师鼓励该生大胆讲出选用的方法和计算时该注意的问题，这不但提高了该学生的表达能力，而且其他学生也听得格外认真。

教师小结：计算时，商的十位是0，余数是2，答案应为：最多扎104束，剩下2朵不能扎成一束。同时，教师提醒学生写对得数的单位名称，灵活解决该类问题。

第三题：

同桌互相交流图中的已知条件：矿泉水每8瓶装一箱，运动员需要252瓶。找出问题：至少要买几箱？

让学生在本子上完成，选第三组某个同学的答案，利用投影展示给大家，启发学生思考，为什么“至少要买32瓶”？

教师小结：这几个问题，同学们不但要准确计算，而且要联系自己的生活实际，写出合理的答案。

第四题：

师：接下来，我们要加大难度，看谁能顺利完成题目？（激发学生克服困难的勇气。）

让学困生读出题中的信息：运来800面红旗，卖了592面，剩下的要8天卖完。找出其中的问题：平均每天要卖多少面？

选第四组的某个同学到黑板上解答，然后大家共同评价。只要学生知道先算出剩下的数量：$800-592=208$（面），再用$208\div 8=26$（天）即可。当然，也有学生用综合算式：$(800-592)\div 8=26$（天），教师要让学生说出算式中为什么必须加小括号的道理。

根据各组学生的表现，给获胜同学所在的小组添加红旗。

第五题：

教师读出题目内容：“奥运中心买来饮料480瓶，每6瓶一包，每8包装一箱，共装了几箱？”

学生分小组讨论，看哪个组的方法多。

4人一组进行交流合作，发现列算式$480\div 6\div 8=10$的小组较多，并能讲出每一步的算理；列算式$480\div 8\div 6=10$的小组较少，而且讲不出道理。因此，教师告诉学生列算式要讲究方法，能说出每一步的道理。个别小组列出了$480\div(6\times 8)$，算式有道理，但是他们还没学到该类题型的计算方法。

总之，教师应鼓励学生运用多种策略解决问题，大胆思考，勇于创新，逐步提高思维的灵活性。

【设计意图：这5个问题，内容新颖，联系生活实际，便于激发学生的参与热情，每一道题又各具特色，是对本单元学习内容的概括，具有一定的典型性；对每道题的解决方法也不相同，题目都比较重视全体学生的参与程度，体现了学生的主体地位，激发了学生的求知欲望，培养了学生的竞争意识，使课堂真正成为学生学习和成长的地方。】

（三）全课总结，加强巩固

1. 教师要调动全班学生的积极性，让较多的学生说出这节课的收获，提醒他们今后学习时该注意什么，让他们想一想学习中还有什么疑问，提出来大家共同讨论解决。

2. 师生共同关注光荣榜，教师选出获胜小组并进行表扬，同时鼓励本节课有进步的学生，激发他们的积极性。

【设计意图：让学生正确地评价自己，享受到学习的乐趣，给学生平等的发言机会，使每个学生的能力都得到充分发挥，课堂气氛十分活跃，这样不但促进了问题的解决，而且树立了学生的信心，融洽了师生关系，使班级更有凝聚力。】

八、板书设计

两位、三位数除以一位数（二）

520 ÷ 4 = 130（人）	626 ÷ 6 = 104（束）…2（朵）
答：平均每组130人。	答：最多扎104束。
252 ÷ 8 = 31（箱）…4（瓶）	（800 − 592）÷ 8 = 26（面）
答：至少买32箱。	答：平均每天卖26面。

九、创新特色

1. 本节课选取了学生感兴趣的内容，联系学生的生活实际，激发了学生的学习热情。

2. 整堂课注重学生的全面参与，让学生在合作中发现问题、提出问题、解决问题，培养了学生的合作能力，活跃了课堂气氛。

3. 前半部分的竞赛题目，能考查出学生对本单元基础知识的把握情况，使教师做到心中有数，也为下一步的学习奠定了基础。

4. 教师较多地让学生到黑板上解决问题、讲述原理，不但非常直观地把知识呈现给了全体学生，而且多次给学生提供了展示自己的机会，使他们获得了成就感，激发了他们的学习热情，提高了他们的语言表达能力。

（五）最后的小组质疑解惑环节，培养了学生独立解决问题的能力，使优秀生的优势得到了发挥，让大家成为了课堂的主人。

设计四：

多边形面积的回顾与整理

招远开发区实验学校　臧洪波

一、教学内容

《义务教育课程标准实验教科书·数学》（青岛版）四年级下册第二单元回顾与整理第40页。

二、教材分析

学习本课之前，学生已经认识了长方形和正方形，学习了长方形和正方形的面积计算，认识了三角形、平行四边形、梯形以及学习了平行四边形、梯形和三角形的面积计算。这一节就是对前面所学的多边形相关知识的回顾与整理。回顾与整理，使学生对多边形的特征与面积计算有一个比较系统的认识，沟通了头脑中各种图形间的联系，理解知识的本质，为他们以后认识立体图形和学习体积的计算提供方法论的基础。

三、学情分析

学生已经掌握了多边形的特征和面积计算公式，但是对多边形特征及面积计算公式的认识跨越了3个年级6个学期，由于这部分知识布点比较分散，学生对多边形的认识缺乏系统性、整体性，没有形成完整的知识结构。学生对多边形的认识从对长方形、正方形进行简单的特征描述到对梯形进行严格的概念定义，数学化的程度逐步提高。因此，教师有必要引导学生对各种多边形的特征重新认识，理清各种图形的本质特征和共性联系。对于多边形面积公式的学习中蕴涵的丰富的数学思想方法，学生在学习中已经有所了解和运用。这些数学思想方法，他们在以后的学习中会经常用到，需要在这里加以梳理，使之显化，以对它们有明确的认识和深刻的把握。

四、教学目标分析

1. 复习多边形的特征以及面积计算公式。让学生在自主整理知识的过程中，掌握整理知识的角度、方法，培养他们自主整理知识的能力。

2. 通过引导学生对图形特征进行比较，使学生发现图形间的联系和区别，能够从本质上把握图形的概念。

3. 通过使多边形要素变化引起学生对图形变化的学习，使他们发现图形间的本质联系，培养学生看问题的关联意识、可变意识及动态意识。

4. 通过对多边形面积公式推导的回顾，培养学生解决问题的策略以及和经常反思的习惯。

五、教学要点分析

教学重点：整理图形的特征，弄清楚图形之间的联系，掌握图形的面积计算公式。教学难点：把握图形的本质特征，使学生能够动态地认识图形间的关系。

六、教学准备

电脑课件、实物投影仪、每人一份用于整理知识的表格。

七、过程设计

（一）导入新课，激发兴趣

师：同学们，在小学阶段，我们已经学习完了由直线围成的平面图形，谁能说出我们都学了哪些平面图形？（学生回答，教师板书：长方形、正方形、平行四边形、三角形、梯形。）我们都学习了这些图形的哪些知识？这些图形之间有什么联系和区别？怎样才能发现它们的联系和区别呢？这就需要我们对这些图形的有关知识进行回顾和整理。

【设计意图：复习的目的是什么？是单纯地回忆知识还是构建知识结构？本节课一开始就点明了学习的这个目的，或者说让学生获得了把握知识间联系的方法——回顾和整理。学生带着这个目的去整理知识，可以使学习的目的性、方向性、针对性更强，使学生的思维能够更快地聚焦到知识间的联系和区别上来，有效地激发学生的学习动机。】

（二）初步回顾知识，明确整理的角度和方法

师：谁还记得我们都学习了这些图形的哪些知识？都在哪个学期学习的？（引导学生答：长方形和正方形的特征、概念和周长是在二年级下册，在三年级上册学习了它们的面积计算；在四年级上册和下册学习了三角形的概念、特征、种类和面积计算，在四年级下册学习了平行四边形和梯形的概念、特征以及面积计算。）

【设计意图：初步回忆这些图形的相关知识和学习的时间，可以重造学

生当初的学习情境，顺藤摸瓜地回忆每种图形的相关知识，为下面从复杂的知识中发现整理的线索打下基础。】

师：看来，有关这些图形的知识非常繁杂，我们可以抓住每种图形相关知识中的共同点进行整理。想一想这些图形相关知识中共同的方面有哪些？生：图形的特征、图形的定义、图形的面积。教师引导：为了揭示概念间的联系，我们一般用知识树的方法来整理；为了对知识进行比较，发现它们的联系和区别，我们一般用表格的方式来整理。想一想，如果让你们设计这个表格，你们如何设计？交流学生设计的表格，然后教师归纳，出示设计好的表格。

图 形	特 征	面 积
长方形	有四条边，对边相等，四个角都是直角。	S = ab
正方形		
平行四边形		
三角形		
梯形		

【设计意图：让学生知道，对知识中共同的部分进行整理比较才能发现知识间的联系和区别，使他们把握了整理的角度；让学生自己设计表格，可以让学生了解不同的整理方法有不同的作用，表格有利于发现和比较，知识树有利于弄清楚概念间的类属关系，从而使他们获得知识整理的方法；让学生自己设计用于整理知识的表格，可以培养学生从宏观上把握知识的能力。】

（三）自主整理，合作交流

师：同学们，从表格中我们可以看出需要整理图形的哪些知识？从例子中我们可以看出要从哪些方面去把握图形的特征？下面请同学们自己将表格填写完整。学生填写完整后，全班进行交流。教师将有代表性的整理结果同时出示，从整理的条理性、概括性等方面进行比较，形成下面的表格。

图 形	特 征	面 积
长方形	有四条边，对边相等，四个角都是直角。	S = ab
正方形	有四条边，四条边相等，四个角都是直角。	S = a · a
平行四边形	有四条边，对边平行且相等，四个角，对角相等。	S = ah
三角形	有三条边，三个角，三个角的和是 180 度。	S = 1/2 ah
梯形	有四条边，只有一组对边平行，四个角。	S = 1/2 （a + b） h

【设计意图：放手让学生进行整理，学生可以有充分的时间回顾知识，这是一个回忆的过程，一个提取的过程，也是一个记忆和巩固的过程；对学生的整理结果进行比较、评价，目的是引导学生学会有条理地思考问题，学会用简洁的数学语言概括事物的特征；按照先边后角的顺序整理知识，可以在下面的教学中，使学生更好地发现知识间的联系和区别。】

（四）比较分析，发现本质和关系，构建数学概念

请同学们认真阅读上面表格中有关图形特征的部分，你们都有什么发现？在小组中说说你们的发现，然后在全班交流。学生可能有下面的发现。

第一，平面图形的特征是从边和角两个角度来表述的。如果学生发现这一点，教师则可进一步引导“边和角又分别是从哪些角度来表述的”，让学生发现边和角分别是从数量和性质两个方面来表述的。

【设计意图：让学生发现这一点，一方面可以使学生学到的知识结构化、条理化、简约化，从而使他们更便捷地记忆平面图形的特征，另一方面也为学生以后学习立体图形的特征提供方法论的指导。】

第二，学生可能发现除三角形外其余的四种图形都有四条边、四个角，也就是都是四边形。如果学生发现这一点，教师则可进一步引导学生从角和边两方面发现长方形、正方形、平行四边形的关系，并说明理由，也就是说清楚为什么它们是类属关系。然后师生一起绘制四边形、梯形、长方形、正方形、平行四边形的集合图。最后让学生根据这个图用自己的话来表述图形间的关系。

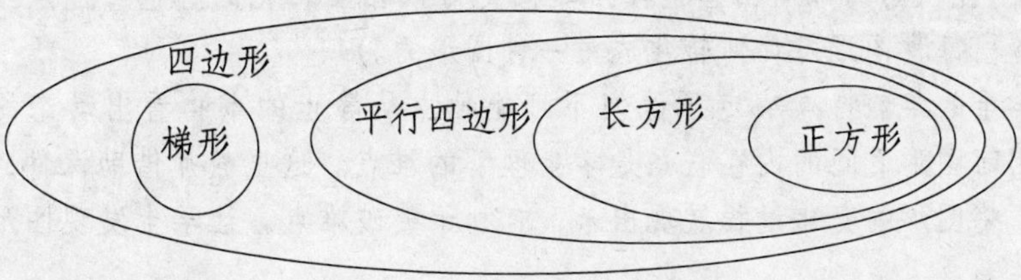

【设计意图：集合图可以直观形象地表示图形间的关系，构建集合图的过程就是把握图形关系的过程。学生从发现关系到说理由，到构建集合图，再到用自己的语言来叙述这个图，这看起来是多用了时间，其实可以检验出学生是否真正地理解了这种关系，是否真正地读懂了这个集合图。理解这个集合图标志之一就是能够进行语义的转换。】

师：同学们，图形间的关系我们已经弄清楚了，那么图形间有什么区别呢？这种图形不同于那种图形的关键特征在哪里？（引导学生一个图形一个图形地去比较。教师用分析梯形的方法来做示范。）“四条边、四个角”是不是梯形区别于其他图形的特征？（不是，这个特征是其他图形也有的。）“只有一组对边平行”是不是梯形区别于其他图形的特征？如果是两组对边平行，就成了什么图形了？看来，“只有一组对边平行”是梯形区别于其他图形的关键特征。（教师让学生用上述方法来分析其他图形。）

在学生把握了图形的本质特征的基础上，教师引导学生用“（　　）的四边形是（　　）形”的格式给这些图形分别下定义。

【设计意图：引导学生发现一种图形不同于其他图形的特征，也就是发现事物的本质属性，这有利于学生更好地理解和区别概念。学生在学习长方形、正方形的时候，没有进行严格的概念表述，只是进行了特征描述，在这里让学生用数学的格式和语言给事物下定义，可以培养学生把握事物本质属性的意识和能力。】

（五）观察分析，发现图形的内在联系

1. 发现图形的内在联系。

（1）师：通过刚才对特征的分析，我们发现了图形间的关系。我们如果让图形动起来，大家会有什么发现呢？（课件演示图形的变化：从三角形开始，上面的点逐渐变成线段，成为梯形；梯形的上底继续延长到和下底同样长成为平行四边形；平行四边形的角逐渐变成直角，成为长方形；长方形的长逐渐缩短，成为正方形。）提问学生：从刚才的演示中，你发现了什么？（学生可能从总的方面回答：图形之间是可以相互转化的。也可能从细的方面回答出每种图形是如何转化成另一种图形的。）

学生的年龄特点决定了他们不可能独立从静止的事物看出动态的变化来，因而图形之间的内在联系是学生理解的难点。这里教师借助课件，化静为动，将图形的变化过程展现出来，有利于突破难点，让学生发现图形间的内在关系。

（2）师：我们发现，一种图形之所以能变成另一种图形，是因为构成这些图形的要素，如边和角发生了变化（课件出示用字母标示要素的各种图形）。刚才我们用生活的语言描述了这种变化，现在谁能用最简洁的数学语言把要素的这种变化说出来？（教师引导学生用字母来代表图形的要素，说出图形的变化。随着学生的回答，课件在三角形和梯形间画上箭头，标上“$b=0$”；在梯形和平行四边形间画上箭头，标上“$b=a$”；在平行四边形和长方形之间画上箭头，标上“四个角都变成直角”；在长方形和正方形间画上箭头，标上“a = h”。）

（3）师：请同学们闭上眼睛，想象一下图形间的转化过程。

【设计意图：教师将动态过程先用生活化的语言进行描述，然后让学生用数学的语言进行描述，这样可以培养学生用数学的思维方式去观察和分析事物，学会用数学语言来描述现实世界的过程，这一过程就是数学化的过程。在把握了图形的内在联系后，教师让学生想象图形的变化，想象的过程就是对内在联系内化的过程，就是将动态地看问题的意识内化的过程。】

2. 师：既然图形间是可以相互转化的，那么它们的面积公式间又有什么联系呢？请同学们从梯形入手，说一说面积公式是如何变化的？学生如果完成有困难，教师可以举例：当梯形的上底 a = 0 的时候，S = 1/2（0 + a）h，也就是 S = 1/2ah，梯形的面积公式就变成了三角形的面积公式。然后引导学生说出其他图形间面积公式的转化。

【设计意图：从图形到公式，学生对图形的本质联系有了进一步的认识，同时也加深了他们对各种图形面积公式的理解，为他们在解决问题中能够灵活地运用公式奠定基础。】

（六）反省探究过程，提升数学思想方法

1. 师：同学们，我们是按照什么顺序来研究这五种图形的面积公式的？

2. 师：在研究每种图形面积的时候，我们是用什么方法来推导面积公式的？（引导学生回答：把平行四边形转化成长方形，把三角形转化成平行四边形，把梯形转化成平行四边形。）在这三次推导中，用到了共同的数学思想方法，是什么思想方法？为什么要把这种图形转化成另一种图形？（长方形是先学的，因此把平行四边形转化成了长方形。平行四边形是先学的，因此把三角形转化成平行四边形，把梯形也转化成平行四边形。）这种转化方法我们叫它——化生为熟。在这个过程中，我们分别用什么方法实现转化的？（引导学生回答：切割、旋转、拼接。）这些数学的思想和方法非常有用，在以后的学习中我们还要经常用它们来探究未知的领域。

【设计意图：在探究新知识的过程中，学生的注意力放在对问题的解决上，即获得新知识上。在课后的反思中，学生的注意力更多地放在对探究过程的反省上，注意的是探究的方法、策略。数学的思想方法是对数学知识的最高价值追求，引导学生把握数学的思想方法并对其有深刻的理解，就好比给了学生一把打开金库大门的钥匙。】

八、板书设计

“多边形的面积”回顾与整理

图　形	特　征	面　积
长方形	有四条边，对边相等，四个角都是直角。	S = ab
正方形	有四条边，四条边相等，四个角都是直角。	$S = a^2$
平行四边形	有四条边，对边平行且相等，四个角，对角相等。	S = ah
三角形	有三条边，三个角，三个角的和是 180 度。	S = 1/2 ah
梯　形	有四条边，只有一组对边平行，四个角。	S = 1/2（a + b）h

内在的联系和变化　数学的思想和方法

九、创新特色

这个单元的回顾和整理课从教材编排来看非常简洁，知识点比较集中，有利于学生进行自主整理。但是如果仅仅围绕教材，把对多边形的特征和面积公式等知识的整理和练习作为教学目标，虽然非常容易达成，却与课程改革的理念相去甚远。《标准》是从“知识与技能”、“数学思考”、“解决问题”、“情感与态度”四个方面来阐述课程目标的。复习课当然不能只停留在对学生的知识的巩固和技能的训练上，那么复习课又应该怎样设计和安排呢？这堂课注意了以下几点。

（一）注意沟通知识间的联系，构建学生的知识结构

沟通知识间的联系可以加深学生对知识的理解，帮助学生构建系统化的知识结构，最终帮助学生形成良好的认知结构。因此，本课安排了 4 次发现活动：发现多边形特征的叙述角度、多边形的关系、多边形的内在联系、多边形面积公式的内在联系。

（二）注重培养学生的发现意识和发现能力

上面所讲的 4 次发现活动，都是学生自己完成的。在这个过程中，教师都采用了先分析后综合的方法，而综合法是一种培养学生发现意识和创造能力的思维方式。

（三）注重培养学生对数学知识本质的把握能力，注重培养学生用数学的思维方式、数学的语言来思考和表达

在复习多边形特征的时候，教师并没有停留在对特征的重现上，而是对这些特征进行比较，从共性发现关系，从不同发现本质，然后引导学生用数学的语言给这些多边形下定义，有利于学生把握这些概念的本质属性。同样，在学习多边形的内在联系、公式的内在联系时，教师都注重了对数学本

质的把握和数学化的表达。

（四）注重对学生学习方法、数学思想方法的提升和梳理

在本节课的开始阶段，教师注重让学生从繁杂的数学知识中寻找整理的线索，然后根据线索去寻找整理的角度、方法，从而使学生逐渐获得知识整理的能力。数学思想方法能给人智慧，是学习数学知识的最高价值追求。在分散学习每一种图形时，数学思想方法是逐步向学生渗透的，没有明确提出来，没有命名。在学完多边形的面积计算后，学生对“转化”这一思想有了充分的认识，因此在复习的时候进行梳理，有利于提升学生对这种思想的理解，为他们以后灵活地运用这一思想奠定基础。虽然这节课没有进行练习，但是由于注重了以上方面，学生对多边形的相关知识认识全面、深入，获得了学习数学的思想方法，使教学不仅仅立足于技能，更立足于学生长远发展。

第三章 反思型教学案例对课堂建设的影响与研究

第一节 教学案例的有关概念

一、教学案例的含义

很多专家认为，教学案例就是包含着某些决策和疑难问题的教学情境，通过这些情境可以反映出教师创造性解决问题的过程与方法，体现教师反思的能力和水平，表达教师的教育主张。教学案例比较详细地叙述了一段具体的教学情境，一件发生过的事实，并向人们提供人物、场合、过程、结果，引发大家的思索。教学案例呈现特定的问题情境，探讨问题产生的原因和影响，并对其作一定的分析和反思，希望引发讨论，从中体现一定的思想和理论。

和教学案例相近，准确地说是容易与其产生歧义的概念有教案、课例、个案研究、案例教学和教学论文等。所谓教案，是教师为一定时间段的课堂教学而预先进行的教学设计，大致包括教学目标、教材分析、学情把握、资源准备和教学步骤等内容。而课例则更多地被认同为课堂教学的流程或教学实录。个案研究指的是一种研究方法，它的研究对象既可以是个体的人，也可以是一个单位或一个区域等，在某种意义上说，一个成功的个案研究也是一个好的案例素材，很多教师对学生个案的观察分析、采取相应的教育对策和进行的结果描述等就是一个比较典型的教学案例。而案例教学从字面意义上来理解就是用案例来展开教学，它是一种教学方法，在近年来的教师继续教育过程中得到了倡导和重视，华东师范大学的郑金洲教授著的《案例教学指南》较系统地介绍了这种方法的背景和运用策略。教学论文写作时是以说明为目的，以议论为主，一般是一种演绎思维，思维的方式是从抽象到具体；而教学案例写作则以记录为目的，以记叙为主，兼有议论和说明，通常是一种归纳思维，思维的方式是从具体到抽象。

二、教学案例的基本特征

北京教育学院教科所所长季苹教授运用图表对教学案例做出了如下界定。

性　质	性质的描述	具体形态描述
完整性	1. 能够展示一件事情的完整过程或者说是完整过程的逐渐展开。	1. 一个单元，而不是一节课。 2. 备课直到课后反思全过程。
	2. 能够体现一件事情的有机关联或者说是有机关联的逐渐展开。	1. 以学校、备课组为背景理解教师个体。 2. 以教研方式为背景理解教师个体。 3. 关注教与学两个方面。
普遍性	1. 具有一类事物的代表性。	一位普通教师。
	2. 在常规的状态下。	在日常教学工作过程中。
具体性	1. 故事。	对行为与内心的描述，揭示其复杂性。
	2. 故事的背景。	对发生的时空背景和教育背景的描述。
主题性	1. 突出主题。	主题要突出，要尽量单一。 以主题、问题或戏剧性事件命名案例。
	2. 突出戏剧性事件。	围绕事件进行细描。
	3. 突出问题、矛盾。	提出问题并对各种相应对策进行讨论。
反思性	1. 围绕主题。	如围绕“合作学习”展开反思。
	2. 突出自我。	突出自己的心理活动和行为分析。
	3. 在过程中。	在对整个教学工作过程的回顾中进行。
交流性	1. 关注独特性。	敢于发表自己的看法，便于与人交流。
	2. 关注各种有价值的问题。	提出供讨论的问题。
	3. 关注可能提供帮助的人。	向有关的同行提出交流的愿望。

一个好的教学案例应该具有以下四个鲜明特征。

1. 教学案例讲述的是一个真实的故事，它展示着一个教学事件的演进过程，要有从开始到结束的完整情节。教学案例所反映的事件可以发生在课内，也可以发生在课外；可以存在于师生之间，也可以存在于师师之间或领导与教师之间；可以存在于学校，也可以存在于社区。

2. 教学案例必须是包含教学问题与戏剧性冲突的事件。简单的“白开水式”的没有问题在内的教学事件，不能称之为教学案例。

3. 教学案例要有典型性。要通过典型性的事件来表达自己的教育教学理论主张，没有理论主张的教学案例是没有价值的。

4. 教师是教学案例最主要的撰写者，教学案例要揭示教师与学生的心理活动，叙述必须生动具体。要对事件发生的时空和教育背景、人物活动及心理变化进行完整的描述，使案例的读者就像身临其境一样感受着事件的进程。

教学案例中最具体的要数课堂教学案例了，或者说课堂教学案例是教学案例的重要组成部分。华中师范大学教科院的廖哲勋教授认为，课堂教学案例是指师生围绕一个主要问题或主要任务，经过曲折多样的教学过程而取得显著效果及经验教训的一种发人深思的教学实例。我们认为，虽然课堂教学案例首先应该是发生在课堂里的故事，但它还包括从备课到课后反思的全过程。如果说教案注重的是对课堂教学的预先设计，那么课堂教学案例注重的是教学全过程之后的整体反思；如果说课例注重的是教学的流程和教学双方的行为，那么课堂教学案例注重的是教学流程之后教师的理性感悟和教育主张。课堂教学案例是教师对课堂教学本质认真反思、总结、提炼后的结果，一个好的教案（教学设计）只有通过教学实践和教师的教学艺术，才可能成为一个好课例，一个好课例是形成一个有价值的课堂教学案例的重要素材。

三、教学案例的基本类型

教学案例由于用途、使用主体不同，其体例格式和侧重点也常常不同。廖哲勋教授在大量实践和广泛研究的基础上进一步把课堂教学案例划分为四种类型，考虑到一线教师实际运用的情况，在他的四种分类的基础上简化为以下三种类型。

1. 意外式案例。这是反映教师巧妙处理教学中发生的出人意料而又合乎情理的偶发事件的案例。例如：由于教师对一个学生不理解、不尊重而引起尖锐矛盾以及解决矛盾的曲折过程；教师对一个学生的奇思妙想的支持、引导和帮助；等等。这些都属于意外式案例。这一类案例的特点是：出乎意料之外，但在情理之中；问题格外集中，矛盾十分突出；故事情节不复杂，但能使人由小见大、深受启发。

2. 专题式案例。这是师生围绕一定主题而展开教学活动的典型实例。这类案例一般是按照一定专题开发的，如自主学习专题、合作学习专题、探究式学习专题、综合实践活动专题、小学数学教学中对学生创新思维能力的培养等。这一类案例的特点是：主题鲜明，内容新颖；注重专题研究，富有学术价值。其突出功能是，可启发和促进广大教育工作者探索和落实课堂教学的新主张以及研究和解决教学中出现的新问题。

3. 综合式案例。这是师生运用教材中的一课或一节内容进行教学的典型实例。如师生运用数学课本中的一节进行教学的案例就属于综合式案例。

综合式案例有三个突出特点：①体现教学活动的整体性。这种案例所反映的是一个教学课题或教学活动的整体，而不是一个部分。②以学生的学习活动为主线。案例所反映的具有整体性的课堂教学是围绕学生的学习活动展开的。所以，这种案例不是教师的教案，它着力反映学生怎么学，而不是着力反映教师怎样教。它十分关注课堂教学中学生在认知、情感态度上产生的矛盾以及矛盾被解决的过程，十分重视学生的感悟、体验和新的发现。③强化教学的精彩场面。综合式案例不是教学实录。它在突出学生主体作用的过程中，对于生生之间、师生之间的热烈讨论，对一些学生的奇思妙想、真切的情感表露、出色的操作能力和创新能力以及教师机智的教学，都会浓墨重彩，纵情描绘。

四、教学案例的基本组成

因为教学案例涉及的内容十分广泛，这就决定着教学案例结构和格式也十分丰富。因此，只要具备了上述教学案例的四个基本特征，我们就认为它是一个成功的教学案例。在这里，以课堂教学案例为例来简要说明教学案例的基本组成部分。

第一是对教学案例背景的概述。意外式案例不需要单列一个标题来说明事情发生的背景，只需简单说明事情的来龙去脉就行了。其他两类案例则需要单列一部分来说明案例产生的背景，包括教材分析、学生分析、教学目标、教学思路、教学手段等要素。

第二是对教学案例运行过程的描述。专题式案例和综合式案例都有明显的运行过程。这是师生发现和提出问题、分析和解决问题的过程，是以学生为主体，展开自主学习、合作学习、探究学习的过程，是课内学习与课外学习有机结合的过程。意外式案例也有一个从提出问题到解决问题的过程，但这一过程的时间跨度有时较久，这时意外式案例就不必详细描述较长时段内矛盾发展的过程，只需记述矛盾发展的几个重要“镜头”，即几个“细节”。

第三是对教学案例运行结果的总结分析与反思提升。它包含两方面的内容：一是学生的发展是否达到甚至扩展了原定的教学目标；二是任课教师的教学理念是否有所提升，是否提炼了教学经验与教训。

第二节　教学案例的撰写

一、教学案例的基本要求

在写课堂教学案例之前，撰写者首先要转变一个观念，那就是课堂教学案例既不是教学设计，也不是教学实录，更不是对教学设计和教学过程的简单罗列。所以，课堂教学案例所使用的语言，一定不能单调乏味，而要简洁准确、形象生动。课堂教学案例不仅要描述所发生的事件，而且要写当事人对这些事件的看法，并对其作相应的概括和分析。

1. 教学背景的描写要尽量准确，与教育教学过程相关的部分尽量描述得详细完善，要反映事件发生的特定背景。要分析的背景包括教育教学事件发生的地点、教育者的个人背景、受教育者的个人背景等，为问题的产生提供场景。

2. 教育教学过程的描写要突出重点。一个真实的教育教学故事，必有其起因或诱因，也有其发展的条件和过程，还有其变化的机制和结果。不论多么复杂曲折，总有一些关键环节，撰写者只要抓住这些关键环节，浓墨重彩，加以具体描述和详细分析，就为案例描写的成功奠定了基础。这里需要说明的一点是，为了增加课堂教学案例的可读性和真实性，也为了使其更具有启发性，撰写者应尽量捕捉教育者和学习者双方的心理活动，对教学双方心理变化的具体描写和分析应不吝笔墨，要反映教师与学生复杂的内在心理状态，能够提示教育教学工作的复杂性，这样才能使课堂教学案例中的人物栩栩如生，富有个性。如果对关键环节描述和分析不够，或者找不到和抓不住关键环节，而是面面俱到，平均使用力量，课堂教学案例就会缺乏相应的说服力。

对课堂教学过程的描述，还应该处理好教师和学生所处的地位和扮演的角色。在这里，学习的主体是受教育者——学生，而不是教师。只有描述出学生是如何进行学习活动的，描述出在学习活动中学生情感变化、能力提高和知识长进的过程，这样的教学案例才会真实生动，这样的变化过程才具有启发性，使人从中得到一些感悟。如果我们只把眼睛盯着教师，只描写教师如何说、如何操作，而看不到学生的学习活动和情感、能力、知识的变化过程，这样的教学案例就失去了示范的意义。教师在教学过程中所扮演的角色是学生学习的促进者、指导者，而不是知识的统治者、学习活动的主宰者。

整个的教育教学活动，就是教师导演的一幕有声有色的戏剧。这里面有“导演”能预料和控制的一部分，也可能会有“导演”事先没有想到、“演员”和“导演”创造性发挥的一部分——亦即“意料之外，情理之中”的事件。“意料之外，情理之中”的事件正是教学案例最精彩的部分，也是阅读者最为关注的地方。当发生这类事件的时候，教师是如何处理的，学生又做何反应，对这一部分的描写一定要翔实生动，注重细节，并突出这一过程中矛盾双方言行和心理变化，包括问题是什么、问题是如何产生的、原因是什么等，具体描述出对所存在的问题寻找解决的方法、途径和手段的过程，写出问题解决后的效果。

3. 教学案例结尾部分的总结分析与反思提升是对解决问题的方法的深入分析，也是教育和受教育各方对整个教育教学过程的具体评述，哪些恰当，哪些不恰当，便于在以后的教育教学中引起注意和改进。这部分内容包括反思问题解决的利弊得失、思考在问题解决中还存在哪些问题、设想后续解决问题的打算、经历该事件后的体会和感想等。对反思与讨论的写作需要撰写者在深入了解和访谈之后，在收集得来的素材基础上进行深加工，大胆取舍，语言既不能空洞无物，又不能冗长累赘，要尽量精练得当。

二、撰写教学案例应注意的几个问题

对小学教师来说，写自己的教学案例使他们拉开距离看课堂事件，并可能有一个新观点，使他们以一种新的方式来审视教学事件。在这个过程中，他们将学会更加有目的地审视自己，认真反思自己的课堂教学，就能使自己的课堂教学更加和谐高效。以下是为小学教师撰写教学案例提出的几点应注意的问题。

（一）书写关于一个重要事件的教学案例并不等同于观看录像带

撰写教学案例，并不仅仅是将教学情景“倒带”，而是一个总结提高的过程。在这个过程中，教师应转换角度，以新的方式来审视自己。

（二）教学案例对于撰写者来讲不是一个宣泄自己情感的工具

撰写教学案例是一个基本的理解自我的手段，它给教师一个安全表达那些感受的出口。它有利于帮助教师知道怎样做才能成为一个更好的教师。

（三）教学案例并非只有作家才能写，它不是一篇散文或要评定等级的考卷

教学案例是一种对已发生事件记录的形式，只要在那件事中你是一个关键的行动者，或者你在电话上或餐桌旁想谈论它，那么你就可以把它撰写成

教学案例。

（四）关于学习教学案例

一个教学案例是否能影响到教学实践，并不是由教学案例本身所决定的。它依赖于使用教学案例的教师对教学案例进行分析、讨论、研究的程度，是需要教师具有一定洞察力的。尽管如此，如果教师掌握了一些分析研究教学案例的方法，那么收获就会达到最大值。有了一定的分析框架做指南，使用教学案例的教师就有了“共同语言”，也就降低了教学案例讨论的“摸不着头脑”和“漫无边际”的可能。对教学案例分析可以有不同的角度，分析框架也可以有多个，因而讨论也可以多方面。比如大量的课堂观察发现，教师在进行教学时，如果鼓励学生进行高层次的思维和推理，学生收获就很大，而教师实施带有高水平认知要求的数学教学任务却常常是最困难的。因此，可以把数学教学任务的认知要求作为分析的切入口，去探讨影响教师实施任务中保持或者降低认知水平的因素。

第三节　反思型教学案例

案例一：

帮学生顺利迈过那道“槛”

栖霞市庄园街道中心完小　郝敬华

【案例背景】

乘着新一轮课程改革的东风，我们对课程的设置、教材分析、教学理念的更新、教学方法的探讨等一系列研究都深入到前所未有的程度。“情境创设”、“合作交流”、“自主探索”等学习方式在课堂中遍地开花，学生在一节课中可以探索出多种方法解决实际问题。在热闹喧嚣的背后，我们却发现另一个情况：新课改下的学生不擅长应付考试，在考试中遇到的一些看似简单的问题却让他们束手无策。像我教一年级学生时，每节课都试着用新的理念去教，感觉课堂效果也不错，而实际上学生却出现诸如加减法不分、计算速度慢、易出错等问题。面对现状，我开始反思自己的教学。

【案例描述与分析】

本单元学习的是10以内数的加法，对每一个信息窗，都配有一幅情境图，我先让学生通过看图来编故事。学生从可爱的猴子说到动物园，从水帘洞说到孙悟空。总之，课堂气氛非常活跃。然后，我又带领学生从这些画面中找出其中的数学信息，慢慢地向他们渗透加法和减法的意义，让学生知道“来了加上去，走了、吃了或送给别人用减法”。每一个信息窗，学生都学得非常好，而且课后几个小题也做得很顺畅。我很高兴，于是在学完信息窗之后就出了几个综合练习题，进行了一个小测试。测试的题目如下。

1.

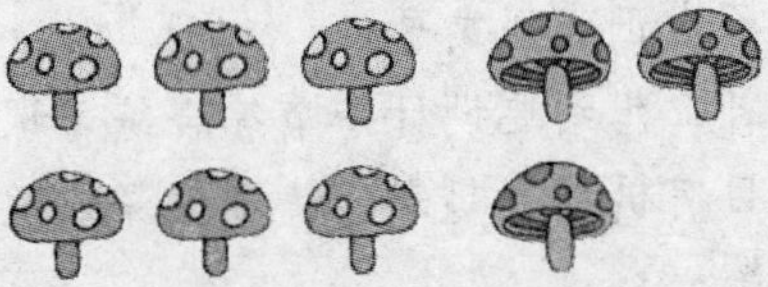

□+□=□　9-□=□

□+□=□　9-□=□

2.

? 条

□○□=□（条）

3.

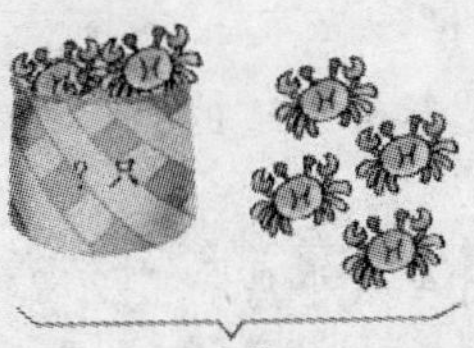

10只

□-□=□（只）

4.

□=7　○=3

□+○=（　　）

□-○=（　　）

5.

(1) 飞 走了几只？

□○□=□（只）

(2) 一共有几只？

□○□=□（只）

原以为这几个小题对学生来说是很简单的，结果在批改时却令我大吃一惊，班上有十几个孩子犯了同样的错误。开始我以为他们互相照抄，可仔细分析不像。当时我就纳闷，在学每个信息窗时学生做题做得很好，怎么把这几个信息窗的题混在一起做时却出现了错误。例如：在做时，班上有11个学生列出6+3=9、6-3=3的算式。针对学生出现的情况，我在气恼之余，不得不反思自己的教学。问题究竟出在哪里？我找了出错的学生，心平气和地了解他们的想法。在交流中我意识到，学生学习中的一个障碍：加减法不分，对加法与减法的意义理解不深。尽管在学习加法的时候看似掌握得很好，在学习减法的时候学生做题也不错，但或多或少有些照搬之疑，反正是学习加法，一般都是列加法，而一旦将加法与减法混在一起，问题就充分地暴露出来。另一方面，尽管一些学生理解了加法与减法的意义，但是不会做题，他们在实际的生活情境中知道用加法或减法，但抽象到图形中，就不会看了。不理解题意，也就谈不上正确列式了。

面对这种状况，我在思考如何来修补，想到要设计一节综合练习课，旨在达到两个目的：将生活情境与图形题目有机结合起来，使学生深入理解加法与减法的意义；强化对学生做题的训练。

片段一：生活情境与动手操作结合，理解图形意义

多媒体演示：从美丽的大森林外景到草地内景，再到陆续落到草地上吃食的4只小鸟。

看到画面，学生情不自禁地喊："真美！真好看！"

师：老师想知道有几只小鸟，谁愿意帮我？你是怎么知道的？

生：有4只小鸟，我是一个一个数的呗。

师：请小朋友用准备好的三角形在桌子上表示出4只小鸟。

多媒体继续演示：又飞来了3只小鸟。

师：这时，你又看到了什么？想到了什么？

生1：又飞来了3只小鸟。

生2：这3只小鸟肚子饿了，也要来吃食。

生3：现在吃食的小鸟多了。

师：请小朋友用三角形表示出又飞来的3只小鸟。

师：可以提一个什么样的问题？

生：一共有几只小鸟？

师：用算式怎么表示呢？

生：4+3=7。

师：小朋友们对上节课所学的知识掌握得真棒，那你们能把摆在桌子上的三角形也用一个算式表示出来吗？

教师指向大屏幕上打出的图形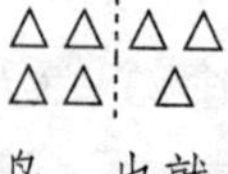：每组找一个代表来列式。

教师小结：求一共有多少只小鸟，也就是把两部分合起来，用加法算。

多媒体播放：忽然来了一阵小风，树叶沙沙地响，有5只小鸟拍拍翅膀飞走了。

教师用多媒体把5只小鸟加以特写，同时还伴随着清脆的鸟叫声。

师：你们看到了什么？

生：风把5只小鸟吓飞了，它们真是胆小鬼。

生：不是，是这5只小鸟吃饱了去玩儿了。

生：也许这5只小鸟要去找它们的妈妈吧！

师：说得可真好，它们飞走肯定有自己的原因。我们在日常生活中要不要做胆小鬼？那谁能勇敢地站起来提个问题？

生：草地上还剩几只小鸟？

师：你们能用算式表示吗？

学生列式，然后教师找几个学生来展示一下，其他同学检查自己是否正确。

师：大家来看一下，我这7个△就代表7只小鸟，飞走了5只，怎么表示？（拿走）还剩几只？怎么用算式表示？请同学们看屏幕。

教师边说边演示：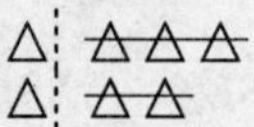

师：那大家能列出算式吗？说说你们的理由。

学生一个不漏地举起手争着列式，并且都知道用7－5＝2，而且都知道5是从7里面去掉的。

教师小结：虚线或划去就表示是从总数里减去一部分，要用减法来计算。

【设计意图：好动是孩子的天性，对于一年级的小学生来说，听过了就知道了，看过了就记住了，做过了就理解了。所以，在设计这部分教学活动的时候，我把丰富生动的生活情境和动手操作结合起来，来加深学生对加法和减法的意义的理解，当学生的感性材料积累到一定程度的时候，适时地抽象到简单的图形与符号来描述情境，使生活问题自然地转化成图画问题，使学生的感性认识逐步上升到理性认识。】

片段二：在快乐中强化训练，使学生会做题

1. 播放音乐《小哪吒》。

师：你们喜欢西游记里的谁呀？

生1：齐天大圣孙悟空。

生2：小哪吒。

……

师：他们有什么本领？

生：孙悟空有火眼金睛，能看出别人是不是妖怪。

生：哪吒本领大。

师：想跟他们比一下吗，看谁也能炼出一双火眼金睛？

教师在展示台出示练习题，让学生判断对错，同时要求说出各个图所表示的意思。

1. ○○○ ○（2）◎◎⊖⊖（3）□□□□□□ ┆ □□□（4）○○○ ┆ ○○○○○ ┆ ○○

○○ ○○ ◎◎⊖⊖

5－3＝2　　4－4＝0　　6＋3＝9　　10－4＝6

2.

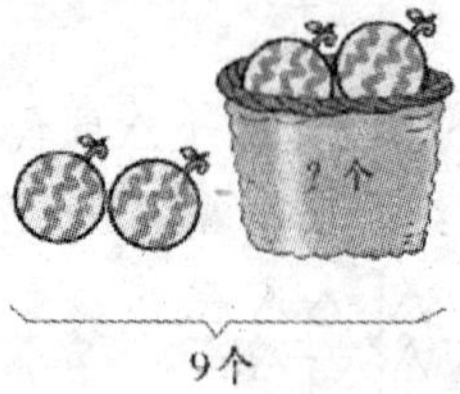

□＋□＝□（只）　　□－□＝□（个）

3. 让学生根据题意分角色演示，其他同学说算式，并说出选择加法或减法算式的想法。

①8只小兔，跑了2只，还剩几只？

②花上有6只蝴蝶，又飞来2只，现在有几只？

③草地上有7只小鸡，跑走几只后还剩3只，跑走了几只？

【设计意图：在深化理解的基础上，对学生进行做题的专项训练，训练学生会看题，能看懂题，能正确地列算式。让学生对理解的知识及时进行内化、吸收。考虑到一年级小学生的心理特点，枯燥的训练会使其厌烦，我便对训练的形式进行了精心的设计，使学生在游戏的愉悦氛围中练习。】

上完这节综合练习课后，我又给学生出了几个同样类型的测试题，测试结果令我很满意，正确率达到95%，班上只有2个学生出现错误。

【案例反思】

一年级看图列式的题目非常多，这也是最直观地解决问题的方法。在新教材强化生活情境的过程中，我们发现学生解决生活中的问题的能力加强了，却在完成这种最传统的、最习惯的“看图列式”题目时出现了问题。我们作为成年人，总是想当然地以为这么简单的图学生怎么能不明白？却很少从孩子的角度去看待，去分析。以上案例确实让我的感触颇深。

一、教学中，教师往往需要换个角度去分析小学生做题的错误

看似简单的题目，对于第一次接触的小学生来说，教师感觉是很复杂的。在测试中，学生出现的错误，我也一度感到非常恼火，也曾经教训过学生，诸如“这样的题就是从总数里面减去”，甚至重复地强调，但收效甚微。这种就题论题的方式解决不了根本的问题，也让我一下子想到了：有的教师为什么一道题讲了8遍，而在测评中遇到类似的题目时学生却依旧错误率高居不下的原因。在恼火之后，我沉下心去思考：对自己说，如果我是学生，这个知识点我会怎么想，我会怎么做？哪个环节我会遇到困难？哪个环节需要老师的讲解和启发？我尝试着从学生的角度去分析，去查找问题的症结，方才从根本上解决了问题。

二、要善于发现学生思维的槛，并能帮助学生顺利地迈过

生活情境的问题学生会解决，却解决不了图中的问题，也就是说在这其中有一道槛，这道槛就是解决问题的关键。在实际的教学中，学生在学习中会遇到好多好多这样的槛，这道槛实际上就是每一个知识点的真正的原点。教师应该知道，在教学每一个知识点的时候，自己设计的教学起点有时并不一定是真正的起点，这些真正的教学起点，是需要在备课中认真揣摩、思考；需要教师在课堂教学中时刻地去关注学生，思考学生的思考，感受学生的感受，只有这样，才能不断地提高自己发现问题的能力。就像教师要提高学生发现问题、提出问题的能力一样，他们自身也需要不断地提高自己发现问题、提出问题的能力。

三、既要注重技能训练，也要让孩子学得快乐

人都愿意在快乐中学习，也只有在快乐中才能学得愉悦，学习效果才会高，小学生也如此。我们的新课改虽然强调快乐教学，但不能丢了基础知识与基本技能，对学生数学上一些技能的训练还是必不可少的。如何来训练这些技能，则是教师在新形势下考虑的问题。本案例中，教师精心地设计了情境，使学生在一个个的活动中进行强化练习，增加了他们练习的兴趣，使学生在愉悦的气氛中不知不觉地提高了技能。

以上情况也使我想到了自己，落实“和谐高效思维对话”型课堂建设不是一蹴而就的，很平常的“看图列式”问题就体现出教师与学生是否是在真正进行“思维对话”。这也提示我们在今后的教学中去不断地思考。也许，在认真地反思自己的每一节课后，我们会逐步深入地理解“和谐高效思维对话”型课堂。

案例二：

精心预设问题　激活学生思维

——炼课中引发的思考

牟平区实验小学　战丽娜　孙英姿

【案例背景】

《标准》指出，教学设计应由“给予知识”转向“引导活动”，应将学生的数学学习过程看成学生“再创造”的过程。因此，教师要为学生留出足够的思维空间，让学生利用已有的生活经验和认知结构，自己动手、动脑、动口，将亲身体验与活动中的认知建立起实质性的联系，在活动探究中发挥创造性，进行自主构建。但调查发现：在实际操作中，课堂上大部分时间还是教师在起着主导作用。如何创设教学情境，设计教学环节，让学生在教师的引导下，有自主参与学习的兴趣，使师生之间、生生之间思维碰撞，提高课堂教学效率？这个问题一度成为许多教师心中的困惑。在牟平区创建思维对话、构建和谐高效的课堂教学模式研讨活动中，实验小学校举行了“几人同上一节课”的炼课活动。即同样的教学内容、同样的教学目标、同样的教学重点和难点，几位参与炼课的教师在深钻教材的基础上，集体备课，轮番试讲，在试讲的基础上对课程不断进行修改完善，群策群力。我有幸参加了一年级数学组教师炼课的全过程，受益匪浅。

【案例描述与分析】

一年级教研组选择的是一年级下册的“统计”一课。确立的教学目标是：使学生初步学会使用适当的方法收集数据，学会用简单的统计表和条形统计图整理数据；能根据统计结果提出和回答简单的问题，经历简单的统计过程，体会统计的作用，形成合作意识和解决问题的能力。教研组中先由一位资深教师确定授课方案，然后教研组进行集体听课、评课。

第一次授课的教学片段

教师利用多媒体出示：静态情景图，图中有绵羊、奶牛、猪和鸡等动物。

师：我们现在想知道这家主人养的动物各有多少只，大家说该怎么办？

生：我们一起来统计一下。

师：你们有什么好办法吗？请各小组一起讨论一下。（学生积极地参与到讨论中。）

师：我们一起来交流一下各组的方法好吗？

生：我们组想用文字来记录各种动物有多少只。

生：我们组想用画横线的方法来记录。

生：我们组要用画圆圈的方法来记录。

生：我们小组打算用画三角形的方法来记录。

生：我们组想一起来数一数。

……

学生兴趣较浓，交流着自己的统计方法。接下来教师就引导学生按交流的方法进行统计。

课后，教研组组织教师对本节课进行了讨论。这位教师采用的是教师们一直沿用的教学模式，先由教师创设情境，引导学生一步一步地学习，课堂环节清晰，过程顺畅，学生对所授知识掌握得也比较扎实。但是，教师们又都感觉到，这堂课上学生太老实了，如温顺的羔羊，教师把他们引到哪儿，他们的思维到哪儿，整堂课似乎少了点什么。一位教师的话使大家醒悟："课上得太平淡了，学生被教师牵着鼻子走，没有引起学生思维上的碰撞，教师和学生都没有激情。"为什么会出现这种情况呢？经过探讨，教师们发现本节课存在的主要弊端是教师弱化了对学生统计意识的培养和对统计方法的自主优化。对于统计，学生已有一定的生活经验，本节课的预设对于学生来说没有什么挑战性，使他们缺乏解决问题的动力，因此没有主动参与的热情，思维没有被激活，和谐高效课堂的精彩从何而来？

怎样才能让学生自主地去学习呢？看来本节课教师的首要任务是创设情境，设计认知冲突，营造良好的探索和思考的氛围，促使学生积极探究。学生的探究欲望被激起后，随之而来的将是学生学习的自主性和创造性。最后教师们达成共识，再改教案，由这位教师再次进行授课。

第二次授课的片段

师：同学们，喜欢大草原吗？

紧接着一幅动态的画面出现了。课件出示的画面背景是一片绿色的大草地，远远地走来一只只动物。随着远处动物的走近，眼前的动物也慢慢地消失在屏幕的尽头。画面上出现了一个问题：你知道各种动物分别是多少只吗？

画面突然停止，学生面对着屏幕上的问题都傻眼了：刚才只顾欣赏优美的画面，没有注意有几只小动物呀！这怎么办呢？

师：（听着学生哗然一片，很沉得住气）大家讨论一下吧。看谁能够解决这个问题？

学生你看我，我看你，一脸茫然。有的学生央求到：老师，再放一遍吧。

师：为什么？

生：（很真切）老师，刚才我们光顾着看画面了，没注意各种动物究竟有多少只啊？（很多学生跟着应和。）

师：这次你们可要看仔细了呀！（然后把课件重新放一遍。学生自觉地拿起笔，在本上着急地做着不同的记录。）

师：（课件播放结束）讨论一下，到底怎么解决这个问题？

学生满怀信心地拿着自己的记录参与到讨论中。一会儿，问题又出现了，小组中的同学做的记录五花八门，有的小组5个人竟有5种答案。

生：老师，我们的答案怎么都不一样呢？

生：（又一次央求）老师，再放一遍吧，我们一定把问题解决好。

师：为什么？

生：老师，原来我们的方法可能不对。动物走的速度太快了。有的我们还没有来得及记录呢！这次我们小组分工统计每种动物各有几只。（他的话一下子提醒了其他小组的同学，学生纷纷开始分工准备重新统计。）

师：那这次播放前你们先讨论一下怎样统计效率最高吧，老师只能放最后一遍了。

各学习小组的同学立刻开始了分工。为了不出错，小组内能力稍差的同学自愿两人一伙统计一种动物的数量。有几个能力较强的学生打算对每种动物都统计。他们全神贯注地等着。

师：做好准备了吗？

全体学生满怀信心地回答："准备好了！"教师第三次播放了课件。

教室里静悄悄的，大家唯恐落掉一只小动物。课件播放结束，各小组同学马上进行组内核对，接着出现了一声声欢呼："耶！我们组答案统一了！"

师：能告诉老师你们是怎样统计的吗？

所有学生都把手举得高高的，都想把自己的办法汇报出来。

……

“片段二”中，教师与学生聪明地耍了一次“太极”，非常巧妙地用了一招——四两拨千斤，配合着课件，教师只用短短的几个小问题，就把课堂变成学生展示自己的舞台，让学生的思维如同“脱缰的野马”纵横驰骋，激情飞扬。教师将自己完全定位于一个引导者的地位，而让学生自觉地发现问题，积极地想办法解决问题，使他们一次次迫切地要求教师重放课件，一次次改进统计方法，使学生真正成为了课堂学习的主人。

【案例反思】

回顾本次活动，我们收获颇多。叶圣陶先生说，教任何功课的目的，就是为了达到不需要教，即孩子自己会学，学了会用，能解决实际问题。这节课充分体现了这一点。总结本课成功的原因，主要有以下几个方面。

一、个个“问题”牵动着学生的思维

比较两堂课，我们很容易发现，在第二堂课上，教师的问题无疑成了“钓”学生“胃口”的诱饵。为了解决教师提出的问题，学生在解决问题中遇到了各种困难，但他们能够始终处于一种高度的“竞技状态”中，经历了三次实践，同时进行了三次反思，学生最后交流的方法正是他们实践和反思的结果。

新课程改革以来，我们都充分地意识到，学生对于学习的积极主动是课堂真正的生命力，这种理念已被大家所公认。但在实践中，教师找不到一把能把学生主动性调动起来的钥匙，而这位教师给我们做了示范。他话语不多，却句句点金，引导学生的思维一步一步深入。为什么会收到这种特殊的效果？细细想来，这位教师课前大胆地预设，似乎在“不经意”间把大的问题抛给了学生，让解决问题的需要拉动学生的思维，使学生在经历了一次次的反思后，一次次主动向教师提出了学习的请求。随着学生参与的逐渐深入，学生的学习兴趣自然就越来越浓。

二、次次“失误”挑战着学生的思维

统计部分是教材的重要内容，《标准》中对这部分内容强调的是对学生统计意识的培养。生活中，我们经常要面对一大堆调查而来的相关数据，统计分类这些原始数据，是我们经常要解决的问题。而现在这些娇生惯养的孩子统计的意识非常淡薄。像第一次画面出现的时候，孩子们光顾着看漂亮的画面，根本就没有统计的意识。当教师抛出了要解决的问题时，孩子们面对要求、面对要解决的问题，才发现自己刚才的失误：光顾着看热闹，忽略了统计。第二次又没有成功，他们又一次意识到方法的选择也是至关重要的。通过学生一次次的失误，通过教师步步引领，使学生逐渐意识到统计在生活中的重要性，统计意识在他们的幼小心田里悄悄扎根。

三、种种“比较”激活了学生的思维

统计的方法有很多，每个学生都有自己最喜欢的方法，大部分学生刚开始总认为自己的方法是最好的。而实际上，留在他们脑海中最原始的统计方法并不一定是最合适的。像前面第一次统计的时候，学生通过亲身的体验马上意识到，自己的方法并不好：不够合理，速度太慢，还容易造成失误。在一次次的实践中，特别是在对前后两次自己的方法的对比中，在与其他同学的方法的比较中，学生自觉地体验方法的优劣，进行方法的优化。而这种优化是学生根据实际需要自觉产生的，是他们从生活中得出的经验，是他们主动地活化思维的结果。

从上面的例子可以看出，激活学生的思维，营造和谐高效的思维对话课堂，教师首先要精心设计问题，把课堂还给学生，把想的时间还给学生，把讲的机会让给学生，把学的过程放给学生，把辩的空间留给学生，把评的权利交给学生，在师生互动、生生互动中经历一波三折的学习过程，提高学生主动探究学习的能力。

案例三：

有效教学，从研究学生开始

长岛县第二实验学校　刘述丽

【案例背景】

长期以来，“三维目标的割裂、教学内容的泛化、学科特色的缺失、预设与生成的冲突、学科逻辑不能心理学化的困惑、‘现在发展区’与‘最近发展区’的混淆等诸多要素”，影响着课堂教学的有效性。因此，对于课堂教学有效性的问题，还需要从宏观着眼，从微观处入手。而“课堂教学有效性的唯一指标是学生的进步与发展”。所以，有效教学，应从研究学生开始。

【案例描述与分析】

二年级数学组全体教师在第五单元集体备课中，选择了“整百数减三位数隔位退位减法”这一课进行研究，试图课前、课中、课后在充分研究学生的基础上进行对有效教学策略的探讨。其教学目标确立如下。①知识与技能：让学生利用学具操作明白三位数减三位数隔位退位减法的算理，学会准确的计算。②过程与方法：尝试学习经历观察、分析、概括的过程，使学生逐步形成观察、分析、概括的能力。并通过自主学习，加工信息，构建知识的生长点。③情感态度与价值观：教师通过有效评价，激发学生主动参与活动的热情，培养人人爱学习和人人会学习的信念。

第一次试讲

根据以上教学目标，王老师备课后在二年级进行了试讲，简要过程如下。

活动一：创设情境，尝试解答。

1. 打开书，看信息窗，自由交流：你们看到了什么，想到了什么？

2. 你们能提出有关的数学问题吗？谁来列出算式？

3. 尝试解答，提出困惑。

活动二：操作学具，明白算理。

1. 如何摆学具算出 205 - 116 = ？如何用竖式计算这个算式？

2. 如何摆学具算出 300 - 116 = ？如何用竖式计算这个算式？

活动三：同化探索，反馈评价。

1. 在竖式计算中，个位数不够减，十位上又是 0 怎么办？

2. 不摆学具你们会列竖式计算 600 - 348、704 - 335 吗？

3. 你们如何验证自己的计算结果？

4. 小组合作分析做错题的同学的错误原因。

活动四：反复演练，自我调控。

计算：302 - 167　900 - 735　300 - 149

活动五：独立作业，总结反思。

1. 轻松过关。800 - 196　802 - 637

2. 加油冲刺。1000 - 514

3. 智力冲浪。（选做部分）300 - 198。引导学生列竖式计算，启发学生：还会哪样计算？

第一次试讲后的教研讨论

1. 试讲后发现的问题及讨论。

（1）试讲中发现学生学习例 1 比学习例 2 要困难。

（2）教师尝试解答例 1 时发现，只有几个学生会算，大部分学生对此题无从下手，教师困惑的是在上一节“连续退位减法”中，学生自学尝试比较顺利，为什么对他们来说，本节的题目却感觉很难？

(3) 教学中，教师也注重了以学具操作来帮助学生变抽象的算理为直观的演示，但学习效果并不理想。

(4) 本课注重将评价机制引进课堂，虽然大大地调动了学生学习的积极性，但在师生间交流和课堂结尾时，学生还处在被动状态，评价不能贯串于学生每一个灵光闪动之处，不能让每个学生都能得到这个机会，更不能让即时评价成为师生的行为习惯。

这些问题引发了教师们的热烈讨论，最后达成以下共识。

(1) 教师在教学中，虽然注重了对教材的分析、挖掘，注重了对课程改革所提倡的自主探究、合作交流等学习方式的运用，力求学生的学习活动是一个主动的、富有个性的过程，但却忽略了课标所倡导的“教学活动应以学生的认知发展水平和已有经验为基础”，使先进的教学理念和方法失去了赖以生存的土壤。“无本之木”的学习活动使教学以无效或低效而告终。例如，教师在课堂上才发现学生学习例 1 比学习例 2 要困难，其原因是：在例 1 中，个位需算两步 10 +5 −6 或 10 −6 +5；而在例 2 中，个位只需算一步 10 −6。学生在操作学具时，例 1 中的个位操作要把原有的数再加上退位的十，珠子根本就不够，要记在脑子里；而完成例 2 时操作学具直观、简易。

(2) 教师们发现，操作学具活动局限于教师一人主持，学生代表一人演示，不利于调动全体学生的主动性和创造性；操作过程流于形式，无法使每个学生建立起自身认知水平基点上的认知表象以获得富有个性的直观经验，这不利于活动内化。

(3) 每节课的评价与反思，应成为学生的一种学习需要和习惯，成为学生后续学习的动力。

2. 讨论后的调整策略。

(1) 教师进行一次课前预测，帮助学生找准原有知识的生长点和切入点。

(2) 把对例 1 与例 2 的学习调换一下位置，使学生的学习由易到难，循序渐进。

(3) 为了使操作更有效，让活动得到真正内化，教师采用了如下操作策略：学生学具操作—语言内化—表象提升—自主结论—自主评价。

(4) 设计一个简易的、可操作的评价表，提醒大家及时评价，督促学生人人参与，并且留下真实的学习状况成长记录。如下表。

课堂评价表

本节课共得分数（　　）　　　　　　　　　　　　　　　　　　姓名：

<table>
<tr><th rowspan="2">项　目</th><th rowspan="2">加分情况</th><th rowspan="2">合　计</th><th colspan="2">课后反思</th><th rowspan="2">备　注</th></tr>
<tr><th>好的表现</th><th>错例</th></tr>
<tr><td>我会摆</td><td>（　）+（　）</td><td></td><td rowspan="7"></td><td rowspan="7"></td><td rowspan="7">每完成一项任务加1分，有精彩表现得到掌声，一次加1分，及时改错也加1分。</td></tr>
<tr><td>我会说</td><td>（　）+（　）</td><td></td></tr>
<tr><td>我发现</td><td>（　）+（　）</td><td></td></tr>
<tr><td>我尝试</td><td>（　）+（　）</td><td></td></tr>
<tr><td>我再试</td><td>（　）+（　）</td><td></td></tr>
<tr><td>小组合作</td><td>（　）+（　）</td><td></td></tr>
<tr><td>独立作业</td><td>（　）+（　）</td><td></td></tr>
</table>

第二次试讲

教学片段一：课前预测。

为了找准学生原有知识的生长点和切入点，教师做了学情调查：从还未学过这部分知识的本年级学生中抽一组10人计算100－6，发现正确率为60%，计算200－73，发现正确率为30%。由此推测，学习整百数减三位数隔位退位减法，对于二年级学生来说，将是很困难的事情。至于100－6、200－73这样的题学生做不对的原因，是因为他们以前没学会还是根本没学？在查阅了前三册的教材内容后，教师确认学生以前是没学“整百数减一、两位数隔位退位减法”，也就是说，这部分知识，在教材和教学中都出现了脱节的现象！

因此，教师设计课前增设过渡铺垫这一环节，先学习100－4，再学习100－25，循序渐进，使难点分散，让学生尝试学习步步为营。

教学片段二：知识铺垫与有序操作。

1. 创设情境，直奔主题。

一天，王阿姨给女儿玲玲出了一道题：妈妈拿100元钱买一条4元钱的毛巾，应找回多少钱？玲玲高兴地说：“前两天我们刚学过退位减法，这道题难不倒我。”于是她很快写出竖式：

$$\begin{array}{r}100\\-\ \ 4\\\hline 6\end{array}$$

师：同学们，你们笑什么呢？你们怎么确认玲玲真的是错了？错在哪里？请在小组内交流一下自己的想法。

2. 操作学具，明白算理。

（1）具体操作。师：你们能帮玲玲用学具摆出100－4的正确结果吗？

生成：学生选择的学具有——百格图、正方体木块和数位顺序座、方格纸、计数器，还有的学生直接画钱币进行兑换。当画钱币的同学发言后，有个学生说：有一次，我到超市也买4元钱的东西，给售货员100元时，我就亲眼看见阿姨把我的100元钱放在第一个盒子里，从第二个盒子里拿出90元，再从第三个盒子里拿6元，这样一共拿给我96元。教师灵机一动，先表扬这位同学是位有心人，然后就在黑板上画3个方格代表3个钱盒，在第一个方格上方写上文字“百”，在后两个方格上分别写上“十”和“元”，再在3个格里面分别写上数字1、0、0，问：我要从储蓄盒取4元零钱，按理说要从哪一个盒子里取？发现了什么？怎么办？学生很快想出办法：拿100元换成10张十元，再拿1个十元换成10张一元，然后把9张十元放在第二个盒子里，再从10张一元中取4张，把剩下的6张一元放在第三个盒子里。

（2）语言内化。师：你们能说明白自己是怎样操作的吗？

（3）表象提升。师：你们还能说明白十位上的空怎么变成9了吗？

生成：退一个百是10个十，拿一个十给个位用了，还有9个十没用，所以9要存放在十位上。

（4）自主探索。师：如何列竖式计算呢？

（5）自主结论。

师：你们会摆100－25的计算结果吗？会列竖式计算吗？300－78不摆学具你们会列竖式计算吗？你们如何验证自己的计算结果？

生成：摆学具；估算；验算；简算。

师：竖式计算中，给0退过位后，你发现了什么？

生成：0戴上帽子，由无到有，变成9。

（6）自主评价。

教学片段三：尝试迁移，反馈评价。

1. 学习例2：300－116。

（1）独立尝试。师：老师不讲，你们自己会做吗？

（2）交流反馈：

①师：个位不够减，十位上又是0怎么办？

②师：你们如何验证自己的计算结果？

③师：做错题的同学，你们能查出错因吗？我们能给做错的同学出哪些妙计？

2. 学习例1：205－116（仿例2步骤）。

3. 小结：今天，我们学习了什么新知识？隔位退位减时，应注意什么问题？

4. 评价，并填写评价表。

【案例反思】

课后，教师对两个班级（独立作业800－196、802－637、1000－514）正确率做了统计：第一次试讲在三班，共44人，3道题全对的32人，正确率为72.2%；第二次试讲在二班，共47人，3道题全对的40人，正确率为85.1%。

课后，教师又从这两个班分别抽调一个小组做问答调查：在减的过程中被减数十位上的零为什么变成9？结果，三班正确率为80%，二班正确率为100%。还有一个明显的区别是，二班的学生口头表达比三班更明白、更流畅。

经历两次试讲后，在教研中提出的热门讨论话题有以下几个。

1. 质疑点："操作学具，明白算理"环节是否有必要像第二次试讲中那样过细？

观点1：不必要。因为最有效的教学法，就是用最短的时间让学生用最快的速度学会知识。而这一环节费时费劲，就会导致了后面的练习题做不完，出现拖堂现象。

观点2：有必要。最有效的教学法，应该是用最短的时间，充分调动学生的各个感官，使每个学生都动脑动手，学有所得，习有所悟。在计算工具先进的今天，熟练的计算技能和创意的思维形式相比，后者更为重要。不难发现，自主操作中师生的多种思维方式是在第二次试讲中生成的，而在第一次试讲中根本不可能得到展现。

课后抽查成绩也证明，磨刀不误砍柴工。在有步骤的操作策略指导下，有序的思维、活动的内化以及学生对自由时间和自主空间的获得是多做几个练习题所不能代替的。

最后讨论达成共识：低年级学生由于年龄和思维特征限制，对他们进行的计算题教学，如算理、算法属于新的知识点的，"操作学具"环节不但有必要，而且很重要，教师应该探索如何“引导学生进行有效操作的教学策略”，促进学生自主地进行“活动内化”。如果这一环节从一年级抓起，长此以往，当学生形成一定的技巧和习惯时，“操作学具”不但不会耽误时间，而且会让计算题教学因此变得生动而丰富。所以，教师不能用牺牲学生的思维强度来获取所谓的教学效率。

2. 共鸣点：研讨中教师公认，第二次试讲中，即时评价机制无疑对调动学生学习的积极性起着不可估量的作用。

课堂上的提问、回答，合作中的请教、帮教，交流时的倾听、发言，无不表现出学生积极主动的热情。每次当他们有自我感觉良好的地方，就马上问同桌，可以加1分吗？不管是否得到肯定，他们都像被注入兴奋剂一样，马上投入对下一次机会的争取中。

学习积极性还特别表现在小组比赛过程中，学生为了得到双倍的加分，学习热情空前高涨，把本节课的学习气氛一下子推向高潮。赛前，有的问，有的教，他们“勾肩搭背”亲如一人；赛后，有的埋怨、自责，有的欢呼、祝贺。不管是忧是喜，评价之后，相信学生们都会各有所悟，也各有所得。

在评价过程中，本课注重的是关注学生的学习结果，同时更关注学生的学习过程。在关注学生的学习过程时，本课又注重的是关注学生学习水平，更关注学生学习中表现出的情感和态度，使学生在评价中更好地认识自我、完善自我、建立自信。

“如何科学有效地制订小学每个学段的课堂评价机制，让即时评价、科学评价真正成为师生后继学习的动力源泉。”这也是教师们这次研讨新生成的教研课题。

3. “让错误美丽起来”也是这节课的亮点之一。

例如，教学过程中一个学生将704－335错算成368时，同学甲对他说：你要学会验算判断，8＋5＝13，个位3回不到原来的4上，证明你算错了，应重新检查；同学乙对他说：记住，个位不够减，退位后，只要差1，得数定是9，如果差2呢？回答正确，你就可加1分；同学丙对他说：百位、十位上的数你都算对了，说明这节课的新知识你已经学会了，我建议为你的进步加1分，如果把这道题改对了，再练对一道题，你就可加2分，加油！

当教师听到这个小组成员的这番对话时，眼角不禁有些湿润，事实让教师充分认识到：在学习过程中出现错误是孩子的权利，出错后的及时反馈和精彩生成，应该是教学在思维的过程中找到了与学生的合拍点，这时发出的声音会更响亮、更和谐！

总之，本次教研，教师从研究学生入手，了解学生的知识增长点，研究学生的思维特点，把握学生的心理发展点，关注学生的课堂生成点……努力做到尽可能地了解学生的一切，研究学生的所有，以试图引导学生参与“有效尝试”、“有效操作”、“有效反馈”和“有效评价”等教学活动，努力阐释“教师讲明白了，不如学生想明白了；学生真正想明白，胜过真正听明白；学生自己想要‘吃’，胜过教师喂着‘吃’”这种理念。在教学过程中，我们“以学生的发展为本，追求全体学生的积极、主动、和谐、高效发展”；在学习过程中，力求“学生的思考是积极的，行为是主动的，思维品质是最优化的，教学目标的达成度是最高的”。

实践证明：有效教学，应从研究学生开始。这，更坚定了我们今后教学的步伐。

第四章　烟台市小学数学课改的历程及课堂教学评价标准的形成

第一节　以“创新学习”和“素质教育”为核心的小学数学教学改革

江泽民同志指出：“创新是一个民族进步的灵魂，是一个国家兴旺发达的不竭动力。”实施素质教育，就是以培养学生的创新精神和实践能力为重点，塑造全面发展的创新型人才。在这样的情况下，山东省提出实施创新教育，为构建面向21世纪小学数学教学的新体系，烟台市开展了以“创新学习”和“素质教育”为核心的小学数学教学改革实验与研究工作，取得了突出的成就。

一、小学数学“创新学习”的实验与研究

1996年，我们对大量小学数学课堂教学情况进行了分析研究，发现大部分课堂教学存在着这样一些弊端：教师讲解多，学生思考少；一问一答多，研讨交流少；操练记忆多，鼓励创新少；强求一致多，发展个性少；照本宣科多，智力活动少；显性内容多，隐性内容少；应付任务多，精神乐趣少；等等。总之，传统教学方式重视传授系统书本知识，忽视对学生的好奇心、创新意识和探索精神的培养。为了彻底改变这样的状况，我们以创新精神为指导，设计了一个从教学评价、教材运用、组织形式、教学方法、师生关系、练习与作业设计、教学手段、备课方法、教学管理等全方位系统改革小学数学教学的方案，作为专门课题研究，定名为“小学数学创新学习实验与研究”。烟台市于1998年3月确定了一个实验点、两个实验区（一个学校，一个县级市）开展了有组织的、有计划的、有领导的探索性实验，取得了较明显的成果。1999年烟台市向全国、华东六省一市和省小学数学教学专业委

员会推荐实验班的观摩课，参加评优观摩活动，获得了一等奖，受到省内外专家和广大教师的肯定，实验班学生的精神面貌、学习兴趣、学习能力和学习成绩受到社会、学生家长和各级领导的公认。2002 年学期期末，在对实验班的 1 500 名学生进行的细致调查结果显示：喜欢和非常喜欢数学的有 97.9%，乐意独立动手、动脑解决数学问题的有 90.8%，认为小组研讨学习对学习有帮助和帮助很大的有 98.3%，学习能力和语言表达能力有明显提高的有 92.9%。学生由于对数学产生兴趣，学习能力增强，一般都不惧怕考试，学习成绩有很大提高。2003 年期末，在对五年级的一个实验班和一个非实验班数学考试成绩（等级制）进行的对比统计结果显示：实验班的口算优秀率 97.5%、笔算优秀率 92.5%、概念题目优秀率 97.5%、应用题优秀率 87.5%，分别高出非实验班 17 个百分点、14 个百点、22 个百分点和 33 个百分点。

（一）改革小学数学课堂教学的评价

随着知识经济时代的到来，人们越来越认识到，受教育者能否在未来的生活、学习、工作中取得成功，不仅取决于他们拥有知识、技能的多少和一般智力水平的高低，而且还取决于他们的兴趣、动机、态度、意志力、自信心等非智力因素的发展水平，以及分析问题和解决问题能力的高低。基于这一认识，我们把小学数学课堂教学评价标准粗线条地确定为五个方面：学生喜欢不喜欢上数学课；学生投入数学学习的程度；培养创新意识和探索精神体现出的情况；数学交流和解决数学问题能力的发展状况；对基础知识和基本技能掌握的情况。

学生喜欢不喜欢上数学课。这一项指标主要评价师生关系是否和谐，学生学习数学的心理自由、心理安全的环境是否形成，学生学习数学的兴趣、情感是否得到了较好的培养。

学生投入数学学习的程度。这一项指标主要评价教学设计是否符合学生实际水平，留有的思维空间是否能引起学生的认知需要。

培养创新意识和探索精神体现的情况。这一项指标主要是通过学生独立思考、相互启发，敢于发表新想法、新做法的表现情况，评价学生智力潜能是否得到较好的发挥。

数学交流和解决数学问题能力的发展状况。这一项指标主要评价学生尊重别人、取长补短，合作学习习惯养成的情况和灵活、综合运用知识的水平，特别是学生独立构建新知识的能力。

对基础知识和基本技能掌握的情况。这一项指标主要评价学生掌握基础知识和基本技能的方式是否科学、合理，形成知识体系的过程是否省时、高效，掌握知识的水平是否深入、扎实。

确定评价指标的目的，主要是通过实施来促进指标的达成，对实验教师起到明确的导向作用。为了突出重点，我们在实验的开始阶段，集中抓了前两项指标的落实，经过对 7 轮共 29 节课的反复评价研究，实验教师在一步一步的实践中，逐渐接受了新的教学思想。由于这五项评价指标是相互联系和相互促进的，加强前两项指标的评价过程大大促进了后三项指标的达成。评价是督促，评价是指导，在连续不断的评价过程中，烟台市培养出了一批素质较高的实验教师。他们教学观念新，驾驭课堂和管理学生的水平不断提高，而且对改革很有兴趣，因此保证了实验工作的顺利实施。

（二）大胆慎重地改革教材

传统教材随着时代的发展，明显表现出滞后性。为此，我们在反复研究人教版九年义务教育数学教材的基础上，采用了五个方面的措施对该教材进行了大胆而慎重的改革。

1. 改变数学内容的呈现方式。把适合教师讲解的内容尽可能变成适合学生探讨研究问题的素材。如“成反比例的量”一节，把原来长篇讲解的内容改为只呈现几个成反比例关系的实例，让学生用学习“成正比例的量”的思想方法去分析数量关系，找规律，得出结论。再如，中低年级的应用题尽量用画面呈现事物情境，让学生自己提出问题，解决问题，渗透“问题解决”的思想。

2. 结合生产和生活实际提出真实的、有思考价值的问题，让学生在解决身边具体问题的过程中，体验数学的价值，学习解决问题的策略。如学习百分数应用的内容，就引导学生到银行、商店搞调查，提出有关利息和折扣等方面的问题，分组研究解答。在解决问题的过程中，让学生理解概念，学会学习方法。再如，中年级学生学习解三步计算的整数、小数应用题时，有的课堂教学安排的就是复印一些真实的发票，让学生调查熟悉物品的价格，通过自己填写发票，理解数量关系，解决生活中的问题。学生这样做以后，既学会了解题，还接触了社会。

3. 扩大例题的思维空间，便于学生独立思考，学习构建知识体系的方法。如学习分数工程问题，不用整数工程问题的例题进行铺垫，而是用画面呈现两个工程队完成工程的情境，给出时间条件，由学生研究解决。再如，学习了9加几的加法后，把8加几、7加几等内容分段简化，让学生研究完成。

4. 强化基本和主干知识，削弱、删减繁琐内容。如10以内数的认识这部分知识，内容太细、太重复。我们把教材中对1～5的认识内容适当合并，分两课时完成，学生掌握了认数的基本方法后，把后面的内容压缩讲解。再如，在加强学习整数乘除法口算、估算和乘数、除数是两位数的乘除法基础上，把多位数的乘除法列为选学内容。

5. 留出适当时间，开展数学实践、数学演讲和智力趣题交流活动。在这些活动中向学生渗透统计、数学史、数学欣赏等方面的内容。教学内容的改革，开阔了教师的视野，扩大了教师的思维空间，有利于教师组织教学活动，对改革课堂教学起了很大的推进作用。

（三）探索新的课堂教学组织形式

大课堂教学有利于教师为中心的讲解，但不利于以学生为中心的自主学习。为此，我们积极探索班级、小组、个人多种学习方式相结合的组织形式，重点加强小组研讨的学习方式，相对削弱大课堂讲解的学习方式。在改革课堂组织形式的探索过程中，教师不仅要有耐心，还要有科学的引导方法，建立适应学生心理特点的激励机制和组织严密的管理措施。学生经过较好的培养，就能充分发挥个人在小组中的学习潜力和管理才能。小组中的骨干成员不但能把同学很好地组织在一起，还能把握讨论问题的方向和深度，大大提高了课堂教学效率。如在一节教学“分数工程问题”的数学课上，学生根据实际问题和自己的理解水平，分别列出了两个算式：$1\div\left(\frac{1}{10}+\frac{1}{15}\right)$和$1\div(1\div10+1\div15)$，他们各自把自己的算式讲得明明白白，头头是道，争论非常激烈，教师又不便于过早下结论。这时，突然有一个学生在几位同学的支持下，很及时地发表了这样的意见：“我们对分数的知识已经掌握得比较好了，为什么不用简便的方法解题，非要倒退到中年级的水平不可呢。我们的看法是应该采取第一个算式。”几句话，把全班同学说得哑口无言，很快地统一了意见。

课堂组织形式的变化，教师的主导作用显得更加重要了。这主要表现在教学情境的设计要能调动起学生学习的积极性，教师在学习过程中引导、点拨、释疑，理论升华的“火候”掌握要适时、适度。因此，新教学方式给教师提出了很高的要求，不但要求教师有扎实宽厚的基础知识，而且要有较高的教学机智、教学艺术和师德修养。我们也有这样的教训：教师做了大量工作，学生研讨问题的积极性被调动起来了，提出这样、那样一大堆问题，可教师却不知该如何“收场”了，课堂上就出现了盲目活跃和“华而不实”的现象。学生的学习越是开放，教师的主导作用就越重要。教师主导作用发挥得如何，是关系到课堂教学改革成败的关键。

（四）逐步推行探索式、讨论式的教学方法

我们通过探索，认识到教学过程应该是这样的：学生在教师设计的问题情境中，被问题紧紧吸引，自觉地、全身心地投入到学习活动中，用心思考，真诚交流，时而困惑，时而高兴，在跌宕起伏的情感体验中，自主地完成对知识的构建。在这样的学习过程中，学生不仅对知识理解十分深刻，而且“创造”了获取知识的方法，体验着获取知识的愉悦。同时，学生在和谐诚恳的交流中，充分展示着自己的个性和才能。在这种认识的基础上，我们逐步推开了探索式、讨论式的学习方法。具体从三个方面实施。

1. 从学生和教学内容的实际出发，创造性地组织数学智力活动，让学生在真实思考和创新的体验中构建知识、学习方法、增长智慧。这里说的智力活动，就是为学生创设一种动手操作、独立观察、引起思考的实际活动，激起学生自主地钻研和创新，经过群体的交流，完成对信息的加工过程，使知识变成学生自己的精神财富。如在学习“圆的认识”课堂上，教师给每个四人小组发了一套特别的画圆工具——一个图钉、一条短线绳、一个铅笔头，让学生自己想办法画圆。由于用这套工具画圆，看似简单，但真正画起来，一个人难以完成。即使是合作，在运用图钉、线绳和铅笔头的综合操作过程中还有许多小技巧，稍有不慎，就难以画出一个理想的圆。正是因为学生在反复克服困难中才好不容易地画出一个圆，便增加了这个活动的吸引力，从而使学生深刻体验了画圆时各要素的作用。因此，学生在讨论半径、直径的特点，以及圆心、半径的作用时，有感而发，有话可说，表现异常积极。等他们转入学习用圆规画圆时，能感到发自内心地需要，在教师的指导下，学生不停手地找规律，急切地想掌握它。这样的课不管对学生来讲，还是对教师来讲，都是一种乐趣，一种享受。

2. 真正树立学生是教学活动主体的思想。教师必须转变角色，真正从权威的讲授者变为与学生共同探讨问题的好朋友和引导者。我们经过了较长时间的实验、摸索、总结，认为要解决这个问题，应彻底改变传统的课堂教学模式，建立起一套新的课堂教学结构。实验班初步形成的教学思路是“问题情境—操作、探讨、交流—总结、应用、拓展”。如过去上复习课，教师系统整理知识，学生听完后，完成一些相应的习题，总结一下，就算是复习完了。但我们的实验班改变了过去的做法，知识的脉络由学生分小组独立整理，练习题由他们在教师的引导下互相设计，交流练习。就拿分数应用题的一节复习课来说吧。学生用表格、树枝图、迷宫图、实物图等多种形式来表达自己的整理思路，不管哪种形式，都把这一单元的知识联系、解题规律揭示得清清楚楚。在交流过程中，教师还允许学生提出问题，进行答辩，关键的环节还可以举例说明。特别是有一个小组设计了一棵彩色的大树图，用根、茎、枝、叶把有关分数乘除法应用题在知识和解题方法上的内在联系、基本规律、本单元的知识基础，形象有趣地展现在大家面前，再加上巧妙的练习设计，赢得了教师和学生的一致赞扬，使这节复习课上出了情趣，上出了深度。学生在学习潜力和学习方法上的出色表现，深刻地教育了教师。

3. 积极营造自然和谐的学习氛围，让学生敞开思想参与学习活动。儿童的天性是活泼、好动，乐意在游戏和活动中学知识，有着强烈的求知欲望。我们提倡教师办好三件事：一是保证学生在探讨问题时，有宽松的气氛，必要时，可以下座位，可以重组小组，甚至大声争辩；二是理解童心，允许学生用自然的、带有童趣的语言表达思想，交流意见；三是鼓励学生大胆提出问题，发表与众不同的见解。这样就可以大大解放学生，也大大解放教师，课堂上呈现出一种积极向上的、自然和谐的新景象。如在实验班教学“求一个数比另一个数多几的应用题”的课堂上，学生用摆实物、画线段图、比纸条等多种方式来理解数量关系，建立自己的解题思路。互相交流想法时，有的学生没有用“同样多”、“分成两部分”等字眼，却拿了一根长纸条和一根短纸条，对齐一头做比较，然后大声说：“从长的上去掉这一块（与短的同样多的部分），剩下的就是多的，所以用减法计算。”虽然这个学生的语言表达不那么准确、完整，但可以看出他对求相差数的实质是理解了。教师高兴地点点头，示意只要让同学听明白就行。他很自豪地与同学交换着眼神，表情中流露出对问题理解的自信。待教师引导全班学生进行系统总结时，他表现很活跃，在不断吸取别人表达方式的基础上，用流畅的、清楚的语言表述了合理的解题思路。再举一个学生自由地参加学习活动的例子。在一堂低年级小学生“认识米和厘米”的数学课上，一位扎长辫子的年轻女教师设计了一个通过量身边物体的长度来认识米和厘米的环节。学生量完了书本、铅笔盒、桌子等物体的长度后，同桌之间开始自由地交换着测量身体的许多部位。忽然，有两个学生提出想量量教师辫子的长度，教师和同学们都笑了。教师毫不介意，很自然地转过身去，请他们测量。全班同学用心地看着。两个学生，一个跪在凳子上，一个高高踮起脚，先后量出了教师辫子的长度，他们非常高兴。但一比较，两个人测量的结果不一样。教师马上提出一个问题："两个同学测量老师的同一条辫子，为什么测得不一样呢?"学生根据测量物体长度的经验和亲眼观察到测量时的情景，展开了非常热烈的讨论，进一步领会了测量物体长度的方法。长期这样教学，可以大大改变课堂上生硬灌输知识的局面，使学生在生动活泼、友谊和谐、充满情感和乐趣的智力活动中，加深对知识的理解，自觉学习构建新知识的方法。

二、以"素质教育"为核心的小学数学教学改革现状

以素质教育为核心的小学数学教学改革在烟台市"和谐高效思维对话"型课堂建设中，经过不断的探索与实践，突出表现为以下几方面的特点。

（一）数学教学方式的改变

数学教学活动努力改变单一的、被动的学习方式，建立和形成有利于发挥学生主体性的多样化的学习方式，促进学生在教师指导下主动地、富有个性地学习，这是"和谐高效思维对话"型课堂建设的重要任务；提倡自主探索与合作交流的教学活动方式，为学生创设有利于探索的情境以及有助于交流的机会，使每个学生都参与到学习活动之中，都有展现自己的机会，有更多的机会体验、经历数学学习的过程；改变教学活动方式，使教师的教学方式更加丰富多彩，使学生学得更加生动活泼，实现了促进学生全面发展的目的。下面是一节小学数学课"设计旅行计划"的概要。

"五一"假期就要到了，请学生自己设计一个一家人从××县到××市的旅行计划。教师为学生提供有关交通、住宿、公园门票等价格的信息，让学生分组讨论，每一个组确定一个自己认为合理的旅行计划。学生经过小组讨论、认真研究、计算和分析，分别确定自己的旅行计划。有的学生计划用的钱比较多，认为这样可以舒适一点；有的学生说家长挣钱不容易，要尽量节省一些。有的学生更多的是从节省时间考虑，有的学生从可以游览更多的景点考虑。在这个过程中，学生不只是进行有关的计算，还要考虑经济条件、旅行的效果等多方面的因素。

这样的教学可能与一般的课堂教学不同，它将知识技能与生活经验、社会事件以及价值判断等综合起来，学生可以从中学习更广的知识，积累更多的经验，发展多方面的能力。实施新课程后，希望有越来越多的教师接受这

种方式，在实践中体验这种方式，使自己的教学风格、教学方法发生变化，也使学生更好地经历学习过程。

教学方式应当是多样的，以往的教学以接受式的学习为主，新课程提倡自主探索、合作交流等新的教学方式，目的在于改变教学方式过于单一的状况。但这并不等于排斥其他的学习方式。接受式学习和探究式学习是人们开展学习活动的两种基本方式，二者相辅相成，缺一不可。而以往过多地注重了接受式学习，忽略了探究性学习在人的发展中的重要价值。因此在数学课堂中，教师要发挥学生的主体作用，创设丰富的教学情境，引导学生开展探究性学习，引导学生注重实践与思考，让学生将知识转化为能力与德行，促进学生的全面发展。

(二) 教师的教学观念与角色的转变

在教学实践中，教师努力转变教学观念，以树立新的学习观、教学观、学生观和发展观，把教学看做师生互动、共同发展的过程。在教学过程中，教师的角色发生改变：由单纯的传授者和管理者转化为组织者、引导者和合作者。在数学教学中，教师要精心地组织课堂教学，有效地引导学生参与数学活动，真诚地与学生合作，共同创造一种新的课堂文化。

教师要成为组织者、引导者、合作者。这一理念并不是刚刚出现的，许多优秀教师在自己的教学实践中早已实现了教师角色的转变。在许多优秀教师的课堂教学中，我们可以看到教师已经不是权威，教师和学生形成一种和谐的、互动的、合作的关系，教师成为学生学习过程的引导者、学生学习过程的合作者。教师应成为教学活动的组织者，更多地表现在为学生设计有助于学生探索交流的情境，有效地组织课堂教学的各个环节。教师角色的转变绝不是说课堂上教师的作用降低了、教师不重要了、全部让学生去做。课程资源的开发、教学情境的设计、教学中可能出现的问题的准备等都是教师应当周密计划的，应当说教师的责任更重。教材是组织教学活动的依据之一，但不是唯一的依据。教师有责任为学生设计更加符合学生学习的、符合学生实际的教学内容和学习情境。这就要求教师有更广博的知识、更丰富的经验和对学生更深刻的理解。如果每一位教师结合本校的、本班的情况，每学期自己设计两三次有意义的活动（包括实践活动），让学生在这些情境中探索，就会在很大程度上改变教师和学生对数学学习和数学知识的认识，以及对数学价值的理解。教师成为组织者，不只是在课堂上组织好纪律、管理学生的学习，更多是在课前的设计以及对教学活动过程的组织。一位特级教师在“面积”一课的教学中，在学生知道面积的含义、认识面积的单位后，让学生在桌子上量一量桌面有多少平方厘米，课本是多少平方厘米。然后教师让学生用平方厘米、平方分米量一量教室有多大。多数学生开始动手量教室，可有一两个学生开始就没动，他们在看，在想，然后对教师说平方厘米和平方分米太小了，用来量教室的面积太麻烦。教师说：那我们怎么办？是不是应该用更大一点的面积单位？那我们来认识更大的面积单位“平方米”。用平方米来测量教室的面积可能更好一些。这样一个情境，先使学生有一种学习的需要，然后再动手做，达到水到渠成的效果。教师要成为学生学习活动的引导者，在适当的时候，在学生有疑问的时候去点拨、引导，而不是简单地告诉学生。教师要引导学生开展认识数学的活动，在学生需要的时候给予必要的指导。教师可以提出问题引导学生思考，在学生出现问题时给予帮助，使学生在学习中探索和思考，不只是简单地模仿。教师应随时了解学生思考的情况，注意学生的学习过程，对学生的数学学习进行有针对性的指导。教师成为学习过程中的合作者是指教师应成为学习活动中的一员，成为学生学习的朋友，和学生一起探索和研究问题。有的教师在讲课时对学生说：你可以说说你有什么问题，你希望我讲什么，你需要知道什么东西。而再不仅仅是由教师提出问题，学生回答。

第二节　小学数学课堂教学评价制度的改革

一、烟台市小学数学课堂教学评价制度改革概述

《标准》指出，评价的主要目的是为了全面了解学生的数学学习历程，激励学生的学习和改进教师的教学；应建立评价目标多元、评价方法多样的评价体系。对数学学习的评价要关注学生的学习结果，更要关注他们的学习过程；要关注学生的学习水平，更要关注他们在数学活动中所表现出来的情感与态度，帮助学生认识自我，建立信心。

对于课程标准提出的评价理念，可以从以下三个方面理解。

（一）评价目标多元化

新课程提出多元化的评价目标，评价的对象既包括学生也包括教师。以往的评价更多地关注学生的成就，关注学生的表现，忽视对教师教学过程的评价。这样的评价是不全面的，也是不利于教师发展的。考查教学过程和学生学习状况，不只是看学生的表现，还应促使教师认识教学中存在的问题，及时改进教学方式，调整教学进度和教学目标。

针对学生的评价，其目标也应是多元的，而不是单一的，至少应包括以下几个方面的功能：

· 反映学生数学学习的成就和进步，激励学生的数学学习；

· 诊断学生在学习中存在的困难，及时调整和改善教学过程；

· 全面了解学生数学学习的历程，帮助学生认识自己在解题策略、思维方法或学习习惯上的长处和不足；

· 使学生形成正确的学习预期，形成对数学积极的态度、情感和价值观，帮助学生认识自我，树立信心。

以往的评价更多地关注学生的学业成就，特别是以知识技能评价为主要内容、以书面评价为主要方式的评价。评价更多地强调甄别和选拔的功能，忽视其他方面的功能。这种评价取向在很大程度上限制了学生的全面发展，也限制了教师在课程开发和促进学生发展上的能动性。数学教育的目的是促进学生数学素养的提高，是对学生全面发展教育的一个组成部分。数学课程的评价在很大程度上又具有导向作用，如果只是将评价的目标限定在对学生的概念、运算和解题技巧的考核上，就会使教师和学生只关注这些目标，忽视其他方面的目标，特别是那些不能简单地用一张考卷和一个分数来确定的目标，比如学生情感和态度方面的目标，学生学习过程的目标，以及教师与学生之间的互动等。在多数传统的数学试卷中，考查的内容基本是计算技能和解决固定模式问题的能力，应用题也局限在一些标准的类型题中。像下面这样的问题是司空见惯的。

填空：

（1）3.05 吨 =（　）吨（　）千克　　1020 平方分米 =（　　）平方米

（2）一个小数扩大 100 倍后，小数点再向左移动一位得数是 12.3，原来这个小数是（　　）。

（3）判断下面各题，正确的在括号里面画“√”，错误的画“×”。

① 一个分数的分母一定，分子和分数值成正比例。（　）

② 4 是 0.5 的倍数。（　）

③ 一个质数和比它小的每一个自然数都互质。（　）

这样的评价是以知识技能为主的，重点在于考查学生对知识的理解与技能的形成。这固然是数学教育的一个组成部分，但不是数学教育的全部。评价目标的多元性表现在不只是对学生知识技能掌握情况的评价，而且要评价学生多方面的发展，评价学生的多种能力。如右面这样的问题，就可以从多方面考查学生的表现。

例1　给统计图起名。右边是一个画好的统计图，请观察这个图，回答以下的问题。

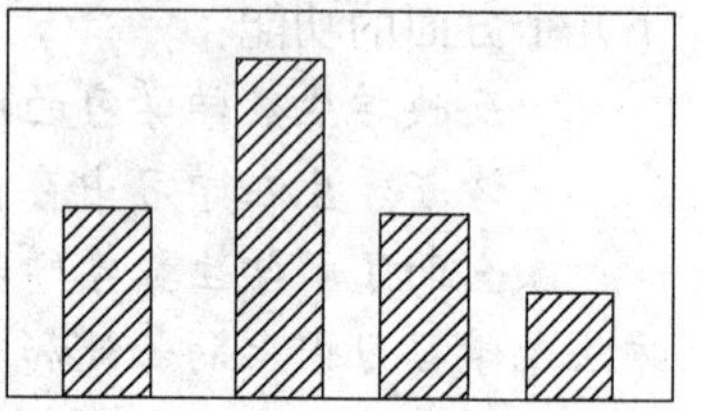

（1）你认为这个图可能用来表示什么？

（2）按你的想法给这个图起名。

（3）写下由这个统计图你所想到的任何事情。

这类问题具有一定的挑战性，解答时需要一定的创造性。运用这样的问题评价，不仅考查学生对统计知识的理解，更重要的是考查学生是否具有统计的意识，是否具有创造力和想象力，以及对现实问题了解的情况。学生可能写出一些教师想象不到的东西，它可能是7、8、9、10月份的平均气温或降雨量，也可能是某个商店几个月的营业额。这样的问题可以考查学生在数学问题上不同的发展水平。当然，对这样的问题，教师批改时会遇到一定的困难，不能简单地用一个分数来评价，学生的一些有创造性的答案可能难得较高的评价。因此，对于此类问题我们可以有针对性地、适当地运用。教师通过这样的问题，可以了解学生对统计知识了解的情况，了解学生是否具有解决实际问题的能力。

针对教师的评价以促进教师发展为目的。通过评价，应当使教师了解更多的有关学生学习和教学的信息，促进教师改进教学和提高自身的适应能力。以促进教师发展为目的的评价至少具有以下几个方面的功能。

·反馈学生学习信息，使教师了解学生学习的进展和遇到的问题；

·使教师了解教学设计、教学组织和课堂教学进展状况，以做出恰当的调整；

·了解教师自身在知识结构、教学方法等方面的情况，以适时加以改进和提高。

（二）评价内容多维性

《标准》确定了数学课程的总体目标，对义务教育阶段学生的数学素养提出四个方面的具体要求，包括知识与技能、数学思考、解决问题、情感与态度。评价的具体内容应围绕这些方面展开，形成多维度的、全面性的评价内容体系。对学生知识与技能方面的评价包括对他们掌握数与代数、空间与图形、统计与概率等领域的事实、过程与技能的评价；对学生数学思考的评价包括对他们的抽象思维能力、形象思维能力、统计观念和推理能力等方面的评价；对学生解决问题的评价包括对他们的提出和解决问题能力、解决问题的策略、创新和实践能力，以及合作与交流等的评价；对学生情感与态度的评价包括对学生参与学习活动情况、学习的习惯与态度，以及学习兴趣与自信心等方面的评价。对学生不同内容的评价可以通过设计反映不同内容的问题，如对某一方面知识与技能的评价；也可以在综合的问题情境中进行评价，如在一项调查活动中，对学生理解与运用知识、解决实际问题的能力，以及学生参与投入的态度等进行评价；还可以通过对学生平时学习情况的考察来进行评价。

（三）评价方法多样化

评价中应当针对不同学段学生的特点和具体特征，选择恰当有效的方法。对学生掌握知识技能情况的评价，应当将定量评价和定性评价相结合，结果评价与过程评价相结合。对学生数学思考和解决问题能力方面的评价，更多地在学生学习过程和解决实际问题过程中进行考查。而对学生情感与态度方面的评价主要通过教学过程中对学生的参与和投入程度等方面进行考查。不同的评价方法在评价过程中起着不同的作用，不能希望一种评价方法会解决所有的问题。封闭式的问题、纸笔式的评价可以简洁方便地了解学生对某些知识技能的掌握情况，而开放式问题，综合性的、在丰富的情境中的评价有助于了解学生的思考过程和学习过程。新课程的评价应当打破那种单一的、过多地注重知识技能的、更多地关注结果的评价方式，应当尝试采用不同的方法对学生学习过程、对学生多方面的表现、对教学过程中学生和教师的表现进行全面的评价。除传统的评价方式外，应尝试使用有助于全面评价学生和教师表现的多种评价方式。表现性评价就是一种值得重视和探索的评价方式。

表现性评价是通过学生完成实际任务来展现学习成就的评价方式。这种基于实际任务的评价，是通过向学生提供一个具有一定任务性的具体的问题情境，在学生完成这一任务的过程中，考查学生各方面的表现。对学生表现的考查可以是多方面的，包括对他们掌握的相关的知识与技能，对实际问题的理解水平，在完成任务时所采取的策略，表现出来的态度与信心以及广泛利用各种知识解决问题的能力等的考查。表现性评价的问题多是学生比较熟悉的问题，并且一般没有唯一的答案。表现性评价的结果可以反映学生学习的不同水平，也可以用来分析学生解决问题的过程与策略，展示学生独特的方法和能力。从下面的例子中可以体会表现性评价的一些特征。

例 2　我的家庭（一年级）

请完成以下 4 个问题：

（1）画一幅图，表现你家里所有的人。

(2) 你家里有多少只眼睛？有多少个手指？

(3) 你还愿意算什么？请算一算。

(4) 你还想到了什么？

例3　关于平均数的活动（四年级）

在你班里至少了解4名同学掉了几颗牙，并记下你自己掉了几颗牙。然后回答：你们一共掉了多少颗牙？你这组里的同学平均掉几颗牙？你是怎样知道的？解释你的想法。与其他组的结果比较，你从中学到了什么？

为了完成这个任务，你应该：

·确定收集信息的方法；

·可以用硬纸片表示每一个掉的牙；

·表述小组里同学掉牙总数；

·得出你组里同学掉牙的平均数。

显然，上面两个例子与传统的数学问题很不相同。这样的问题没有统一的、标准的答案，学生可以比较自由地回答。但回答这些问题需要相关的知识和技能，同时也需要学生运用适当的方法，特别是学生需要有创造性和想象力。不同的学生会有不同的解决方法，不同的解决问题的过程会得出不同的结果。从学生回答问题的过程和学生所得出的不同答案中，教师可以了解学生不同的思维水平，对学生的各方面表现进行综合评价。

二、基于“和谐高效思维对话”课堂建设下的教学评价

（一）指导思想

1. 引领课堂教学。教师要探究和协调课堂教学各要求之间的关系，构建和谐课堂，尽可能调动学生参与学习活动的主观能动性，构建高效课堂。

2. 引领教师成长。课堂教学实践与现代教育科学理念的对话与碰撞，引发教师的探究和思考，使课堂教学不断优化。

3. 促进学生发展。课堂教学的实践与不断改革，使课堂教学活动引导学生逐步理解和掌握数学基础知识和基本技能及数学思想和方法，形成良好的情感态度与价值观，获得基本数学活动经验，实现数学育人的目的。

（二）基本原则

1. 科学性原则。体现现代教育思想，反映课程标准要求，遵循教育教学规律。

2. 实效性原则。从本地实际出发，追求落实课程标准的可行性与有效性。

3. 可行性原则。突出课堂教学的重要因素及实践活动要求，以便于教师对教学实践的思考与把握。

4. 发展性原则。既要把握时代要求，反映出当下课堂教学的基本追求，又需要在以后的实践中反思和提升，与时俱进。

（三）课堂教学评价标准

1. 教学思想。

（1）教师要通过数学教学活动，促进学生数学学习能力与学习品行的发展。

（2）突出学生的主体地位，构建师生之间、生生之间民主平等关系，教师通过组织、引导与师生合作等活动，使学生主动获得发展。

（3）教师要依据课程标准，尊重和审视教学文本，创造性地使用教科书，合理有效地开发教学资源。

2. 教学目标。

（1）教师要根据课程标准、教学内容和学生学习实际，确定教学目标。

（2）目标体现知识与技能、策略与方法的生成性，思维活动的激发与引导性，情感态度与价值观的形成性。教师要使三维目标和谐统一。

（3）教师要依据三维目标进行教学准备与实践。

3. 教学内容。

（1）教师要依据课程标准和教学目标，审视和使用教科书，创造性地使用教科书。

（2）教师要围绕教学内容特点开发和选择教学资源，为实现教学目标提供有力保障和有效支持。

（3）在内容选择与组织设计上，教师既要关注学生新的学习与感悟，又要关注学生的练习应用的习得与成长。内容的展现具有层次性、科学性和实效性，既能满足不同学生的需求，又能适应学生在课堂教学中各个阶段的进取和发展需求。

4. 教学活动。

（1）情境的有效性。情境有利于唤起学生已有的经验，有利于学生主动开展数学认知活动。

（2）资源开发与利用的有效性。教师要提供丰富的学习资源，满足学生多样化学习与探究和思考的需求；根据教学实际和需要，选择教学手段，激发帮助和支持学生，突破认知和思维障碍；有效利用课堂生成资源。

（3）教学活动过程的有效性。活动与过程符合学生的认知规律和知识的形成规律，符合学生思维发展的需求，符合学生成长的需求。

（4）教学方式的有效性。根据教学目标和学生学习特点及内容特点，教师要组织学生开展独立探究、小组合作与学习活动；根据学情，相机指导学生进行观察、实验、推测、推理、验证等数学活动；构建师生互动、生生互动、平等对话与交流的平台，通过对话，激发学生探究意识和欲望，引发思维碰撞，使他们自信、自省，形成良好的情感态度，进一步体会和体验数学与数学学习活动的价值。

（5）学习方式的有效性。教师要重视问题对学生思维的引发作用；重视情境与材料的数学化过程；重视在目标任务及兴趣的驱动下学生自主探究的可行性，并提供必要的支持和帮助，使每个学生均有所获；重视在个性化思考及合作意识与欲望的基础上让学生进行小组合作，使学生分工合理，任务明确，参与主动，思维活跃，合作到位；重视课堂教学的对话与交流，使学生学会尊重，学会倾听，学会欣赏，学会质疑，通过对话与交流，使他们思维系统深化，形成良好的学习品性。

（6）评价的有效性。根据教学目标要求，教师通过评价，激发学生参与；通过评价，引导学生展开数学探索活动；通过评价，指导学生形成良好的学习品质。评价具有明确的针对性、时效性，价值功能全面。

（7）教学活动各个环节系统和谐，组织协调顺畅，问题与探究的时空宽广，学生思维活跃清晰，教学活动自然流畅。

5. 教学效果。

（1）学生在教师的组织引导下，有积极的探求欲望和强烈的问题意识、探究意识、合作意识、交流意识。

（2）通过数学活动，学生主动经历了过程，理解和掌握了数学知识技能与思想方法，获得了基本的数学活动体验和经验。

（3）通过数学活动，学生的情感态度及价值观得到进一步提升，学习能力得到进一步提高。

（4）师生关系民主和谐，学生个性得到尊重，获得自信，每个学生的求知需求得到满足，使不同学生获得不同程度的发展。

6. 教学风格。

（1）教风民主，具有亲和力，思维清晰，语言精辟。

（2）具有创新性和创造性，能创造性地使用教科书，能创造性地开发教学资源，以创新理念进行教学实践。

（3）具有深厚的学术素养和数学文化底蕴，厚积而薄发。

（4）教学开放且调控得体、得力。

（四）课堂教学评价表

小学数学课堂教学评价表

项目	评 价 标 准	满分	得分
教学思想	1. 既关注学生数学学习能力的提高，又关注学生学习品行的发展。 2. 坚持以学生为主，体现教师的组织者、指导者、合作者功能。 3. 尊重教学文本，创造性地使用教科书和有效开发其他课程资源。	10	
教学目标	1. 目标符合课程标准要求，符合教学实际。 2. 目标体现知识与技能、策略与方法的生成性，思维活动激发与引导性，情感的生成与支持性，态度与价值观的形成性。三维目标和谐。 3. 以目标统领教学准备与教学实践。	15	
教学内容	1. 用好教科书，创造性地使用教科书。 2. 开发和选择利用教学资源，支持目标达成。 3. 既关注学生新的学习与感悟，又关注学生练习应用的习得与成长。层次清晰，符合和满足不同学生及各个阶段的进取发展需要，有利于目标的达成。	15	
教学活动	1. 情境有利于唤起学生经验，有利于学生主动开展数学认知活动。 2. 提供丰富的学习资源，满足学生多样化探究与思考的需求；教学手段符合教学实际和需求；有效利用教学活动中生成资源。 3. 活动与过程符合知识形成规律和学生认知规律，符合学生思维发展和成长追求。 4. 科学恰当地组织开展独立探究、小组合作与交流等活动，组织得当，引导与指导到位，使学生思维碰撞、心灵荡涤、品行相益。 5. 学生具有自主探究、小组合作与交流的意识与心向；具有“求是”的活动过程与结果；具有独立活动与思考、合作与交流的情感、习惯与态度；各种学习方式与内容效果配套和谐；在个性思考的基础上选择恰当的学习方式，支持学生学习；方式与功能到位。 6. 科学运用评价，引导学生积极主动地参与学习，使他们获得发展的动力支持和思维方法与学习品行的有效引导，获得进一步学习的内在品质与动力。 7. 教学环节和谐，组织协调顺畅，问题与探究时空宽广，学生思维活跃清晰，教学活动自然流畅。	30	

续表

项目	评　价　标　准	满分	得分
教学效果	1. 学生有积极的探究欲望和强烈的问题意识、探究意识、合作意识、交流意识。 2. 学生经历了过程，理解和掌握了数学知识技能与思考方法，获得了基本的数学活动经验。 3. 通过数学活动，学生的数学素养得到提高，品行得以锻炼。 4. 师生关系民主和谐。学生个性得以尊重，获得自信与成功的体验，每个学生的需求得到满足，不同学生获得不同的发展。	20	
教学风格	1. 语言与肢体语言具有亲和力、感染力，思维清晰，语言精辟。 2. 教学设计与实践个性化。 3. 具有深厚的学术素养和数学文化底蕴，厚积而薄发。 4. 教学开放且调控得体、得力。	10	

附：小学数学“和谐高效思维对话”型课堂教学课例赏析

课例一：

我换牙了——统计

一、教学内容

《义务教育课程标准实验教科书·数学》（青岛版）一年级上册第108页。

二、教学目标

1. 让学生结合现实情境经历数据的收集、整理和分析的全过程，学会用分一分、排一排、数一数的方法收集和整理数据，初步了解统计的意义。

2. 让学生认识象形统计图和简单的统计表，会看象形统计图和简单的统计表，能根据表中的数据回答一些简单的问题。

3. 让学生在与同伴合作统计的过程中，形成初步的合作意识和实践能力，感受统计在生活中的应用，产生学习统计的兴趣。

三、教学重点

1. 收集数据、整理数据，培养学生的问题意识。

2. 认识象形统计图和简单的统计表。

四、教学难点

整理数据，感受统计的意义和作用。

五、教具、学具准备

笑脸、磁力课题贴板、多媒体课件等。

六、课前准备

1. 每个学生发1个笑脸贴画。

2. 让学生了解换牙的知识，数一数自己换了几颗牙。

七、教学过程

（一）导入新课

1. 通过课件在大屏幕上出示小孩子开心笑的照片，猜一猜他的岁数大约是多少？为什么？

师：同学们，来上课之前，有个叫“腾腾”的小朋友托我给大家带来一些小礼物——瞧，就是这些小红花，他说谁在课上表现好，就把红花送给谁。谁得到了红花，谁就是他的好朋友，你们想得到小红花吗？

生：想！

师：愿意跟腾腾交朋友吗？

生：愿意！

师：那让我们先来认识一下腾腾吧！

课件出示腾腾的照片。

师：瞧！这就是腾腾。先来猜猜看，他有几岁呀？告诉老师，你是根据什么猜的。

生：6岁。因为他的牙齿掉了。

2. 介绍乳牙、恒牙的有关知识。

师：这位同学能根据牙齿来判断一个人的年龄，你真了不起，懂的知识可真多！确实，有的时候，从牙齿也能看出一个人的年龄。你们知道吗？每个人一生中能长出两副牙齿，从一出生就长出的牙齿，叫乳牙，乳牙大约2岁半就长齐了。可是这副牙伴随咱们的时间可很短，小朋友从6岁开始，乳牙就一个个脱落，大约12岁，乳牙会全部掉光，长出一批新的牙齿，谁知道这种牙叫什么？

生：恒牙。

师：对了，叫恒牙。所以刚才那位同学说根据牙齿猜他的年龄是6岁，是很有道理的！告诉你们，腾腾今年，还真是6岁。

师：来，露出你最灿烂的笑容，让我看看你的小牙齿，同桌之间互相看看换牙了没有？找找哪颗是乳牙，哪颗是恒牙？有谁换牙了，大声告诉老师——

我换牙了！（教师板书课题）

【评析：数学来源于生活，生活中处处离不开数学。教师通过图片资料“猜一猜腾腾的岁数”，激发学生的好奇心与求知欲。接着从学生身边最熟悉的、最感兴趣的换牙情况入手，巧妙地拉近了学生与新知识的距离，让学生体会到数学就在我们身边，感受到数学的奇妙和魅力，激发学生的学习兴趣，同时明确了本节课的研究主题。】

（二）探究新知

1. 初步了解同学们换牙的情况，进行简单的分类。

（1）介绍有关恒牙的知识，由此引出了解同学们的换牙情况。

师：从同学们的回答中，老师听出来了：换牙了，让你感觉很自豪，很高兴！是啊，换牙也是一种成长的标志！知道吗？你们的恒牙大约在14岁之前会全部出齐，总共有28颗呢！有的同学会长到32颗！大家很期待是吧？

师：那你们现在换了多少颗呢？谁愿意告诉老师你换了几颗牙？

（2）让学生自由发言，说说自己换了几颗牙。根据学生的回答，教师板书：1颗、2颗、3颗、4颗、5颗……

2. 引导学生思考统计的方法。

（1）激发学生提出问题。

师：瞧，都是一年级的同学，换牙的情况却不一样。说说你换了几颗？

学生自由发言，说说自己换了几颗牙。

师：同学们这么说老师可听不清楚。可是呢，老师又特别想知道换2颗牙的有几个人，还想知道换3颗牙的有几个人。你们还想知道什么？

生：我还想知道换6颗牙的有几个人。

生：我还想问换5颗牙的有几个人。

……

师：是啊，每种情况各有几个人？换几颗牙的同学人数最多？这么多的问题，可把老师难住了！同学们，你们快帮老师想想办法，怎样才能让大家都清楚地看到每种换牙情况的人数呢？如果让你来调查，你打算怎么调查？

【评析：“学源于思，思起于疑。”让学生主动提出问题是自主学习的开始，是学生潜能得到开发的重要标志，也是创新学习的起点。学生换牙情况的各不相同，引起学生的争相交流。教师抓住契机，巧妙地创设问题情境，激发学生针对班级的换牙情况提出了问题——怎样才能知道每种换牙情况的各有几个人呢？这样，教师自然而然地把学生带入自主探究的学习中，更体

现了本次统计活动的必要性。】

(2) 学生独立思考后，进行小组交流。

师：不少同学有了自己的想法。你们看这样行不行：一会儿，你把你想到的调查方法先说给你小组里的同学听，比一比谁讲得最明白；别人讲的时候呢，你要仔细听，咱还要比一比谁学到的、想到的办法多。大家听明白了吗？好，小组4个同学凑到一起，赶紧说说你想到的办法。

学生在小组内交流自己的方法。

(3) 集体交流。

师：用什么方法能知道每种换牙情况的人数？刚才只有几个人有办法，现在这么多了！哪个小组先来说说你们的方法？

生：可以让换1颗牙的同学围成一圈，换2颗牙的围成一圈……

师：就是按照种类分一分是吗？

教师板书：分一分。

生：可以问同学们谁没换牙，让他们举手我数一数，再让换了1颗牙的同学举手我数一数，就这样一直问下去。

教师板书：问一问，数一数。

生：老师，您黑板上不是有一些小牌上写的“0颗”、“1颗”、“2颗”……的吗？可以在上面做记号，哪位同学换了几颗牙就在“几颗”的上面做个记号。

师：这个方法真不错，能把换牙的情况清楚明白地在黑板上表示出来。

生：还可以让同学们排成队。

生：还可以让同学们举手做出手势表示自己换了几颗牙。

……

根据学生的回答，教师板书统计教学过程中学习提出的一些关键步骤和方法。如问一问、数一数、记一记、分一分、排一排等。

教师小结：刚才只有几个人有办法，小组一交流，就有这么多同学想到了办法；有的同学，本来只想到一种方法，你想到一种，我想到一种，小组里一交流，就有了这么多的方法。你们说，小组合作这种学习方法好不好？

生：好！

师：就是啊，人多力量大嘛！在以后的学习中，咱们碰到什么不明白的问题，也可以用小组讨论的方法，你们说好不好？

【评析：教师不仅关注学生知识的获得，更注重对学法的指导。学生初次经历“小组探究”的学习方法，因此对他们小组活动的指导很重要。教师对小组活动中学生的说、听都进行了细致的指导和要求，通过小组探究、集

体交流，让学生初次体会到小组合作的优越性，为以后的小组学习打下坚实的基础。】

3. 选择合理的方法，统计全班同学的换牙情况。

（1）引导学生选择合理的方法统计。

师：瞧，同学们想到了这么多的方法，都可以调查出换牙的情况。那么，到底用哪一种方法能又快、又准、又清楚地表示出每种换牙情况的人数呢？

生：记一记，记在黑板上。

师：都喜欢这种方法？那好，你们看这样行不行：你们每人手中都有一张笑脸，就让这张小笑脸来代替你，到黑板上来排排队，你们说好不好？

（2）指导学生完成统计图。

师：我来采访一下，你换了几颗牙？

生：我换了5颗。

师：那你知道小笑脸该贴在哪儿吗？贴上去。

学生把笑脸贴到“5颗”的上方。

师：你掉了几颗牙？你也贴上去。

师：还有谁想贴？都想贴？那大家排好队，从这边上，贴完后从那边回座位好吗？

学生依次到黑板上贴上笑脸。教师注意组织学生仔细观察图的变化。

【评析：新课程要求教师既要允许学生解题方法多样化，又要正确处理和优化解题方法。学生在得出了问一问、数一数、记一记、分一分、排一排等多种方法后，教师适时地引导学生进行比较、分析，从中选出既快又准的方法进行统计。无论是统计方法的获得、选择，还是原始数据的收集、整理，都是学生亲力亲为，教师让学生也在不知不觉中经历了统计的全过程，对统计活动有了亲身的体验。】

4. 认识统计图、统计表。

（1）揭示课题。

师：小笑脸排得可真整齐！同学们，看，现在你们能清楚地看出每种换牙情况的人数了吗？

生：能。

师：咱们回想一下：本来，咱们对换牙的情况不了解，后来大家想到了调查的办法，又按照你们想到的办法把全班同学的换牙情况清楚地展示出来，让人一眼就能看明白每种情况的人数，这个过程，在数学上就叫做统计。咱们刚才的这个调查、整理活动叫做什么？

生：统计。

教师板书课题：统计

【评析：学生对整个统计活动过程的认识，只是一种经历，是一种零散的、感性的认识，只有使其上升到理性认识，才能内化为学生的思想和方法。因此，在经历了数学活动后，教师引领学生回忆学习过程，把学生提出的零零散散的各个统计步骤进行系统的归纳、整理，让学生的思维有一个回收和整理的过程，这样，统计的整个流程就完整地、清晰地浮现于学生脑海，让学生充分认识和理解了“统计”这一数学方法。】

(2) 认识统计图。

师：咱们把统计的情况用这样的图表示出来，这样的图，就叫“统计图”。

教师板书：统计图

①教会学生看图。

师：看看这个统计图，现在你们能知道换2颗牙的有几个人吗？

生：换2颗牙的有3个人。

师：你是怎么知道的？

生：1个小笑脸就代表1个人，3个小笑脸就表示有3个人。

师：大家数数看是不是。

学生一齐数。

师：看图，你们还知道什么？

生：换6颗牙的有5个人。

生：没换牙的有9个人。

……

②体会统计图的重要作用。

师：刚才同学们都是用数的方法知道了每种情况的人数是吗？现在咱们增加点难度：不许数，大家能不能一眼就看出换几颗牙的人数最多？

生：换0颗牙的人最多。

师：你是说没换牙的人数最多，你怎么知道的？数的吗？

生：没数。

师：没数？没数怎么知道啊？

生：因为没换牙这一行最高，所以就是最多的。

师：噢！哪一行最高，就表示最多。你们同意吗？

生：同意。

师：多有思想的孩子呀！不用数，就能一眼看出哪种情况人数最多。那你们能一眼看出换几颗牙的人数最少吗？怎么看出最少的？

生：换3颗牙的人数最少，因为那一行最低。

师：你们的发现可真了不起！一下子就抓住了统计图的特征：最高的一行就表示最多的；最低的一行就表示最少的。这可是统计图最大的优点！我们再看一遍：换几颗牙的人数最多？换几颗牙的人数最少？

③根据统计图提出数学问题。

师：知道了每种情况的人数，你们还能提出什么数学问题？

生：换6颗牙的有多少人？

师：这个问题我们刚才解答过了，谁还能提出更有价值的问题？

生：老师，为什么换0颗牙的人数最多？

师：多有价值的问题啊！是啊，为什么换0颗牙的人最多？针对这个问题，咱们可以课后搞个小调查，看看是什么原因造成的。还有什么问题？

生：换2颗牙的和换1颗牙的一共有几人？

师：很有难度的一个问题！你想请谁来解答？

学生指名回答。

师：还有谁想提问？

学生提问并指名回答。

【评析：波利亚说过：学习知识的最佳途径是由自己去发现，因为这种发现使人理解最深，也最容易掌握其中的内在规律、性质和联系。教师引领学生对统计的数据进行分析、探究，学生不仅从中发现了各种换牙情况的人数，而且体会了统计图的作用，更是提出了具有研究价值的问题：为什么换0颗牙的人数最多？一系列的问题与发现，加深了学生对统计的理解，体现了统计的意义。】

（3）认识统计表。

①引出统计表。

师：瞧，从统计图上，我们不仅能数出每一种情况的人数，还能一眼看出换几颗牙的人最多，换几颗牙的人最少，这个统计图的作用还真不小！在同学们的帮助下，老师终于知道了大家的换牙情况！我想，你们的爸爸妈妈肯定也特别想了解咱们班的换牙情况，咱们把换牙情况告诉你们的家长好吗？

师：那怎样才能让家长清楚地了解咱们班的换牙情况呢？

生：记下来。

师：怎么记？照样子一张张笑脸地画下来？

生：不用画笑脸，可以做记号。打个钩就行。

师：做个记号，这个方法不错！其实统计图的样式是多种多样的，除了贴笑脸表示人数，可以做记号，也可以用一个小方格代表一个人。这个方法确实简单多了，还有没有更简单的？

生：用记数就可以了。

师：怎样记？你来说我来写好吗？

生：先写0颗，然后写9人，再写1颗，写2人……

师：大家一起数一数，告诉老师，老师来记。

教师根据学生的回答板书。

师：你们想到的方法真不错，这样既简便，又能表示出每种情况的人数。老师想在你们的想法上再补充一点。看，在这儿加一条横线，线上表示我们统计的项目，线下表示每一项各有几个人，这样是不是清楚一点？还有哪儿可以画上线？

生：中间可以加上竖线。

教师根据学生的回答把每一种情况之间再画上竖线。

师：这样，就画成了一个表格。瞧，是不是比原来更漂亮、更清楚了？把统计的情况画成图，就叫统计图；那把统计的情况写在表里，这表该叫什么表？

生：统计表。

教师根据学生的回答板书：统计表。

②体会统计表的重要作用。

师：从统计表中，你们能看出什么？

生：换2颗牙的有3人。

生：换6颗牙的有5人。

……

师：刚才你们的发现还是用数的方法得出的吗？不用一个个去数，就能清楚地知道每一种情况的人数，这就是统计表最大的优点。

(4) 引导学生认识到统计图、统计表各自的优点。

师：统计图和统计表相比，你们喜欢哪一种表示方法？为什么？

【评析：古希腊哲学家、教育家苏格拉底曾经说过：没有一种方式，比师生之间的对话更能提高沟通能力，更能启发思维机能。在这一环节中，教师通过语言与学生思维的多次碰撞，让学生在思维的交互中比较、综合、优化，使他们思维的灵活性得到充分发展，使得课堂教学不仅仅是学生学习的过程，而且是师生共同构建知识的过程，实现了师生知识共享、情感交流和心灵交通。】

(5) 小知识。

师：同学们把咱们班的换牙情况统计得这么清楚明白，我想啊，你们的爸爸妈妈看到这张表，一定会为你们感到自豪的！

师：现在我们知道了咱们班的换牙情况，老师想问问你们，关于换牙的知识你们还知道多少呢？你们说恒牙如果再掉了或坏了，还能再长出来吗？

生：不能了。

师：那么对牙齿的保护到底要做到什么呢？我们听听科学家怎么说吧！

课件出示保护牙齿的小知识。

师：大家能做到保护牙齿吗？

5. 教师小结。

师：看，本来咱们班的换牙情况让我们觉得很乱、很糊涂，后来大家这么一统计，就看得清清楚楚、明明白白！你们说，统计的作用大不大？

生：大。

师：以后，咱们想要了解情况，就可以用咱们这节课学到的统计方法。比如：咱们可以统计一下8岁小朋友的换牙情况，还可以统计一下小朋友喜欢看什么动画片，你们还想用到统计知道哪些情况？

生：还可以统计小朋友喜欢吃什么水果。

生：还可以统计同学们喜欢上什么课。

……

（三）巩固练习

1. 做课本练习第一题。

师：是啊，生活中许多地方都可以用到统计。我们学校手工组的同学在海边捡到一些贝壳，打算用来做手工。瞧！他们也统计了一下自己捡到的贝壳，并把它们排起了队。看这个统计图，你们能知道什么？

生：可以知道圆海螺最多。

生：还能知道尖海螺最少。

生：扇贝壳有5个。

……

师：能把你们知道的填到旁边的统计表里吗？下面请同学们完成统计表。

学生填完后集体订正。

2. 做课本练习第二题。

师：同学们根据统计图、统计表能解决这么多的问题，真了不起！看到你们学得这么棒，老师想请你们用这节课学到的知识帮老师解决一个问题，你们愿意吗？

师：看，课间休息时间到了。瞧！操场上多热闹啊！虽然热闹，可是看起来有点乱是吗？如果咱们能统计一下各小组的人数，划分一下场地，那多好啊！同学们，你们能根据图上画的，统计一下参加各种活动的人数吗？

学生填完后集体订正。

师：根据大家统计的情况，我们学校就可以合理地安排活动场地了！小朋友，谢谢你们了！

（四）课堂小结及课后拓展

师：同学们，这节课咱们学到了什么数学知识啊？

生：统计。

生：认识了统计图，还有统计表。

师：看来，这节课同学们学到了不少知识！一些同学因为表现优秀还得了小红花呢！都谁得到小红花了请举手！

师：这么多！如果想要了解哪个组得的小红花最多，怎么办？

生：统计。

师：对，可以统计一下。老师给每个小组准备了一份统计图和一份统计表，一个小格代表一朵小红花，你们组得了几朵花，就涂几个格！我们来统计一下各个小组得到小红花的情况，看看哪个组得的小红花最多！这个任务，就交给同学们课后完成。行吗？

生：行！

师：如果有困难，可以用到咱们这节课学的小组合作的方法，也可以请教老师。大家能完成吗？

师：这节课就上到这里，下课！

【评析：数学来源于生活，服务于生活。通过完成关于统计知识的巩固练习和课后小调查作业，学生切实地感受到统计跟我们的生活是密切相关的。学生在巩固知识的过程中，体验到数学的生活化和成功的快乐，并且加深了对统计知识的理解，感受到统计的意义和作用。】

【课后反思】

对于一年级的学生来说，这是他们第一次接触“统计”。“我换牙了”这一素材的选取有突出的现实性。一年级的小学生正值换牙期，这是发生在每个小学生身上而且是学生很关心的事情，但是学生的换牙时间和同一时间换牙的颗数是不一样的。到底会出现哪些情况呢？这就激发了学生的统计欲望。整堂课，教师分四大环节进行，学生基本上是按照教师的预设，通过动脑、动手，亲身经历了统计的全过程。

第一步：让学生体会统计的必要性。学生通过交流，发现同是一年级的学生，换牙的情况各不相同，怎样才能知道换几颗牙的有几个人呢？怎样又能让人清楚明白地看到每种情况的人数呢？学生要想解决这个问题，就必须进行调查统计，从而体现了统计的必要性。

第二步：让学生亲身经历统计的过程。课堂上无论是统计方法的得出，还是选择方法、进行数据的收集与整理，都是学生亲力亲为。一系列的活动，让学生参与到收集数据、整理数据、分析问题的全过程，对统计的全过程有了亲身的体验，感受到了统计产生的过程和必要性。

第三步：切实感受统计的意义和作用。统计图、统计表的呈现，让学生震撼于统计的魅力；一系列的问题与发现，让学生切实感受到统计的乐趣。对统计图、统计表各自的优点分析，进一步让学生理解了统计的意义和作用，使他们不仅能清楚地看到每种情况的人数，还能知道哪种情况的人数最多，哪种情况的人数最少。

第四步：统计的应用。自主练习的 2 道题和最后设计的课后小调查，让学生切实地感受到统计跟我们的生活是密切相关的，并且能够运用本节课学到的知识解决实际问题，体验到数学的生活化和成功的快乐。

课堂上，学生基本上是按照预定目标进行学习的，但也出现了教师课前没有预计到的问题：在全班整理好统计图后，一个学生提出了这样一个问题："老师，为什么换 0 颗牙的人数最多。"是啊，为什么换 0 颗牙（没换牙）的人数最多？进行统计之前，谁也没想到没换牙的人数会最多。按照教师在山东地区的几次试讲情况来看，每一次对 6 岁孩子换牙情况统计的结果都是换 2 颗牙的人数最多，没换牙的人数最少，那么这次为什么跟前几次不一样了呢？是饮食的原因？还是地域的原因？还是其他什么原因？课后张丹老师在点评中提到了这个问题，让教师感觉豁然开朗。学生的这个问题，恰到好处地体现了统计的目的和意义。从统计中，发现了没换牙的人数最多。为什么会出现这种情况？是不是该针对这种情况展开专题研究？其实，统计得出数据后，就是为了从得到的结果中发现问题，然后有针对性地进行调查研究。从这一点上，学生也深深地体会到：学生的发现，学生的问题，往往是最生态的、最有魅力的，他们的探究、发现，恰恰体现了知识的发展和形成的过程，教师为这些学生喝彩！

（执教：蓬莱市第二实验小学迟辉；评析：蓬莱市教学研究室刘太令）

课例二：

统　计

一、教学内容

《义务教育课程标准实验教科书·数学》（青岛版）三年级下册第九单元第130页。

二、教材分析

本课是在学生已经初步认识了条形统计图，知道条形统计图纵轴、横轴表示的意义及1格表示1个单位的基础上安排的，内容是进一步学习1格表示多个单位的条形统计图。

三、学情分析

学生在学习1格表示1个单位的条形统计图时，他们思维的基础是数量的一一对应，即：现实生活中的某一样物体，在图上表示1格；而图上的1格，则可以代表现实生活中任何一类物体的单位数量。但在学习1格表示多个单位的统计图时，其每格代表的物体数量发生较大的变化，这1格既可以表示2个单位物体，也可以表示3个单位物体……这就需要学生理解1格意义的变化。教学中，当学生产生“1格表示1个人，格子不够怎么办”的问题时，教师要让学生自主探索解决问题的方法，然后组织学生交流、评价，学习1格表示多个单位的条形统计图。

四、教学目标分析

1. 教师在学生初步认识条形统计图（1格表示1个单位）的基础上，使他们进一步认识1格表示多个单位的统计图，能根据统计图表中的数据提出并回答简单的问题。

2. 教师使学生体验数据的收集、整理、描述和分析的过程，进一步发展他们的统计意识，让他们体会统计的必要性。

3. 让学生在与同伴合作进行统计活动的过程中，增强合作意识，形成初步的实践能力。

五、教学要点分析

教学重点：会填条形统计图，并能从统计图中发现问题、提出问题并回答问题。教学难点：理解1格可以表示多个单位。

六、过程设计

（一）创设情境，激情导入

1. 谈话。

师：同学们，你们平时都喜欢做什么运动啊？（学生回答。）

师：现在，各个学校都在积极开展阳光体育运动，想不想看看咱们学校的同学平时都做哪些运动呢？（播放润新小学学生体育活动录像。）

2. 揭示课题，导入新课。

师：这是我们三年级一班的同学在进行足球射门比赛，要求每人只能踢10个球，大家玩过吗？

生：玩过！

师：那你们能踢进几个球？（学生回答。）

师：想不想，看看他们的进球情况？（大屏幕出示“三年级一班足球射门情况记录表”。）

师：从这张记录表中，大家能不能一眼就看出进6个球的有几个人？

生：不能。

师：为什么？

生：信息太多，太乱。看不清楚……

师：那怎样才能让大家看得清楚些呢？你们有什么好办法？

生：统计一下。

生：然后制作统计表、统计图。

这节课咱们就来继续进行对统计知识的研究。（板书课题：统计）

【评析：轻松的谈话、有趣的情境、愉悦的课堂气氛，让学生身心放松，全情投入。教师从学生所熟悉的生活经验入手，创设问题情境，充分激发学生的学习兴趣。】

（二）自主探究，制作图表

1. 制作三年级一班足球射门情况统计表。

师：请同学们找到记录表和1号作业纸，同桌合作，用你们喜欢的方法快速整理一下，完成统计表。

2. 说统计结果（见下表）。

三（1）班足球射门情况统计表（每人10个球）

个数	4个及以下	5个	6个	7个	8个及以上
人数	4人	8人	14人	8人	2人

师：从这张统计表中，你能发现什么呢？（学生说发现。）

师：现在，我们就可以清楚地看出进几个球的有几个人了。那还有没有什么方法可以更直观地看出谁进的球最多，谁进的球最少呢？

生：制作条形统计图。

3. 制作条形统计图。

师：请大家找到2号作业纸（见下图）。先别急着动手，请大家仔细观察一下，看能不能发现什么问题？

三年级一班同学足球射门情况统计图

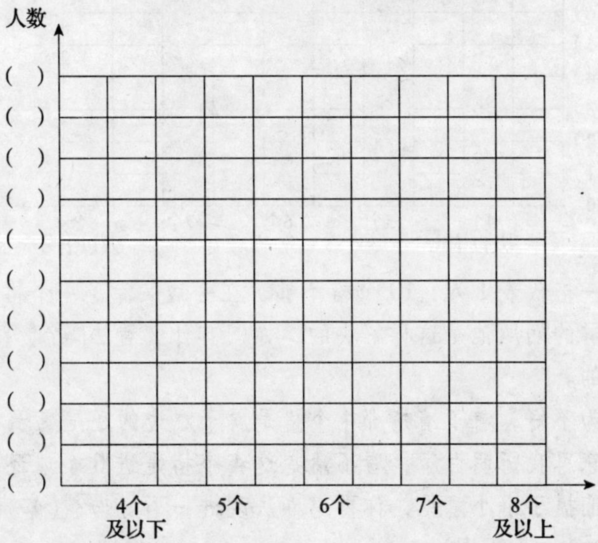

生：纵轴上没有数。

师：那同学们可别忘了要先填好纵轴的数据。下面同桌合作，共同完成统计图。

学生制作，教师巡视，1分多钟后教师提出问题。

师：同学们是不是遇到困难了？什么困难？

生：进6个球的有14人，统计图只有10个格，格不够。

师：格不够怎么办呢？别着急，请同桌商量一下，研究一个最好的办法来解决这个问题。大家有信心吗？

学生继续动手制作统计图。

4. 展示不同方法，学生评价。

第一种方法：（见下页图）

三年级一班同学足球射门情况统计图

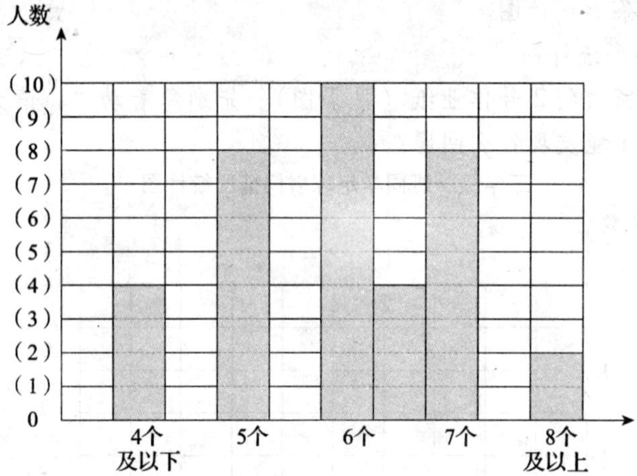

生：我是一格代表1人，10个格不够，在旁边又涂了4个格。

师：格不够的问题他是这样解决的，你们有什么看法吗？

生：挺好的。

生：我认为不好，看不清楚那4个格是属于左边的还是属于右边的。

师：你的意思我听明白了，看不清楚这4个格是进6个球还是进7个球的人数。同学们提了个小意见，你再想办法改进一下好吗？（掌声鼓励。）

第二种方法：（见下图）

三年级一班同学足球射门情况统计图

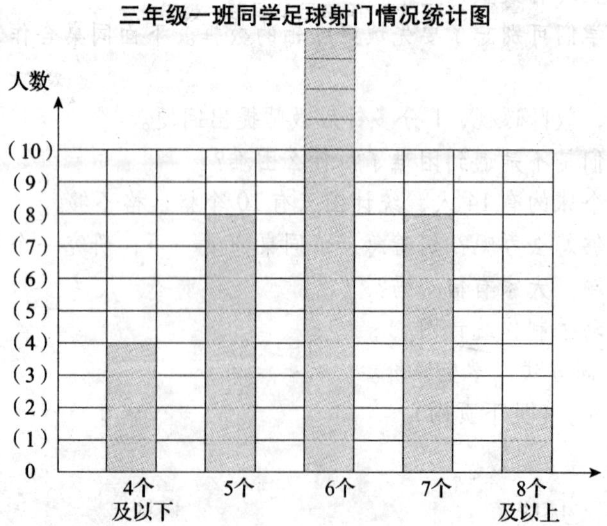

生：我也是一格代表1人，10个格不够，再往上画4个格。

师：这种方法怎么样呢？

生：有创意。

生：人数很多，纸不够画了怎么办啊？

师：是啊，如果有24人、34人，纸不够了怎么办？再看看其他同学的方法好吗？

师：刚才这两位同学都是用一格表示1人，也就是1个单位的方法来制作条形统计图。

板书：1格表示1个单位

第三种方法：（见下图）

三年级一班同学足球射门情况统计图

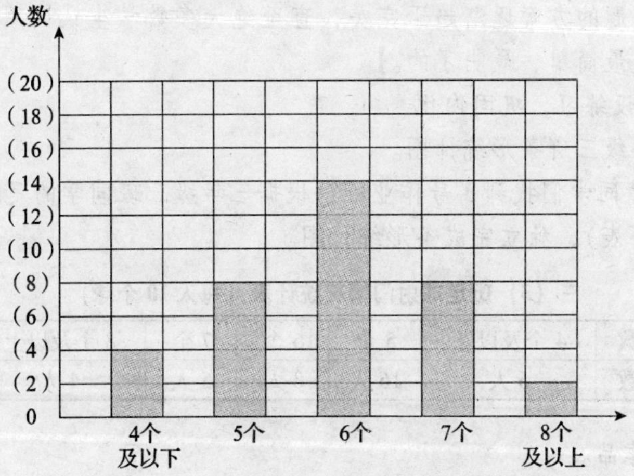

生：我是1格表示2人，14人用7个格表示就可以了。

师：他的方法你们听明白了吗？谁还能再解释一次这种方法？（第二个学生再说这种方法。）

师：大家认为这种方法怎么样呢？

生：很简单，清楚。

生：很好。用这种方法我们不用担心看不清楚和格不够的问题了。

生：这些都是双数，如果统计时出现单数怎么办？

师：这位同学提出了一个很好的问题，如果进4个及以下球的人数有3个，在图上该怎样表示呢？

生：因为1格表示2人，所以涂半格就可以解决了。

师：哦，大家听明白了吗？1格表示2个人，那半格就表示1个人。（掌声鼓励这种方法。）（学生每交流完一种方法，教师将这种方法贴到黑板上。）

师：请大家对照这三幅统计图，你们认为哪种方法更好呢？（学生交流认可某种方法的原因。）

师：以后再遇到格不够的问题时，我们就可以采用1格表示2个人的方法来制作条形统计图。从这幅统计图中，你们一眼就能看出什么呢？（学生回答。）

师：通过条形统计图，我们可以更直观地看出各种情况数量的多少。

【评析：这个环节是本堂课的重点，教师巧妙利用学生新旧知识的冲突揭示矛盾，给予学生充分的时间和空间，鼓励学生从不同的角度去解决矛盾。学生在解决矛盾的过程中，充分地表现自我，不断地修正自我、完善自我，使解决问题的方案逐渐趋于完美，直至绝大多数学生认同用每格表示2个人的方法是最简单、最明了的。】

（三）巧设练习，巩固内化

制作三年级三班条形统计图。

1. 师：请同学们找到3号作业纸，根据三年级三班同学的足球射门情况统计表（见下表），独立完成条形统计图。

三（3）班足球射门情况统计表（每人10个球）

个数	4个及以下	5个	6个	7个	8个及以上
人数	6人	16人	8人	5人	4人

2. 展示作品。

一个学生展示。

师：同学们有问题想请教这位同学吗？

生：5个人怎样表示啊？

生答：1格表示2个人，半格就表示1个人，所以5个人先涂2格再涂半格就可以了。

师：那对这5个人的表示方法大家有没有与他不一样的？

生：我是把格子斜着分成两半。

师：同学们对比一下这两种方法，你们有什么意见？

生：我认为第一种方法好，比较清楚，第二种看不清楚。

教师小结：用第一种方法大家可以清楚地看出条形顶端所对应的数据，

在4和6的中间，也就是5个人。而用第二种方法大家看不清楚条形的顶端所对应的数据到底是几。所以，我们应该采用第一种方法，横着表示出一半。

师：请大家对照统计图，介绍一下三年级三班同学的进球情况。

【评析：教师通过组织学生的探索、交流、评价，使学生明确半格的表示方法，进一步深化了学生的思维。】

出示5位三年级学生转呼啦圈比赛成绩统计图。(见下图)

三年级同学转呼啦圈情况统计图

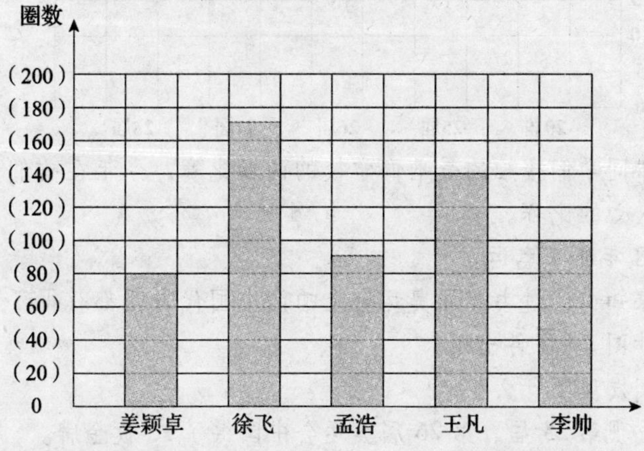

师：除了足球射门比赛，我们还举行过转呼啦圈比赛。你们看，这是其中5位同学的比赛成绩，请大家仔细观察一下，你们能得到哪些信息呢？

生：我发现徐飞转得最多，有170圈。

生：孟浩转得最少，有90圈。李帅转了100圈。

生：我发现1格代表20圈……

师：刚才我们知道1格可以代表1个人、2个人、20圈，还可以代表多少呢？

生：50圈、100圈……

师：也就是多个单位。板书：多个单位。

师：1格到底代表多少要根据实际情况来确定。

【评析：在学生理解统计图中1格可以表示2个人的基础上，教师不失时机地引出在统计图中1格还可以表示多个单位的情况，将学生的思维引向深入。】

中国代表团历届奥运会获得金牌情况统计图。(见下图)

中国代表团历届奥运会金牌获奖情况统计图

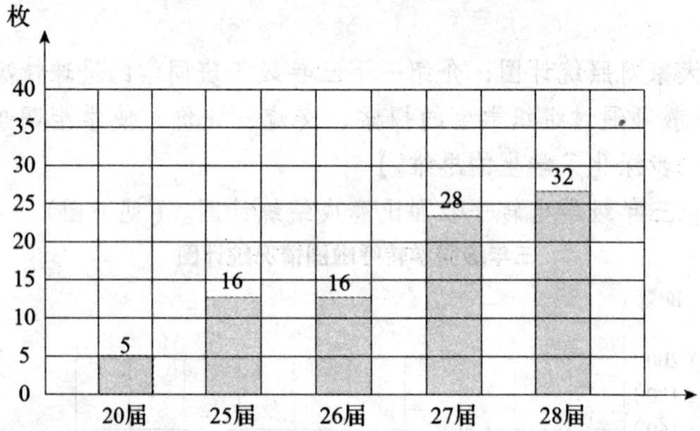

师：刚才同学们接触的是咱们学校的两场比赛，今年在咱们中国还要举行牵动亿万人心的比赛。

生：2008 年北京奥运。

师：大家知道，过去几届奥运会上咱们中国代表团都获得了多少枚金牌吗？请看统计图。(课件出示)

师：你们发现了什么？

生：我发现第 25 届、第 26 届奥运会中国得了 16 枚金牌。

生：第 28 届奥运会中国得了 32 枚金牌。

生：我发现 1 格代表 5 枚。……

师：根据历届奥运会上中国代表团获得金牌的情况，请大家预测一下第 29 届奥运会上咱们中国健儿能拿回多少枚金牌？(学生回答。)

师：让我们一起为他们加油，希望奥运健儿向着同学们希望的目标努力，让我们梦想成真。

（四）课后延伸

师：这节课老师和同学们一起继续进行了对统计知识的研究，在我们生活中还有哪些地方用到了统计？(学生回答。）课后，请同学们选择一个自己感兴趣的项目进行调查、整理，自己制作统计表、统计图，看看从中可以发现些什么。

【评析：把学生的学习引向课外，激发学生学习数学的热情，增强学生用数学知识解决生活中的实际问题的意识。】

【专家评析】

（一）创设真实的生活情境，激发学生的学习兴趣

教师密切联系学生生活实际，以学生熟悉的体育运动为主题创设情境串，整堂课环环相扣，高潮迭起，极大地激发了学生的学习兴趣。学生始终以饱满的学习热情投身到统计活动中，体验了统计的必要性及在生活中的广泛应用。

（二）注重学生的自主尝试、体验、探索、感悟

在制作三年级一班足球射门情况统计图的过程中，教师让学生通过自主尝试、合作交流的学习方式实现自主发展。如学生在制作过程中发现问题——格子不够，教师没有急于引导，而是给予学生充足的时间，大胆放手让学生自主尝试、合作解决问题，然后组织学生交流评价。在评价的过程中，提升学生的思维，促使学生认识到用 1 格表示 2 个人更科学、更合理，并进一步在具体情境中使学生感悟到 1 格还可以表示多个单位，有效突破了本节课的难点。

（三）注重课后的扩展延伸

教师让学生参加实践，发挥主动性去调查收集数据，经历统计的完整过程。将课内外联系起来，进一步培养学生的实践意识和综合能力。

总之，本节课教师努力创设现实的、生动的生活情境，在真实的数学情境中，学生亲历发现问题、解决问题、制作完成统计图的全过程，在主动获取知识的同时锻炼实践能力，体验成功，树立自信，获得积极的情感体验，发展了综合素质。

七、创新特色

巧妙利用新旧知识的矛盾冲突，激发学生的探究欲望

教师首先创设一个动态的学生足球射门比赛的情境，利用师生轻松的谈话，自然引出三年级一班学生足球射门情况记录表，接着引导学生完成统计表，制作条形统计图。刚开始，学生很快地将整理好的数据用条形统计图来表示，但是，当学生遇到“进 6 个球的有 14 人”时没有办法表示了，因为统计图只有 10 格（1 格表示 1 个人），学生遇到了新问题，与他们的原有知识产生了矛盾冲突。这时，教师鼓励学生同桌合作，以求研究一个最好的办法去解决问题。在这一过程中，教师给学生提供了足够的时间、空间，让每个学生充分发挥自己的聪明才智，学生的潜能得到最大程度的发挥。例如：当学生遇到“格不够”这一问题时，有的学生会利用原有知识——“继续往上添格子”来解决问题；有的学生会将画不下的部分画在旁边，使问题得到解决；也有的学生想到了用“1格表示2个人，14个人用7个格就可以表示了”的方法。教师适时引导学生相互评价，让他们思维的火花相互碰撞，思维的灵感迸发。学生不但认识到用1格表示2个人简单、明了，居然还想到了单数用半格来表示的方法，学生的表现让课堂精彩纷呈，充满生命的活力。

（设计评析：龙口市教学研究室郭志勇；龙口市润新小学仲爱兰；执教：龙口市润新小学殷婷婷）

课例三：

回顾整理——解决问题的策略

一、教学内容

《义务教育课程标准实验教科书·数学》（青岛版）四年级上册“回顾整理解决问题的策略”。

二、教材分析

《标准》取消了“应用题”这个学习领域，新教材也就没有把“应用题”作为一个独立的领域进行教学来培养学生解决问题的能力。青岛版教材对传统的“应用题”教学做出了新的尝试，即将解决问题与计算教学进行了有机结合，同时将“分析与综合”、“画图与列表”等解决问题的策略根据学生的知识的发展及年龄特点，有机地、系统地向学生进行了渗透。另外，青岛版教材特别注重阶段性的回顾整理知识，不仅有对同一领域知识的回顾整理，也有对数学方法、策略的回顾整理，使学生的新知不断地纳入到已有的知识体系中。本节课是对四年级上册“回顾整理——总复习”中的解决问题部分进行整理，借助于教材提供的回顾整理，将第一学段所学的“解决问题”即传统的整数小数部分的“复合应用题”进行系统回顾并整理，帮助学生整理、提炼所学的策略，理解解决问题之间的内在联系及本质规律，为学生的后续学习提供基础。

三、学情分析

学生在第一学段分散学习了“解决问题”，对每一部分的“解决问题”会运用一定的方法进行解决，所掌握的策略也是零碎的。虽然他们可以解决问题，但是不理解所学知识及其之间的内在联系，以至于有些学生不能解决练习中出现的所谓的“新类型”的题目，做每一个涉及解决问题的习题都需要像例题中那样处理；也有的教师在期末考评前把以前学过的所有类型的问题再一一进行整理等。为避免分散编排出现这些弊端，教材特设计这样一节解决问题的策略的回顾整理，帮助学生理解并掌握具有普遍性的解决问题的基本方法和策略。

四、教学目标分析

1. 让学生在解决实际问题的过程中，回顾整理解决问题（复合应用题）的基本策略，即分析与综合、画图与列表。

2. 让学生在自主整理中，灵活选用不同的策略解决不同问题；在解决问题中体会解决问题的基本方法（读—想—解）。

3. 让学生在回顾整理中，初步形成回顾整理的习惯和意识。

五、教学要点分析

解决问题的常用策略（分析与综合法，列表与画图）。教学重点：整理解决问题的常用策略。教学难点：灵活运用不同的策略解决问题。

六、课前谈话

师：同学们喜欢听故事吗？

生：喜欢！

师：今天，老师给大家带来“田忌赛马”的故事，想不想听？

生：想！

师：想听？好好听，听完了老师还有个小问题呢。田忌是齐国的大将军，他非常喜欢赛马，这天他与齐王比赛，比赛方法是把马分为一等马、二等马、三等马，用一等马对一等马、二等马对二等马、三等马对三等马，把相同等级的马进行比赛。由于齐王每个等级的马都比田忌的马强一些，所以，比了几次，田忌都输了。田忌很扫兴，垂头丧气的，这时，他的好朋友孙膑给他出了个主意，说保准让他反败为胜。新的比赛开始了，第一局，齐王派出了他的一等马，田忌用三等马来应战，结果可想而知，谁赢了？（生：齐王赢了！）齐王洋洋得意。第二局，齐王的二等马出场，田忌用一等马参赛，这次，会是谁赢呢？（生：田忌赢了！）齐王有点心慌意乱。第三局，齐王派出了三等马，田忌用二等马来比赛，大家说，这次谁赢？（生：还是田忌！）齐王是目瞪口呆。比赛的结果大家已经清楚了，最后谁赢了？（生：田忌！）

师：田忌果真赢了。同学们，这次比赛，马还是原来的马，田忌为什么赢了呢？

生：田忌用三等马对齐王的一等马，虽然第一局输了，但是确保了第二局、第三局的胜利，所以田忌就赢了！

生：田忌有了好朋友孙膑的帮助，取得了比赛的胜利！

师：是呀，在同等级的马中，田忌的马并不如齐王的马，如果还用原来的方式比赛，田忌会不会赢？（生：不会！）就是因为被孙膑把马的出场顺序这么一调换，田忌才取得了胜利。好了，同学们，由于时间关系，咱们先交流到这，大家准备一下，把练习本翻开，放在右边，课本放在左边，笔和小尺放在本子上。我们一会儿上课。准备好了吗？上课！

【评析：上课之前，师生互动讲田忌赛马的故事，既缓和了课堂的紧张气氛，又拉近了师生之间的距离，更重要的是，渗透了这节课的要点——策略，使学生初步感受策略的价值，为回顾整理解决问题的策略创设了良好的心理环境。此外，课前教师对文具的摆放提示也体现了平时对学生良好学习习惯的培养。】

七、过程设计

（一）导入

从课前的故事中，我们知道了田忌取胜的关键是把马的出场顺序进行了调换，这种调换实际上就是一种策略。其实，在日常生活和数学学习中，我们也经常用一些策略来解决问题的。今天这节课，我们就把这些策略一起回顾整理一下。（板书课题：回顾整理——解决问题的策略）

活动：解决问题的基本方法（读—想—解）。

1. 读。

师：杨老师，遇到许多与数学有关的实际问题，大家一起来看看。（点击课件，出示问题一）

问题一：杨老师从宾馆步行到海边，用了9分钟，如果杨老师每分钟走70米，从宾馆到海边有多少米？

师：你们能解决吗？谁来？

生：70×9

生：$70\times9=630$（米）

师：同学们都是这样想的吗？（是！）哎，杨老师发现大家这么快就列出了算式，你们是怎样想的呀？

生：速度×时间＝路程，速度是70米，时间是9分钟，$70\times9=630$

（米）就求出了杨老师从宾馆到海边的路程。

生：每分钟走 70 米是速度，9 分钟是时间，$70\times9=630$（米）就是速度 × 时间 = 路程，所以从宾馆到海边的路程是 630 米。

师：大家同意吗?

师：通过刚才的交流，杨老师知道了，像这样简单的问题，我们只要读一读就能分析出数量关系，找到解决方法。在这里，杨老师要提醒大家，在解决任何问题之前，都要把题目认真地读一读。

2. 想。

师：下面我们就来比一比，看谁读题的时候最认真！（点击课件，出示问题二）

问题二：与杨老师同来的王老师喜欢跑步，王老师跑步的速度是杨老师步行的 1.5 倍，杨老师每分钟走 70 米。王老师从宾馆跑到极地世界用了 10 分钟。从宾馆到极地世界有多少米?

师：看来，这个问题有点难度，仅仅依靠读是不够的，还需要我们好好地想一想，怎么想呢！会想才会解决问题呀！下面请大家先认真地想一想，再把你们的想法简单地写一写，让别人一看就明白你们是怎样想的。

【评析：读，是读懂题意；想，是分析数据关系；解，是列式计算，这是解决问题的基本方法。本环节在解决具体问题时将其渗透在学生解题的过程中，使学生体会到，看到问题要读题，简单的问题通过读就能抓出主干，找到数量关系，对于稍复杂的问题还需要认真地想一想，使他们明确了解决问题的基本方法。

同时，题目的设置由简单开始到稍复杂，将学生的思维引向重点，即“想”。想的方法中，蕴涵了想的必要与意义。】

（二）解决问题的基本策略

1. 分析与综合。

师：好了，同学们请坐好！我看大家已经把自己的想法写出来了，谁来交流一下?

（在实物投影仪上展示）

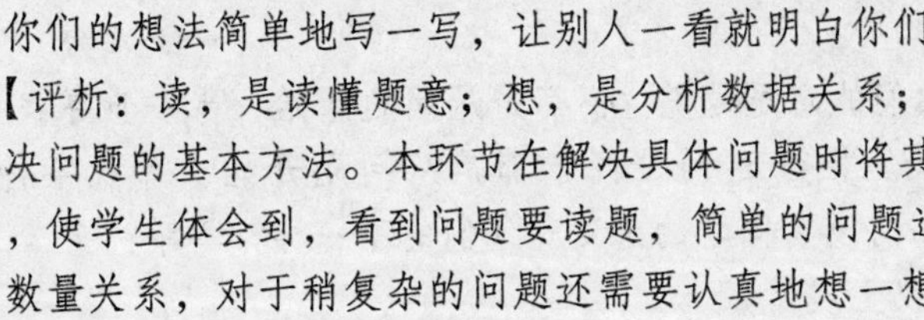

生：我是想，问题是求路程，要求路程必须知道王老师的速度和时间，时间知道了是10分钟，速度不知道，可以用杨老师的速度是每分钟走70米和1.5倍这两个条件求出王老师的速度，再乘时间就是路程了。

师：啊，他是这样想的，你们同意吗？和他的想法一样的举手？来，你也来说说。

生：（在实物投影仪上展示）

路程 = 速度 × 时间 10 分

↙ ↘

70 米 ×1.5 倍

我想，路程 = 速度 × 时间，速度可以用 70 米 ×1.5 倍求出，时间是10分钟，所以用 70×1.5×10，最后等于1050米。

师：是这样吗？现在咱们来看这两位同学的想法，虽然他们写的形式不是完全一样，但是你们看他们的想法有没有什么相同之处？

生：他们都是从路程开始思考，寻找条件的。

生：他们都是先想到路程 = 速度 × 时间，再分别找出速度和时间各是多少来解决问题的。

师：我知道了，你们的意思是说他们都是从问题开始一步一步寻找条件的，是吧？大家同意吗？刚才这两位同学都是从问题开始，寻找条件的。（板书：问题→条件），有没有同学的想法和他们的不一样？举手？

生：（在实物投影仪上展示）

70米　1.5倍

105米　10分

1050米

先用70米和1.5倍这两个条件，可以求出王老师的速度是每分钟跑105米，再用速度乘时间10分钟，就求出路程是1050米。

师：哎，这种想法也不错呀，你们听明白了吗？听明白了上来说说！

生：（在实物投影仪上展示）

$$\left.\begin{array}{l}\left.\begin{array}{l}70\text{ 米}\\ 1.5\text{ 倍}\end{array}\right\}105\text{ 米}\\ \qquad\quad 10\text{ 分}\end{array}\right\}1050\text{ 米}$$

先用 70×1.5 求出王老师的速度是105米，再用 105×10 就是速度乘时间，求出路程是1050米。

师：是这样吗？你们看，这两个同学的想法又有什么相同之处呢？（学生思考）前面两个同学是从问题想到了条件，这两个同学也是吗？（生：不是！）那他们是……

生：从条件想到问题！

生：从条件开始解决问题。

师：其他同学也是这样想的吗？他们是从条件开始，解决问题的。（板书：条件→问题）

教师小结：

好了，同学们，咱们现在出现了两种不同的想法，一种是从问题开始寻找条件，一种是从条件开始解决问题。回顾一下，从一年级到现在，这两种方法我们是不是经常用到？我们在解决问题时，有时从问题开始逐步寻找解决问题需要的条件，也有时边读边想，根据已知条件，逐步解决问题。是不是这样呀？

【评析："会想才会解决问题呀？"一句亲切的话语不仅激励学生充分发表自己的见解，展示自己的想法，同时引导学生关注"想"的方法。在组织学生分层交流的基础上，教师又在关键处抛出问题："虽然写出来的形式不是完全一样，但是你们看他们的想法有没有相同之处？"将学生的思考引向深入，从而引导学生发现了"想"法的本质。在对两种想法整理完之后，教师别具匠心地领着学生回顾从一年级到现在解决问题过程中对分析与综合策略的运用，给学生从时间和空间的角度联系已有的知识经验，深化他们对"分析与综合"策略的理解，使他们沟通解决问题策略之间的内在联系。】

2. 列表与画图。

（1）列表。

师：刚才，同学们表现得非常棒！清楚地表达出自己的想法。杨老师相信，解答后面的问题时大家会表现得更出色，有没有信心？（点击课件出示问题三）

师：杨老师经过一家文具店，有两位小朋友正在买文具。看到这幅情境图，你们有什么感觉？

生：太乱了！

师：是呀，信息的确很乱，这么多杂乱的信息，很不利于我们解决问题，请同学们想一下，有什么好方法，可以帮助我们轻松地解决问题？（稍停）我看有的同学已经有了初步的想法，这样吧，在小组内讨论一下你们的想法，咱们看一看哪个小组能想出好办法。

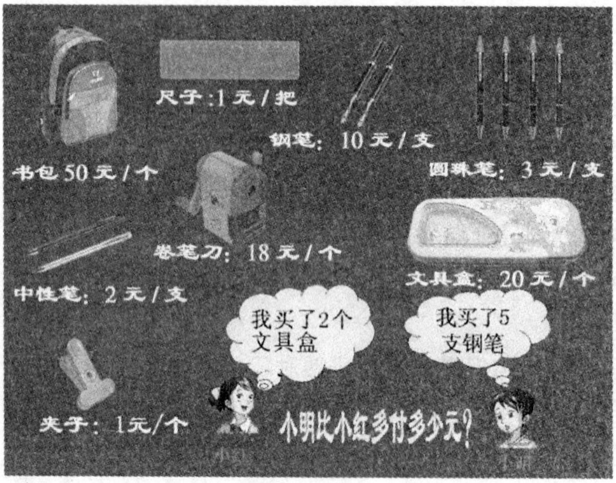

（小组讨论）

师：同学们，打断一下，刚才，老师在巡视的过程中发现，有的同学非常认真地把图中每一条信息都详细地整理了下来，有的同学只整理了其中的几条信息。哎？同学们，你们有什么看法吗？

生：不用把每一条信息都详细地整理下来，只整理钢笔和文具盒的信息就行了。

生：把每一条都详细地整理下来太麻烦了，很多信息都用不着，我也觉得只整理钢笔和文具盒的信息就行了。

师：知道了，虽然信息很多，但是我们只需要选择与问题有关的信息是吧？那好，咱们继续吧。

学生小组继续讨论，并把想法记录下来。

师：看来同学们都有了自己的想法，咱们先来听听别人的想法好不好？哎，对了，会听的同学才更会学习。我看这位同学的方法就很好，咱们一起来看一下。

生：（在实物投影仪上展示）

20 元　　2 个　　40 元

10 元　　5 支　　50 元

50 - 40 = 10（元）

文具盒每个20元，2个就是40元；钢笔每支10元，5支就是50元。50 - 40 = 10（元）就求出小明比小红多花10元。

师：同意吗？老师刚才还发现这样一种方法，来，介绍一下。

生：（在实物投影仪上展示）

	单价（元）	数量	总价（元）
钢笔	10	5	50
文具盒	20	2	40

知道了钢笔的单价是10元，数量是5支，就能求出钢笔的总价是50元。还知道了文具盒的单价是20元，数量是2个，就能求出文具盒的总价是40元。再用50－40＝10（元）就求出小明比小红多花10元。

师：这样做可以吗？你们觉得他这样做跟原来的情境图相比，有什么好处？

生：清楚了。

师：有用的信息和数量关系清楚了是吧。

生：简单。

师：是不是感觉题变简单了？这个小组的同学真了不起，想到了用表格的方法解决问题，原来那么多杂乱的信息经过他们用表格这么一整理，大家都感觉比较简单、清楚。看来，列表的确是一种好方法。（板书：列表）列表的方法能把杂乱的信息整理清楚，帮助我们轻松解决问题。让我们继续看看在解答下面问题的过程中你们又能想起哪种好方法。（点击课件出示问题四）

（2）画图。

问题四：杨老师到蓬莱阁游玩，步行每分钟走70米，5分钟后离宾馆和蓬莱阁的中点还有150米，从宾馆到蓬莱阁有多远？

师：现在大家已经读了题，也认真思考了，发现还有什么好方法可以帮助我们？（学生思考。）

师：我看有几位同学已经想出办法来了，来，同桌的同学商量一下。

同桌的学生讨论。

师：好了，同学们，我看很多同学已经想出了很好的办法，想不想看一下？（生：想！）对呀，会欣赏别人的人，更值得别人欣赏。我们来看这位同学的想法。来，说说吧，你有怎样的好方法？

生：（在实物投影仪上展示）

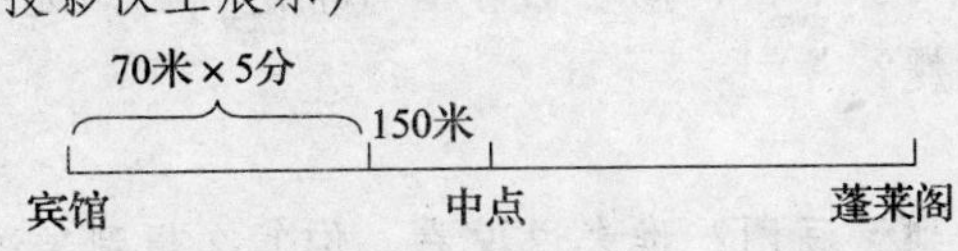

从图上可以看出，5分钟后离宾馆和蓬莱阁中点还有150米说明还不到中点，已经走的路程就是$70\times5=350$米，加上150米就到了中点，结果是500米就是一半路程，再用$500\times2=1000$米，就求出宾馆到蓬莱阁的路程是1000米。

师：大家同意吗？你们觉得画线段图这种方法好不好？好在哪？

生：简单。

师：感觉题变简单了是吧？

生：清楚。

师：你们的意思是已知条件和问题之间的关系更清楚了，是吧？看来，我们又找到了一种解决问题的好方法，是什么？（画线段图!）（板书：画图）画线段图的方法能很好地帮助我们理解已知条件和问题之间的关系，从而顺利找到解决问题的方法。

【评析：画图和列表是解决问题时经常使用的策略，怎样让学生体会到画图与列表策略的应用？这里教师不是直接告诉学生去画图或列表，也不是把画成的图、列好的表展现给学生看，而是精心设计了具体的问题，使学生在解决问题的过程中自主地选用合适的策略，体会到列表整理信息与画图方法的必要性。在交流汇报环节，教师没有过多地分析题目及数量关系，而是将重点放在“你觉得他这样做跟原来的情境图相比，有什么好处”、“你觉得画线段图这种方法好不好？好在哪”等问题上，引导学生在交流中进一步地体会画图与列表策略在不同问题解决中的应用，有助于培养学生的解题能力。】

小结：

师：好了，同学们，回顾整理到现在，我们总结出了从问题开始思考和从条件开始思考、列表、画图等策略。你们知道吗？灵活运用这些策略，可以提高我们的解题能力，想不想试一试？（教师点击课件，出示问题五(1)。）

(1) 小明和小强在环形跑道上跑步，两人从同一地点出发，相背而行，小明每秒跑4米，小强每秒跑6米，经过40秒两人相遇，跑道长多少米？

师：读完了题吗？下面请同学们静下心来想一想，选用哪种策略更有利于我们解决这个问题？

生：画图！

师：大家都想到了画图？谁来说说看，你怎么想到了画图？

生：画图能清楚地表示出这道题的意思。

生：画图更有利于我们理解题意。

师：那我们就赶快画图解决吧。

学生独立画图解决问题。

师：好了，同学们，我们一起来看看这位同学的方法。杨老师看到有很多会听课的眼睛正在紧盯着大屏幕。来，说说吧，你是怎样画的？

生：（在实物投影仪上展示）

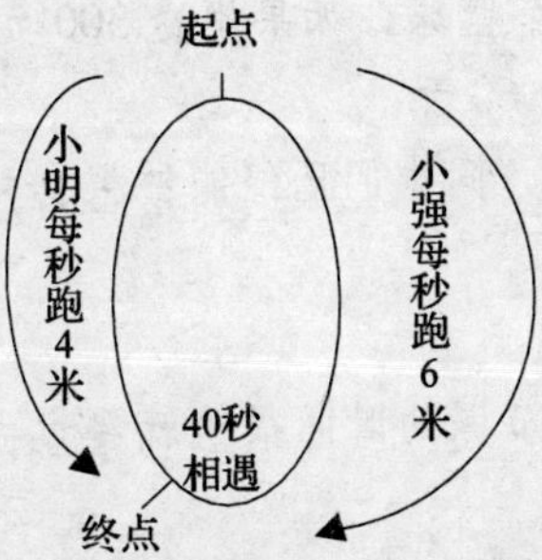

从图上可以看出，小强跑的路程是 $6\times40=240$ 米，小明跑的路程是 $4\times40=160$ 米，还能看出两人跑的路程的和就是跑道的长度，可以用 $240+160=400$ 米求出跑道的长度。

师：大家同意吗？看来，画图的确是一个不错的方式，能够帮助我们顺利地解决问题。

师：杨老师刚才看到有的同学采用了从条件开始思考的策略，也顺利地解决了问题，大家表现得非常棒。再来一道题，大家有没有信心解决？（教师点击课件，出示问题五（2）。）

（2）师：杨老师给学校体育室购买球类用品。一个足球 50 元，一个篮球 30 元，杨老师带的钱正好可以买 6 个足球或 5 个排球，一个排球多少元？如果只买篮球能买几个？

师：读完之后想一想，针对这个问题又该选用哪种策略呢？

生：列表！

师：哎，这次大家又一起选择了列表的方法？这次为什么不画图了呢？

生：这道题通过列表能清楚地看出各种球的单价和数量。

生：列表能让我们把题中的已知条件整理地更清楚。

师：既然大家都想到了列表，那我们就用列表的方法试试吧。

生：（在实物投影仪上展示）

	单价（元）	数量	总价（元）
足球	50	6	300
篮球	30	10	
排球	60	5	

先用足球的单价×数量，就是50×6=300，求出买足球的钱是300元，也就是杨老师带的钱是300元。就用这300元如果买篮球的话，用300÷30=10个，求出可以买10个篮球；如果用这300元买排球的话，用300÷5=60元，求出排球的单价是60元。

师：是这样吗？看来，同学们已经能够根据题目的不同，灵活选择合适的策略解决问题。

全课总结。

师：好了同学们，一节课的时间很快就要过去了，回顾整理到现在，你们有什么收获？

生：我知道了解决问题有很多种策略。

生：我了解了画图、列表等策略。

生：我还知道在学习过程中，进行回顾整理能更有利于我们学习能力的提高。

生：我对一句话的印象很深，“会听的同学才更会学习”。

师：阶段性的回顾整理，有助于提高我们的学习能力。像这节课，我们在解决问题的过程中整理出了这些策略，希望同学们在今后的学习过程中，也能经常进行回顾整理，提高自己的学习能力。好不好？我们这节课上到这里，下课！

【评析：学以致用，数学学习更是如此，把所学的知识运用到实际生活中，是数学学习的最终目的。问题五通过创设生活情境，让学生自主选择合适的策略解决问题，从而使之充分体验到不同策略在解决问题中的应用。】

【专家评析】

“策略”的原意是计策和谋略。解决问题的策略是解决问题的计策与谋略，具体表现为对解决问题的方法、手段的思考与选择运用。对“解决问题的策略”教学旨在帮助学生培养解决问题的策略意识，形成一些解决问题的策略，获得解决问题的成功经验。

本节课的设计无论对教学内容的处理和教学方法的选择，还是对教师角色的转变、对学习方式的变革，都做了一些有益的探索和实践。纵观课堂教学的全过程，杨老师精心设计了“遇到了许多实际问题，请大家帮助解决”这一情节，在学生解决问题的过程中适时引导、点拨，较好地突破了传统复习课的教学方式和学习方式。

（一）适时引领学生从无意识地用直觉和经验解决问题提升到用策略和方法解决问题

现在的很多学生是根据自己的生活经验和知识经验来思考和解决问题的，遇到用已有经验解决不了的问题时就没办法了。基于这样的考虑，教师特别设计了本节课，以有效地解决这一问题。在对问题一的复习过程中，学生根据自己的生活经验和口算水平，都能不假思索地说出 70×9=630（米）来解决问题。这时，杨老师没有满足于学生已经把问题解决了的情况，而是用一句“大家这么快就列出了算式，你们是怎样想的呀”带领学生回顾刚才的思维过程，把他们思考的重点和方向从一开始就引领到提炼方法上，使学生明确，解决问题就要先读，通过读抓出主干，即找出数量关系；在对问题三、问题四的整理过程中，教师也是适时地根据学生的整理汇报结果，提出新问题“你们觉得他们这样做跟原来的情境图相比，有什么好处”、“你们觉得画线段图这种方法好不好，好在哪儿”，引导学生将数学的思维逐步深入，进而将其引领到运用策略和方法解决问题上来。在解答每一个问题时，教师都不对整理信息的形式做具体要求，而是由学生自主选择，用自己喜欢的形式进行数据整理，目的是让学生在尝试整理和提炼的过程中，充分感知和体会，从而在集体交流时引起广泛的共鸣和认可，进而使他们形成对选择策略来解决问题的意识和自觉性。

（二）关注数学思考，体现思维对话

数学课上最有价值的东西就是数学思考。数学思考不仅需要一种环境与氛围，同时还需要教师的引导，使学生不仅能思考，而且会思考。在本节课中，杨老师亲切自然地营造了一种宽松的、利于思考的、积极的氛围，自始至终一直在引导学生进行数学的思考。无论是解决具体问题时的“怎样想”、“写出自己的想法”，还是交流时的对比发现、总结提升，杨老师始终关注的是学生的思维过程。

师生交流中，教师有意识地重读语句，将学生的思考不断地引向深入。比如：“在解决任何问题之前，都要把题目认真地读一读。”“下面请大家先认真地想一想，再把你们的想法简单地写一写，让别人一看就明白你们是怎样想的……”教师的要求亲切自然，简明扼要，学生在浑然不觉中便形成了解决问题的基本思路，那就是“读—想—解。”

本节课注重了学生自己探索与发现，强调过程，使他们交流充分，关注了数学与生活的联系，让学生充分感受到数学来自于生活。把生活问题引进课堂，充分利用学生已有的生活经验，让学生贴近生活学数学，教师贴近生活教数学，并引导学生把所学的数学知识运用到实际生活中去，真正体会到“数学学习生活化，生活问题数学化”、“学有用的数学，学有价值的数学”，增强了学生的数学素养。

八、创新特色

（一）创造性地使用教材，展现青岛版教材独有的特点

目前，青岛版的小学数学教材中解决问题的策略没有被列为单独的内容，只是将“分析与综合”、“画图与列表”等解决问题的策略根据知识的发展及学生的年龄特点，有机而系统地向学生进行了渗透。杨老师能结合青岛版教材的特点，创造性地使用教材，使这些先前渗透的策略浮出水面，形成新的知识系统，成为学生解决问题的得力助手，这充分体现了青岛版教材特别注重阶段性地回顾整理知识，使学生的新知不断地纳入到已有的知识体系中的编写特点。

（二）关注解决问题的本质，注重提高学生的解题能力

新课改下的解决问题的策略是目前讨论的热点问题。本节课立足于实际，着眼于学生的能力发展，精心设计了对解决问题的策略与方法的回顾整理一课，其本身就具有创新性。

课堂上，教师关注了解决问题的基本方法及策略，把这些放在解决问题的前面，打破了传统教学中按类型对应用题复习的思路，抓住解决问题的本质，即解决问题前要读题，简单的题目通过读就能抓出主干，即数量关系；稍复杂的题目还需要运用一定的策略来解决，不同的问题可以选用不同的策略，这样便于学生掌握规律，进而提高他们解决问题的能力。

（三）体现“以学生发展为本”的理念，充分展示学生的自主学习能力

荷兰著名的教育学家弗赖登塔尔说：“学习数学的唯一正确的方法是实行‘再创造’，也就是由学生本人把要学的东西自己去发现或创造出来，教师的任务是想方设法，精心设计，引导和帮助学生去进行这种再创造的工作，而不是把现成的知识灌输给学生。”杨老师的这节课充分体现了这一思想。对每一环节的分析与思考，教师在出示问题之后都不做任何解释，而让

学生独立分析，自主探索，集体交流，给学生充分展示、暴露自己思维的机会，无论对与错，让学生通过交流解释来深化认识，在潜移默化中提高对策略的认识，这样使学生在探索中学习，在碰壁中学习，学生就能更加深刻地感受到策略的作用。从过程性评价的角度来看，学生的收获是显著的，学完策略后，当他们再看到有关行程问题的应用题时，会立即想到用画图的策略帮助自己解决，说明学生已经找到了解决问题的最本质的一面——使用方法与策略。

（四）注重了学生的情感体验，让学生感受到收获的快乐

苏霍姆林斯基说："在人的心灵深处，总有一种根深蒂固的需要，这就是希望自己是一个发现者、研究者、探索者。"而在儿童的精神世界中，这种需要特别强烈。课堂上，教师提出："怎么想呢？会想才会解决问题呀。下面请大家先认真地想一想，再把你们的想法简单地写一写，让别人一看就明白你们是怎样想的。""还有什么好方法可以帮助我们呢？"这些问题激发了学生强烈的表现欲望，他们纷纷根据自己的知识经验交流合作，自主展开研究，用自己独特的想法去解决问题。在这个过程中，教师没有把自己的意图强加给学生，而是充分满足学生的自主研究的想法。整节课在充分尊重学生的思维发展的过程中，教师适时地加以引导、点拨，使学生的学习方向始终清晰明确。在自主研究交流的过程中，学生思维活跃，争相发言，真正体会到数学学习的魅力。

本节课杨老师给学生提供了宽松和谐的学习氛围，为学生自主探索提供了广阔的空间，课堂气氛活泼有序。教师以平等的身份参与学生的讨论，对学生的独立思考、独立思维给予充分的尊重和肯定。对独立解决问题有困难的学生给予针对性的引导和评价，教师真正成为学生的组织者、引导者与合作者，而学生也在学习数学的过程中获得了积极的情感体验。

（执教：栖霞市实验小学杨晓华；评析：栖霞市教学研究室翟李红）

摆渡者教师书架(现已出版部分)

丛书名称	主编或作者	书　　名	定价(元)
大师背影书系	张圣华	《陶行知教育名篇》	24.90
		《陶行知名篇精选》(教师版)	16.80
		《朱自清语文教学经验》	15.80
		《夏丏尊教育名篇》	16.00
		《作文入门》	11.80
		《文章作法》	11.80
		《蔡元培教育名篇》	19.80
		《叶圣陶教育名篇》	17.80
教育寻根丛书	张圣华	《中国人的教育智慧·经典家训版》	49.80
		《过去的教师》	32.80
		《追寻近代教育大师》	29.80
		《中国大教育家》	22.80
杜威教育丛书	单中惠	《杜威教育名篇》	19.80
		《杜威学校》	25.80
		《杜威在华教育讲演》	29.80
班主任工作创新丛书	杨九俊	《班集体问题诊断与建设方略》	19.80
		《班主任教育艺术》	22.80
		《班级活动设计与组织实施》	23.80
新课程教学问题与解决丛书	杨九俊	《新课程教学组织策略与技术》	16.80
		《新课程教学现场与教学细节》	15.00
		《新课程备课新思维》	16.80
		《新课程教学评价方法与设计》	16.80
		《新课程说课、听课与评课》	16.80
新课程课堂诊断丛书	杨九俊	《小学语文课堂诊断》(修订版)	18.60
		《小学数学课堂诊断》(修订版)	18.60
		《小学综合实践活动课堂诊断》	23.60
		《小学品德与生活(品德与社会)课堂诊断》	22.80
名师经验丛书	肖　川	《名师备课经验》(语文卷)	25.80
		《名师备课经验》(数学卷)	25.60
		《名师作业设计经验》(语文卷)	25.00
		《名师作业设计经验》(数学卷)	25.00
个性化经验丛书	华应龙	《个性化作业设计经验》(数学卷)	19.80
		《个性化备课经验》(数学卷)	23.80
	于永正	《个性化作业设计经验》(语文卷)	20.60
		《个性化备课经验》(语文卷)	23.00

续表

丛书名称	主编或作者	书　　名	定价(元)
深度课堂丛书	《人民教育》编辑部	《小学语文模块备课》	18.00
		《小学数学创新性备课》	18.60
课堂新技巧丛书	郑金洲	《课堂掌控艺术》	17.80
课改新发现丛书	郑金洲	《课改新课型》	19.80
		《学习中的创造》	19.80
		《多彩的学生评价》	26.00
教师成长锦囊丛书	郑金洲	《教师反思的方法》	15.80
校本教研亮点丛书	胡庆芳	《捕捉教师智慧——教师成长档案袋》	19.80
		《校本教研实践创新》	16.80
		《校本教研制度创新》	19.80
		《精彩课堂的预设与生成》	18.00
美国教育新干线丛书	胡庆芳	《美国学生课外作业集锦》	35.80
美国中小学读写教学指导译丛	胡庆芳	《教会学生记忆》	22.50
		《教会学生写作》	22.50
		《教会学生阅读:方法篇》	25.00
		《教会学生阅读:策略篇》	24.80
提升教师专业实践力译丛	胡庆芳　程可拉	《创造有活力的学校》	22.50
		《有效的课堂管理手册》	24.00
		《有效的课堂教学手册》	32.80
		《有效的课堂指导手册》	24.80
		《有效的教师领导手册》	25.80
		《提升专业实践力:教学的框架》	30.80
		《优化测试,优化教学》	22.50
		《有效的课堂评价手册》	26.80
教育心理	俞国良　宋振韶	《现代教师心理健康教育》	25.80
教师在研训中成长丛书	胡庆芳　林相标	《校本培训创新:青年教师的视角》	21.80
		《教师专业发展:专长的视野》	21.60
		《听诊英语课堂:教学改进的范例》	31.60
其他单行本	胡庆芳	《美国教育360度》	15.80
	徐建敏　管锡基	《教师科研有问必答》	19.80
	杨桂青	《英美精彩课堂》	17.80
	陶继新	《教育先锋者档案》(教师版)	16.80
	单中惠	《西方教育思想史》	59.80
	孙汉洲	《孔子教做人》	27.90
	丰子恺	《教师日记》	24.80
	陶　林	《家有小豆豆》	27.00
	徐　洁	《教师的心灵温度》	26.50

“新课程教学问题与解决丛书”荣获第七届全国高校出版社优秀畅销书一等奖！

《陶行知教育名篇》荣获第八届全国高校出版社优秀畅销书一等奖！

“大师背影书系”荣获第八届全国高校出版社优秀畅销书二等奖！

《名师作业设计经验》（语文卷）、《名师作业设计经验》（数学卷）、《名师备课经验》（语文卷）荣获第17届上海市中小学幼儿园优秀图书三等奖！

《西方教育思想史》荣获全国第二届教育科学优秀成果二等奖（1999）！

在2006年全国教师教育优秀课程资源评审中，“新课程教学问题与解决丛书”中的《新课程教学组织策略与技术》《新课程教学现场与教学细节》《新课程备课新思维》和《新课程说课、听课与评课》被认定为新课程通识课推荐使用课程资源，《陶行知教育名篇》被认定为新课程公共教育学推荐使用课程资源，《课改新课型》被认定为新课程通识课优秀课程资源，《小学语文课堂诊断》被认定为新课程语文课优秀课程资源，《小学数学课堂诊断》被认定为新课程数学课推荐使用课程资源！